THE CIVIC CITY
IN A NOMADIC WORLD

遊牧世界的市民城市

城市創生發展新思維
探討未來新生活型態

Charles Landry
查爾斯·蘭德利
姚孟吟———譯

目次

▲ 雅典甘齊區（Gazi）

第二部   **變動中的城市**

【推薦序】

變動世界中的城市取徑

台北市產業發展局局長　林崇傑

　　故事要從查爾斯・蘭德利的《創意城市》（*The Creative City*）2008年在台出版說起。那時創意城市論述正是全球火紅，在他來台參加研討會期間，經由蕭麗虹老師的介紹，開始嘗試請他來擔任台北推動創意城市的總顧問。2010年的當下，我在空間部門正全面的推動以URS（都市再生前進基地）為行動實踐的都市再生計畫。斯時也提出了軟都市主義（Soft Urbanism）的行動論述，從URS、Future Lab、Next Play、Share Vision、Space Share、Open Green等六條取徑，同時邀請了學校老師、民間專業及各類NPO、文史團體，全面的啟動了以城市對話為主軸的都市再生工作。在那個當下，蘭德利經由我們誠摯的邀請，在2012到2014的三年多期間，伴隨著我們走訪台北各大企業主、年輕新創工作者、各大專院校及專業機構，同時也邀請了世界各個創意城市的關鍵推動部門與專業者來台工作討論，其工作成果依序彙整成三本中英文分析論述。其一《創意台北、勢在必行》（*Talented Taipei & the Creative Imperative,* 2012）分析了台北邁向創意城市的必須，與整體環境的支持。其次在《創意平台：台北邁向城市3.0》（*A Creativity Platform: Harnessing the Collective Imagination of Taipei,* 2014）具體的提點了台北邁向創意城市，在創意特區（creative quarters）上如何規畫釀造。第三冊《台北的企圖心》（*Taipei: A City of Ambition,* 2015）則直接提出了台北建構一個具有創意能量城市的工作進程。

　　在那三年多的密切合作中，讓我對蘭德利的全球性論述有了相當程度的了解，而這本書也可以說是蘭德利將這些年在全球各地城市工作的經驗累積彙總的論述。一如蘭德利所言，2007至2008的金融海嘯及2017到2018的全球政治風潮（極右派的興盛與對菁英政治的不滿），結構性的影響了全球城市間的流動與城市內在的結構。全球城市內原有市民與遊牧者、外移者，乃至遊客、旅行家之間多層複雜的交織關係，在蘭德利抽絲剝繭的分析下，面貌變得清晰可循。但他更在乎的是在這變動衍化之中，如何建立一個開放包容的社會，讓城市的文化及市民更適切地融入變動中的世界，並且能夠持續發揮能量，促成城市的向前邁進。

在外在變動的環境之下，城市往往深植於既有的脈絡之中，因此它的轉進需要一種為了城市轉型的轉化機制（transitional transformation）。不論是地點或空間，在因應現在與未來的調適，如何無縫連結，便成為城市調解複雜環境的重要工作。而以人為本的創造力，則是此城市經驗得以成功實踐的根本。城市做為各種不期而遇的場域，有意義的連結將帶來城市更為豐富的可能，這種凝聚的產生則需要創造性的規畫。蘭德利有意的提點出了整合的（integrated）、創新的（innovative）、包容的（inclusive）、鼓舞人心的（inspiring）、互動的（interactive）等5I，及試驗（experimenting）、參與（engaging）、確保（ensuring）、賦權（empowering）等4E，強調出城市市民的角色與賦權的模式，這也是他所主張的公民創造力的推展及其架構的基礎。

蘭德利在最後章節城市前進的模式中，特別以「同理心的所在」標舉出城市在變動世界中持續前行的關鍵。唯有清楚的認知所在的所有人們的關係網絡與行動文化，方得以清晰了解在當今全球化城市中，城市在複雜人口結構及多層文化交織下，如何得以釐清理路保持創新前進。蘭德利也特別指出了綜效思考、共享公共空間、生態意識、健全規畫、美學、民主及跨文化思考、跨世代公平、跨族群包容的關鍵。而綜觀所有一切的推動，他也提出了政府部門的創意官僚在此所能扮演的重要推手角色。

如果可能（What If）這本書期待給大家重新認識全球化下的己身處境，台灣的確方方面面都已經具備，但我們更需要一個漸進式的啟動，誠實的面對我們在法令、機制、效能、觀念等等的有所不足，以及對包容的狀似開放卻仍潛伏著結構性的意識束縛的真實情境。

如果可能，活在當代的我們，應當勇於挑戰突破框架，追求實現跨域、跨境的網絡連結，及協力合作下可以共同營造的城市創新體驗。

如果可能，讓我們一起為下個世代營造一個充滿想像、無所限制的創意城市！

第一部

▲ 倫敦奧林匹克

◀ 伊斯坦堡獨立大街（Istiklal Avenue）

序曲

我們生活在尷尬的年代，因世界正轉向它的黑暗面，其時代精神是不斷上升的焦慮感。灰色地帶消失，我們的世界裡出現極深的斷層。我們的社會、部落本性及群體內外的本能都處於緊繃狀態，而我們的世界持續萎縮，城市變得更混雜、更遊牧且更多元。我們之間有更多人為了工作、休閒、愛情或探索而四處遊走，也因此深受來自其他地方想法和趨勢的影響。有些人認為這太超過了，必須停止，但有些人則因有機會成為更大世界的一部分而興奮不已。樂觀和悲觀者仍是參半的。

《遊牧世界的市民城市》有個雄心勃勃的目標，就是開啟一個關於不同城市文明承諾的對話。這是一個城市定居公民和外地人——通常是臨時居民，聚集在一起形塑和創造一個他們都能參與的最好地方。這是世界日益鬆動、人民大量流動時代的核心挑戰。城市需要一個全面、積極的文本，把所有的人與其生活的地方綁在一起，讓日常的行為與活動和公民生活緊密相連。

在今日的語言裡，「公民」（civic）或「成為公民的」（being civic）只表示以正式或非正式的方式與你的城市發生關係，而且住在城市裡的每個人都應享有這個機會。公民參與，包括參與城市運轉的機制，所以成為一個積極的公民並不困難。而成為「公民的」則需要尊重，讓跨越差異的對話與討論，不會成為無盡的爭執。相對於這樣的交流禮貌，近年來的辯論已經變得粗俗了。一個偉大的市民城市，提供了文明的空間，因為這也代表不可剝奪的權利和自由。這讓我們在約束內（大家認同的行為規範）得以相對自由的行事，並且不受阻礙地參與政治、自願服務或其他我們想從事的活動。這讓許多城市保有新鮮感。不過，這在超過一百個國家是完全不可能的。自掃門前雪和集體性努力，這兩者間的創造性拉鋸，是城市創造（city making）的生命線。

凝聚力和人際關係是人類的核心特徵，問題是「和誰？」及「怎麼開始？」。人們常常有一種欲望，想連結不同的人、奇特的人、外地人

▲ 巴塞隆納機場

或其他類別的人。這滿足我們探索的本能——一種求生的必要機制。不過，我們也追求熟悉的、已知的、可預測及穩定的狀態。因此，人們也會找尋並選擇志趣相投的夥伴。所以一切的開端，取決於我們與自己和環境共處的自在程度。不確定性會把人們和地方推向他們的部落本能及成見。政客利用這點，在「他們」和「我們」或「愛國者（可靠的好人）」和「全球主義者（令人困惑且不值得信任的壞人）」之間，狂熱地製造不安的差異，好像你不能同時擁有兩個身分。這令人聯想到當「世界主義者」（cosmopolitan）被視為骯髒字眼的黑暗年代。煽動者提出這個分野，像是宣告混沌和秩序的宇宙戰爭就要開戰。他們滿足了人們追求安逸和單純生活所需的秩序機制與敘事結構。這安定了他們的心靈，更穩固了某種心態，還提供了一張可以愉快地說服自己的精神地圖與腳本。簡單的比喻，如好或壞就能幫助判斷。而這樣的困境，是二十一世紀遭遇的最大斷層和衝突。

我們面臨一個嚴峻的選擇：封閉我們的世界，或是打開它？ 這不是一個簡單或二擇一的問題。它有很多複雜面。當全球的事物都無法分割地交織在一起時，封閉顯然是愚蠢的。其預設立場應該更接近開放而非封閉、更多同理心或同情心而非敵意，這並非我們不切實際，而是因為我們頭腦冷靜且務實。這歸結於我對城市、鄉鎮和村莊長期抱持的好奇心與觀察，以及居住的經驗。在此，我試圖以字面和影像來述說當代城市的趣味和不滿，並希望這個故事能觸動人們的共鳴。

▲ 澳洲當代藝術博物館

遊牧者的回歸

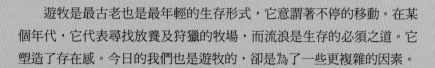

　　遊牧是最古老也是最年輕的生存形式，它意謂著不停的移動。在某個年代，它代表尋找放養及狩獵的牧場，而流浪是生存的必須之道。它塑造了存在感。今日的我們也是遊牧的，卻是為了一些更複雜的因素。

　　這個新興世界的一切，皆關乎虛擬和實體的流動與移動。人們不論貧富都在移動；不分好壞的想法、哲學和意識型態也在流動著；貨物也一樣，不管是劣質或精品；而流離失所的人也較過去多更多。更多的人因為更多的原因穿越地球，從一個城市到另一個城市，以找尋更好的工作或生活或地方的樂趣，甚或沒有選擇地必須逃離暴力，或僅僅是拜訪親友，抑或是當一名遊客。儘管我們知道這樣的範圍和規模非常巨大，卻難以取得精確的數據。

　　遊牧生活和這樣的世界觀以無情之姿重新回歸，而金融資本的勢力更是擺脫了束縛，自由地在世界遊走，並在渦輪資本主義（turbo-capitalism）的帶動下，加劇它的能量。整個地球被緊密地織入它的網絡，遍布於生活中的方方面面。但這不安的感覺亦來自其他吸引人的強大因素——感受存在、探索、學習和找尋意義。

　　「一座城市不僅僅是空間裡的一個地點，更是一齣時代劇。」博學家派屈克・格迪斯（Patrick Geddes）如是寫道，至今看來仍貼切不過。當我們見證並適應這個歷史上大量移動的民眾、產品、工廠、污染、病原體、瘋狂的金融、想法和身分認同的同時，**也正在重新設計這個世界及其所有的制度**。廣泛的流動創造了新的遊牧準則。然而，當數位世界帶來的「任何時間、任何地點、任何地方」現象，正在改變我們與空間、地點和時間的互動方式時，人們仍渴望歸屬，追求其獨特性及身分認同。因此，平衡文明和集體參與的共通價值，以及遊牧世界所引發的不確定感，將是現下亟需明朗化的議題。

　　過去認同的必然逐漸瓦解，而現有的系統更是以加速的方式崩壞。

就在我們試圖創造另一個不同類型的城市時，空氣裡彌漫著擔憂是，與大規模轉型相關的歷史週期可能會產生混淆：那是一種伴隨著被一連串事件席捲的解放感。我們需要一段時間，才能讓新的道德立場扎根，或是對日益壯大的遊牧世界建立有利的相容世界觀。

用鳥瞰的角度檢視世界各地變革的計畫，你會發現一種急切的渴望。在這個被投射的「其他城市」，金融方面的權力受到削減；這個城市堅決但充滿想像力與熱情，能解決城市改變所遭遇的斷層與困境，並**為更大的願景限制市場，以達成道德目標**。這個城市，涵括日益擴大的貧富差距；寧可對世界開放而非自我封閉；看到問題裡的機會，可能因此創造乾淨、精簡、環保的第四次工業革命；有勇氣去解決遍及公共生活、腐蝕公民結構的貪腐與犯罪。

這也許就是市民城市，各種差異在此相遇且適當地融合，成為一個整體。它試圖找到連結我們時代中主要斷層、困難和潛力的路徑——分享生活、不均等、環境危機、都市活力、參與和成為團體一分子的欲望，以及最重要的，在個人層面上對意義

▼ 曼谷通羅區（Thonglor）

及整體性的渴求。所以，這就是我們重新創造寄託、城市共識、連結、可能性和靈感的地方。現階段的不安和對正念的找尋，不過是一個更大浪潮的表徵。因為當一切都在變動時，我們開始追求寂靜。

變動中的複雜世界被壓縮成簡單的口號，我們看到的字眼有變動（flux）、流動（flow）、流體（fluid），還有無根的（rootless）及不安的（restless）。其結合起來的聲量、速度和多樣性，把整個移動能量轉換成質的改變，而所有變動時刻的總和，刻畫出一個不斷進化的世界。但這個改變中的樣貌，可能會讓人覺得困惑。我們抓住像是複雜（complex）、含糊（ambiguous）、矛盾（paradoxical）或對立（contradictory）這類的關鍵詞。然後可以問，一切都改變了嗎？這只是形式與外在的變化，還是所有結構板塊的位移？

遊牧者：新與舊的定義

比較新與舊的遊牧世界，有幾個顯著差異。我們過度浪漫地看待那些畜養動物者，卻對那些在城市街頭碰到的晃盪者抱持懷疑態度，認為他們是乞丐或流浪漢。我們也不信任那些新興的數位遊牧者，他們有些看起來很潮也很酷，但在技術的處理上卻靈巧地令人驚豔。

我們過去熟悉的遊牧生活型態仍零星存在於世界各地。這些遊牧者──狩獵與採集者、放牧者和遊牧民族仍堅持著他們日益受威脅的存在。蒙古逐水草而居的文化正在消失中。過去十年間，因氣候條件的改變、馴養家畜的意願降低及人口外流，遊牧人口已減至三十萬人以下。

而北歐地區的原住民薩米人（Sami peoples），人口已不到十萬，僅有一半的人會說其語言，只有五千人仍維持放牧生活。世界上約有五萬名布須曼人（Bushmen），他們是在南非及波札那（Botswana）生活的狩獵採集者。在西非的馬格里布（Maghreb）區域有幾千名的柏柏人（Berber nomads），還有少數的圖瓦雷克遊牧者（Tuareg），分布在馬利、尼日和布吉納法索間的廣大區域。位於澳洲和巴布亞紐幾內亞間的托雷斯海峽群島（Torres Strait Islands），有六十七萬名原住民，他們擁有全世界最久的遊牧文化，一直以遊牧或半遊牧的方式生活。但現在只有9%住在偏遠地區、15%住在非常偏遠且資源稀少的地方。對他們長期的歧視和不公義，已然影響他

們的心理狀態。[1]

在印度,可能有超過一百萬名浪人或遊牧者,其生活型態正受到現代生活的嚴重威脅。他們現在或過去可能是算命師、巫師、雜耍者、刺青師、劇團、吟遊詩人、舞者和說書人。這裡當然也有尋找精神寄託的遊牧者,以佛陀或聖人(Sadhus)為尊(日本則是禪宗僧侶),還有拋棄世俗生活的苦行僧。這樣的人據信有四、五百萬,他們尋找真理,並將所知教授給那些萍水相逢的人。這些在物質上貧乏的精神遊牧者,精神和心靈上卻是相當富有,並尋求對世界的更大理解。

約有兩千萬羅姆人(Roma)或稱吉普賽人[2]分布在全球,其中有一千到一千兩百萬人在歐洲。他們緣起於印度北部的達利特人(Dalits),也就是種姓階級中不可碰觸的賤民。十二世紀時到達巴爾幹半島,現今占該地9%的人口數。傳統上,他們是流浪的匠師,修理鍋碗瓢盆或一些基本的金屬工、籃子編織、馬匹買賣,更重要的是,他們演奏樂器。在歐洲,他們總和貧窮、犯罪和反社會行為連結在一起,也因此受到歧視。

愛爾蘭浪人也遭受類似的偏見,算是一小撮亞類型的浪人,有時被稱為修理者或撿破爛的。他們大概有三‧五萬在愛爾蘭、一‧五萬分布在英國其他地區,還有一些搬到美國,現今估計有兩萬人之譜。他們靠繁殖馬匹和狗隻維生,尤其是灰狗獵犬(greyhounds)和勒車犬(lurchers),同時也打零工、賣破爛或做一些傳統的金屬工。

熟手(Geselle)從中世紀歐洲就一直相當普遍,尤其在德國,是從學徒發展成為匠師的重要階段。他們在城鎮間流動、在不同的工坊裡累積經驗,德國有一小撮木匠至今仍維持這個傳統。如此的制度,被認為是相當正面的,而這個概念也從工藝擴展到其他職業,包括那些長途跋涉穿越歐洲到各個修道院圖書館做研究的神父們。十九世紀的大遷徙中,旅人們也有類似這樣提昇自我的驅動力。

1980、1990較近的現象,是新時代的浪人、嬉皮開著貨車、廂型車或露營車改裝的房子,在音樂祭與露天遊樂場間流動,現在還可看到一些。他們之中有不少人承接農場、工地或工廠、酒吧的季節性及臨時工作,或是到貨車市集擺攤。很多人是受到傑克‧凱魯亞克(Jack Kerouac)離經叛道的經典著作《在路上》(On the Road)啟發。

這個充滿活力的潮流,甚至引發學界創造了「流動」(mobilities)這個怪異名稱的新學科。約翰‧厄里(John Urry)在2000年發表的《超越城市的社會學》,是其後來一系列論述的關鍵,並在2006年聯合發行了《流動》雜誌。他主張、並為社會科

學的討論創立出「流動典型」，因為傳統社會學在國界日益消弭的世界已經過時。而這些學者在進行研究時，他們自己也可能在不停的移動中。

巡迴或**到處行走、流浪讓居住變得不舒適**，這不但是他們社會內部的威脅，也對其價值觀帶來許多批評和隱藏的挑戰。這樣宛若馬戲班的生活型態，一直是安居者對他們產生疑慮的起源。這個成見是否也被套用在新遊牧者，那些「世界遊牧者」、「數位遊牧者」、「存在主義的遷徙者」、「流動者」或「流動的波西米亞人」身上？答案是 Yes and No。

遊牧的生活型態

遊牧的相關網站和服務正在激增，如遊牧筆記（Nomad Notes）、遊牧資本家（Nomad Capitalist）、遊牧的麥特（Nomadic Matt）、聰明遊牧（foXnoMad）、共同的遊牧（Corporate Nomad）、遊牧旅行（Nomad Travel）及銀髮遊牧[3]（Grey Nomad，給那些用移動房屋到處旅遊的退休族）。還有更多沒有「遊牧」字眼的，包括不安於室[4]（Unsettled），那是在哥倫比亞麥德林市一間很棒的新創公司，以及流放生活型態（Exile Lifestyle）或亞當的旅遊（Travels of Adam），後者的標題是「到世界各地體驗最酷的文化——而且嘿！這是一個（同性戀）部落格」。而在你閱讀本書時，可能這些參考資料很多都已經過時了，因為這是個快速變化的領域。

不過，由德國人馬庫斯・梅雷爾（Marcus Meurer）和費莉西雅・哈嘉藤（Felicia Hargarten）所創立的「DNX 數位遊牧交換所[5]」（Digital Nomad Exchange），也許是最重要的。它現在連結了全球的動態，提供數位遊牧者世界各地的活動、訓練營和線上服務。DNX 表示「我們最大的熱情是打造工作、會議和其他文化的未來性，把世界變得更美好。我們用 DNX 改變生活……我們的願景是讓越來越多人能在定點獨立工作、實踐他們追求的生活、自由並且自主。……我們協助你在任何地點工作，重新獲得你對工作、時間和生活的決定權。……DNX 是線上獨立創業者和自由工作者的首選活動地點」。

一年一度的柏林高峰會，也是遊牧者行事曆上的重點。譬如 2015 年，暱稱 @levelsio、同時也是遊牧者（Nomadist）創辦人彼得・勒佛斯（Pieter Levels）說道：「到 2035 年將有十億個遊牧者。」[6]他們的高峰會也曾在一些時尚的城市舉辦，如里斯

▶ 地拉那（Tirana）的臨時街道市集

本、布宜諾斯艾利斯和曼谷。

另一個當代的網站是 www.goingmobo.com，「新的移動生活方式，從你的手機就可以到達一個增強版的世界。」[7]關於遊牧體驗的眾多推薦部落格當中，其中有一個叫做「成為遊牧（Become Nomad）：長期的旅遊和數位生活型態」[8]，它的創辦者說：

> 我的名字是依萊。我從 2010 年以來，一直是遊牧者，不斷地改變居住的國家和城市。2010 年以前，我有一段穩定的關係、養了一隻貓，還是會計事務所的後起之秀。但那之後，一切都改變了。我不斷地搬家，居住超過三十個國家，旅行超過六十個以上。我不希望自己的生活每天一成不變……遊牧的生活方式相當符合我以下的理念：沒有東西是我的，一切都是暫時的，生活是當下，而且並不嚴肅。

這龐大的網站提供現代遊牧者可能需要的所有建議，並提供連結給世界各地持續增長的遊牧社群和聚集點。它清楚地描述不同型態的遊牧者、成為遊牧者的原因及生存的不同方式。他們四處移動、享受快速的網路連線、普遍的咖啡廳文化及共同工作空間。朝九晚五的行程不復存在，週間和週末連成一體，而**筆記型電腦是你常相左右的朋友**。

當代有各式各樣的遊牧類型。經典的數位遊牧在旅行中仰賴數位工具做為接觸介面，賺錢和生活地點是不相干的，儘管他們也是在為客戶服務或正試圖建立自己的事業。遠端工作遊牧則是受僱於企業，有穩定的收入，但彼此同意能在家或旅途中遠端工作，也就是遠距離辦公。這是一個雙贏的局面，公司能節省開支，而你可遠離辦公室生活的日常。這群人裡，有越來越多跨世代、受良好教育、具影響力且富裕的專業人士，不分老少。他們有時候被稱為「中場遊牧」──受到公司高度的重視。由於世界正面臨人才荒，企業更願意讓高素質的員工設定自己的工作條件，並獲得一些特許。也就是說在密集工作後能休息一段時間。他們可能是如導遊的季節性工作，因此根據工作／旅行的週期，變成一半工作一半遊牧的方式。這樣的生活型態讓旅行時沒有金錢上的後顧之憂，只需偶爾到酒吧之類的地方打打零工。

而離線遊牧則類似現代版修補鍋碗瓢盆的傳統旅行者。是可以到處旅行又能工作維持他們生活型態的人，像是有經驗的廚師、工匠或咖啡師。比起幫一個高營收的公司服務，他們更滿足於呼應在地狀態的低薪資。但可能會因沒有合法的工作許可而存在著不安全感，只是他們相當沉浸於當地的社區生活。

有錢遊牧指的是那些賺到或繼承很多錢的人。不需要工作就可以到不同的地方旅

行，可能相當充實，但也可能令人沮喪，因為工作往往提供生活的目標。他們因此也經常是探索遊牧（Quest Nomads），追尋人生的真諦。如同其他沒有那麼富裕資源的人一樣，他們四處探尋自我，抱著**「他處能引導你找到方向」**的期待，希望離開熟悉的環境能創造讓思緒清明的條件。這對到處流浪的背包族遊牧來說亦是如此，大多是年輕人，而且是人生長假的狀態。這是過時的生活方式，更像是一個不斷延長的廉價假期，但他們又和較年長的遊牧生活追求者一樣，仰賴網路資源。

老式的房子看守也是一種遊牧型態，由「信賴的房屋看守者」（Trusted Home Sitters）與「X服務」（Help X）等平台提供支持。其志願者協助某人度假時看管他的房子，並獲得食宿做為報酬。你雖然省了錢，但因為沒有收入，所以不需要特殊的工作簽證。不過因有某種責任牽扯，相對也失去一些靈活性。

遊牧族群變得越來越有組織，也可能因此失去其前衛的特色。一些實體如駭客天堂（Hackers Paradise）[9]或遠端年（Remote Year）[10]，就為可能成為遊牧者的潛在族群發明了長期旅行。他們可能是軟體開發人員、設計師、廣告人或翻譯。「遠端」的狀態被仔細審核，50%到80%通過申請的人，必須支付三萬美金（約兩萬五千歐元）的年費，其中混雜著主流企業和自由接案的遠端工作者。他們因此能在全球不同的城市裡工作與生活，包括工作空間、私人房間、交通等費用，甚至是美國「火人祭」（Burning Man）的活動。而遠端年則提供引導和資源，協助雇主上線以安排遠端工作。

移動工作者有很多型態，但多數人不認為自己是過著半遊牧生活的遊牧者。「流動工作者」泛指那些在多個地點工作或無固定工作地點的人。有些業務員的確不停地移動著，也許還有那些在鑽油井上飛進飛出、在偏遠礦區或建築工地的工人，或僅是無法在家鄉附近找到工作的人，也許是電工、木匠或音樂老師。

大部分受數位驅動的遊牧者有相同的特性與需求。首先，他們都在找尋個人和專業成長間的平衡。關鍵是取得而非擁有，因此產生了共享經濟這個恩賜。工作和休閒的界線是模糊的。為了維持一個可運作的生活方式，他們需要時時保持連線，才不致與朋友、家人、同事失聯。所以需取得遠端合作的工具，像是隨手可得的Dropbox、Slack、Mezzanine或Zapier，甚至是對工作與私人生活都有幫助的應用程式，如Eatwith、Meetup、ShowAround、Internations（外籍與全球人士社群）、SpeedSmart（評測網路速度）、Payoneer（線上支付系統）、Upwork（線上競標工作）、StartupBlink Coworking（列出全球近一千個共同工作空間）及Teleport（找出最適安居樂業城市的平台）。此外，還有各種網站提各類型住宿的選擇，從最便宜的宿舍到青年旅館、沙

發客到豪華寓所。

他們需要能處理財務、行政和生活雜務的便捷服務，譬如世界遊牧（World Nomad）的保險。他們希望輕易的取得和在家一樣便利的設施，這意謂著共享汽車、辦公室、會議空間和住宿，但也可能是指擁有全球共同工作空間的會員。事實上，Soho House 或 Dynamite Circle 都是採取會員制，他們希望以申請的方式凸顯會員獨享的特色，後者甚至創辦了 Tropical MBA。儘管共同工作依然是關鍵，並讓人們在新的地點碰面，可是不斷提升的開放性卻引起排他性的反作用。主流立刻注意到這一群不受束縛的創意人（他們真的都很有創造力嗎？），因為品牌認定他們是能預測未來的先驅和適應者。

最後，做為世界上最大圖書館的網路，甚至提供了其他不為人熟知的部落格資源，像是「如何逃離朝九晚五的盒子並永不回頭」或「我做為六十歲數位遊牧的生活」。而遊牧者也列出他們最喜愛的部落格，包括漫遊的艾爾（Wandering Earl）、無所不在（Making it Everywhere）、永不停止的旅程（NeverEndingVoyage）、冒險的凱特（Adventurous Kate）、特立獨行的旅人（Maverick Traveller）、斯巴達旅人（Spartan Traveller）、幾乎無懼（Alost Fearless），還有兩個科技達人部落格 Level.Io 和太多轉接頭（Too Many Adapters）。其實從這些部落格的名稱，就可以很輕易地連結他們要談的生活方式。此外，因為所有的事物變動的太快，當你讀到本文時，上述的應用程式、部落格及服務，多數都已經有變化了。

原則上，這些資源想要傳達的訊息是「**不論生活帶你走向何方，我們讓你感到賓至如歸**」。新穎的共同工作空間，往往是與新朋友互動的好場所。知名且野心勃勃的遊牧者費里斯和羅西・雅可布（Faris and Rosie Yakob），就是經由一份刊物與外界保持聯繫（他們甚至誇張地宣稱「一串走的天才」〔Strands of Stolen Genius〕是我們的週報，我們每週向你發送驚奇消息）。他們也在開放的 Google 月曆上分享行程。或是佛洛依德・海斯（Floyd Hayes），他寫了一本《五十二個辦公室：二十一世紀遊牧人的冒險》，裡面描述了紐約最佳的戶外辦公場所，如布魯克林的普瑞特雕塑公園（Pratt Sculpture Garden）、克雷姆維爾公墓及時代廣場。

遊牧者必須要精通科技，有不少人是靠著撰寫旅行及生活模式維生，甚至可能是全方位的記者，還有一些靠授課或開發軟體、做平面設計、協助廣告活動及設計網站，也可能做翻譯或專業指導──所有不需要固定地點的工作。不過，學習當地語言相當重要，只是大多數的遊牧者並不投入。

遊牧者也有心理影響的問題，其中之一是因為不穩定引起的疲憊，另一個則是建立與維持有意義的關係。更關鍵的是，**當他們有了孩子且年紀漸長時，這樣的生活型態會有什麼變化？能維持現況嗎？工作機會會變少嗎？**

外移者的差異

外籍人士，指的是那些離開出生地到其他地方居住的人。上面討論過的一些遊牧者也在此行列，前提是他們在某個時間點就會回家。然而越來越多的人發現「其他地方」（elsewhere）比他們的原生國家還好，所以選擇留下。人們因不同的原因成為外籍人士——工作、戀愛或地點本身。這個族群的組成並非均質，因為他們的動機和東道國家的關係有非常大的差異。最主要的論斷基準在於，他們是在自由的意志下離開（原生國家），因此能免於被貼上移民（非自主決定）的負面標籤。外籍人士和移民間通常很少互動，因為前者看似有更多行動上的權力。

外籍人士可以根據他們的融合程度形成一個光譜，其中最大的區隔在於一個人是否還在工作或已經退休。我們可以根據其行為模式來做分類。歐盟國家中，許多北方人都想搬到南方，因為天氣比較好，生活成本更為低廉，即便只有少少的養老金也能負擔得起，甚至還能買公寓。最經典的例子是退休的英國人搬到西班牙的陽光海岸（Costa del Sol），一句西班牙文都不會講，也一點都不想學。他們只想要他們的啤酒、炸魚和薯條，並且只願意與同類來往，對接納的環境毫無貢獻，只有索取卻無給予。他們沒有與在地連結，但是卻自得其樂。**他們只是借用了當地的景色。**而且因為沒有簽證問題，所以能自由決定進出時間的長短。另一批同樣是退休、但受過更高教育的人士則有些許差異。他們會講一點外國語，所以可以和當地人溝通，也樂於這麼做。他們參與當地文化，甚至在一定程度上融入當地社群，也不會和原生社會同等階層的人往來。如果他們是醫師或會計師等專業人士，往來的朋友和社交生活對象，主要是外籍人士而非外國醫生。他們只與志趣相投的人混在一起。

第三類型則是那些想深入理解當地文化的人。他們熟悉該地語言，並專門尋找當地同好，建構社交圈，讓生活更加豐富。他們在異國生活的原因相當多元，也許是愛上這個地方或當地人。一開始可能是來這裡度長假或不喜歡自己的原生地，就像許多歐洲或北美洲的嬉皮到了亞洲後就再未離開。他們通常在新的地方以教授語言和翻譯

◀柏林舊鑄幣廠
（Alte Munze）

過活，英語因此是一個極大的優勢，並連帶產生許多便利，從而脫離典型的抵達工作（arrival job），開展與自己外國背景相關的事業。一旦留下來，就變成長期定居者，甚至在此生兒育女，可謂是真的雙文化人，至少子女們可能更貼近泰國或中國文化，而非英國或德國。這些小孩被稱為第三文化青年，在不同於父母的文化中成長。當他們長大後，其中佼佼者將擁有跨文化的絕佳能力，並**成為世界的公民**，但某些人可能會感到迷失，對自己的身分認同感到疑惑。

　　外移者的最後階段是從外移者變成公民。其他的版本包括簽訂了固定或可交涉個人合約的經濟外移者／移民，而不斷擴大的中東市場尤其吸引人。他們需要大量的技術人員，且收入幾乎免稅賦，所以有機會儲蓄——對應家鄉的經濟水準，也許更接近富裕。此外，還有全球企業外派到各地的員工，這些職務都是職場晉升的階梯，儘管有些人之後可能會愛上派駐的國家。企業的遊牧者大多利用連鎖飯店與全球餐飲連鎖

店；他們通常追求熟悉的事物，因此旅行活型態遠比外界想像的乏味。也許在某飯店缺乏特色的酒吧喝一杯，或是在某高檔連鎖餐廳吃晚餐能帶來些許驚喜。這些族群有點像是生活在租借地，有些甚至還大門深鎖，和地主社區幾乎沒有互動，過著平行的兩種生活。最後一種——外交官是經典的遊牧者，他們通常只與派駐國家的相關機構往來。

家庭遊牧者也是一種類別。這些人能在不旅行的狀態下，建立有意義和自我意識的生活。他們是心靈的遊牧者，好奇心能幫助他們接收到一般遊牧者要不斷移動才能感受的刺激與活力，讓在家的每一天都饒富趣味。

▼ 里約創意產業中心

研究員和學者

負笈海外、從事研究與學習是移動和遷徙的重要因素，也是理解「他者」的催化劑，這是個很大且快速發展的市場。但也有像墜入情網這樣意想不到的結果，因為你正置身於一個從事共同活動、且有很多閒暇時間的網絡中。

歐盟贊助的伊拉斯謨教育交流計畫（Erasmus educational exchange programme），是全世界規模最大的，並在2017年邁入第三十個年頭，已協助了近四百萬名學生及五十萬名學者和行政人員，出國教授與學習新知，其預算持續增長了19%，達到二十一億歐元。

2014年發表的伊拉斯謨影響力研究，採訪了超過八萬八千名學生、老師及從業人員，發現外國交換學生在建立跨國關係上有更高的可能性。三分之一的前伊拉斯謨學生有不同國籍的伴侶，相對於沒有出國學生僅13%的比例。有四分之一是在國外讀書時遇到他們的長期伴侶。這個報告也認為，有超過一百萬個嬰孩因此誕生。2011年，著名的小說家安伯托・艾可（Umberto Eco）注意到伊拉斯謨的浪漫潛力：

> 伊拉斯謨大學交換計畫在報紙的商業欄幾乎未見有人提及，但伊拉斯謨創造了第一代的年輕歐洲人……我稱之為性革命：一個年輕的加泰隆尼亞青年遇見一位佛萊明女孩——他們墜入愛河、結婚，然後和他們的孩子一樣，成為「歐洲人」。伊拉斯謨的概念應該要成為強制性的——不僅適用於學生，也適用於計程車司機、水管工人及其他各種職業。我這麼說的意思，是希望他們花時間到歐盟其他國家生活；他們需要融為一體。

當然這也導致其他的交融。荷蘭有超過半數的論文是國際的合作研究（53%；根據OECD經濟合作暨發展組織2015的數據，加拿大、德國、澳洲和英國有近一半的比例，而美國則為30.3%）。國際的協同著作表現，顯然比相互引用來得更好。

OECD報告「教育概覽」[11]顯示，全球化速度的急遽增長：從1990年的一百三十萬增加到2000年的兩百一十萬；2014年為五百萬，並預估2025年將成長至八百萬。二十五年中有380%的躍進。到國外研究或學習，曾經只適用於菁英階層，現在則對新興的中產階級大開其門。

40%的國際學生會去英語系國家，其中將近20%到美國、10%到英國，其他則去

▲ 維也納奧拉理工大學（Aula Technical University）

澳洲和加拿大。到法國的略高於5%，德國則稍低，而現在日本和中國正在崛起中。後者預計2020年接納五十萬名學生，其中大量來自南韓和印尼，他們意識到中國經濟的實力需要越來越多會講中文的人。日本、印度和馬來西亞也同樣野心勃勃，我們可以看到越來越多的亞洲大學在全球排行榜上竄升。不過，中國、印度和南韓仍然是世界上最大宗的國際學生來源，合起來共占25%。根據2015年的資料，六名學生中有一位來自中國，而53%的學生來自亞洲。[12]

這絕對有人事、文化和經濟的影響。美國有超過一百萬名的國際學生，估計為其經濟帶來三百二十八億美元的淨值收益，並支持了四十萬個工作機會[13]。在英國，外國學生的出口價值為一百零八億英鎊／一百四十億美金[14]，再加上其直接、間接的消費，則高達兩百五十八億英鎊，並支持二十萬六千個工作崗位。在澳洲，外國學生是僅次於鐵和煤礦的第三大出口產業，達一百五十九億美金，並支持十三萬個工作機會。在英國，每六名學生就有一名來自國外。美國則是每二十五人中就有一個。

英語系世界占有領導地位，因此其特質、態度和世界觀對於研究人員、學者或學生，都有文化性的影響。這鞏固了英語做為世界通用語的地位，因為歸國者除了個人的成長外，更具全球流動性，對其開創事業極有幫助，更別忘了他們的異國戀情。

自我的覺察

整體而言，我們看到不同程度的影響和反作用力。根據人們融合程度的差異，這些遊牧者正在改變他們的文化基礎和自我認同。在這個滲透性更高的世界，一個正在擴展的現象，是有更多人基於更多理由和更多地方與身分來源產生連結。他們有多個歸屬，可能曾短期住在某地、規律地造訪某處，甚至決定某些地方是他們身分的一部分，即便很少去那裡，這可能是因為父母親在那裡出生（因此柏林對我來說很特別），或是曾有過一段戀情或學習與工作經歷。

這些人是誰，我們該如何定義呢？他們不僅是偶爾的訪客，那算是觀光客、客人、半居民，還是市民呢？參與的外來者和本地人間的區隔正在改變，逐漸趨於模糊。**誰更像市民？是忠誠的外來者，還是不聞不問的在地人？**誰更有資格稱呼自己為市民？做為一位市民，意謂著成為社群的一分子，並且有參與權，這也意謂一些責任和義務。但如果居民不在乎呢？

驚人的科技進步，促使我們能以各種形式移動，並保持行動力，許多關於我們是誰的想像因此成為話題，這也助長了遊牧生活，因為它能讓我們以多元和各種強度的方式進行連結、認識自我。然而，我們現在都是透過所屬的網絡來認定自己，而不是用傳統的地理連結。這樣的文化正因網路驅動的各種可能性在極速發展，不過它仍然取決於我們的文化背景，以及自身的喜好和偏見。人們總在尋找和選擇志同道合的人或有用的事物，建構有相當自由度的連結，或是尋找能強化其興趣的新網絡。

我們可以問：我是誰、我歸屬哪裡、我認同誰？是我自己、我的朋友、我的家人、我的關係者、我的興趣和熱情、我的工作、我的網絡和連結？或是某些人、血緣、種族、色彩、某個地點，甚至很多地方？也許這只是非常符合個人主義和自主文化的挑挑揀揀或連連看。每個人，即便假裝沒有，仍有許多從屬關係和身分、關係鏈或更重要的地點。他們無法輕易地被切割，並整齊分類，因所有都相互連結。以我個人為例──我主要是德國和英國的混合體，又摻有一點義大利風情。雖然身為德裔，但我幾乎都在英國生活。也許會透露一些德式思維和舉止，但這無關我喜不喜歡德國人，而是他們對我產生的意義。如同一篇部落格所描述的，「我是在歐美世界中的黑人小孩，我是文化混亂的定義。真不知我去猶太人街區會發生什麼事？」

這個挑戰在於對塑造我們今日現況的元素，產生某種程度的連貫感，這會大大地改變對於社區（community）的概念或自我社群的定義。不論如何，各種想法的開始，總是有一個我或我們。與其他人產生聯繫是一種生物需求，尤其是當我們有不可能獨自執行、需要他人合力完成的事物。自我利益和共同利益在人與人的合作間變得一致，這也是讓此物種變得如此進步的原因。然而，合作也是人類史上的核心困境，因為「共有性」總帶著崩解的威脅。我們發現差異性的群體比較容易相互合作、跨文化的城市因此相對難以創造。*

群組內和群組外的部落本能仍然有其影響力，陌生人看起來就是格格不入。但我

---

* 譯按：這應是指單一城市自身不容易具跨文化特質，但兩個相異特色的城市要合作比較容易。

們需要能在陌生環境裡感到自在、理解這些差異，並讓它成為我們的一部分，才能建構道德倫理，好讓這些差異兼容共存。不過，這條路可能很艱難。

　　社區是一個特定的地點，也是一個承載太多意義和期待的詞，且過度被濫用。**社區的苗圃是由無數小型相遇所構成的土壤**，而我們的肥料則是那些看似平庸的互動細胞、認可的眼神、簡短的交流、伸出援手、施予小惠、借一品脫牛奶、找出共同的問題或興趣。當然也混雜了難以計數的「非相遇」（non-encounters）。這通常發生在選擇較少而迫使在一起的狀況，像是在學校、一起照顧玩耍的孩童、上班、看牙醫時分享共同的焦慮──一個錐心的牙痛。

　　我們還沒充分地吸收這包含快樂、矛盾和危險動力的文化意涵，然今日市民和城市所面對的核心問題是：我們如何在地方、街區、城市裡找到自我、歸屬感和意義？

▲ 檳城喬治市影音租售店

難道歸屬感只是飄忽的浮雲，在這裡待一會兒，然後再到遙遠的他處？當我們增加電波傳訊用量的同時，實體空間和我們之間的共同關聯性是否已經脫鉤？是，也不是。空間只是被其他的功能取代了。某種程度來說，我們彼此更親近；但從另一個角度來說，我們則變得四分五裂了。

國籍：買與賣

國籍是最有力也是最珍貴的身分標記，現在卻是可以被買賣。看看里約奧運會，一百七十二名桌球參賽選手裡，至少有四十四名在中國大陸出生，但僅有六名代表中國，其他則效力於另外的二十一個國家。[15]巴林的九人田徑隊沒有巴林人，而卡達的手球隊沒有卡達人──相對的，他們有一個來自肯亞、衣索匹亞、索馬利亞、埃及和奈及利亞各地新公民所組成的雜牌軍。沒錯，蘿絲・切利莫（Rose Chelimo）在2017年的世界田徑錦標賽，為巴林贏得了女子馬拉松金牌──她是肯亞人。一個更極端的例子是，受冷落的英國跆拳道明星阿倫・庫克（Aaron Cook），他成為摩爾多瓦（Moldovia）的公民，允許參加里約奧運。摩爾多瓦是前蘇聯的一個貧窮國家。

是的，運動員在移動，而全球的富人也在進行大規模的移民。「有錢人突然意識到他們不再受限於某國家的束縛」[16]，並受惠於這正蓬勃發展、市值高過二十億美元的全球產業，以取得公民身分或居留權。他們利用自身的經濟優勢、政治影響力，甚至遊說能力，來創造這些可能性。

他們尋求自保、逃避任意修改的規範、避開不穩定的政治環境、太過嚴謹的治理系統、去貪汙較少的地方（即便他們自己也好不到哪裡去），那些從中國、俄羅斯、印度和土耳其搬出來的人證明了這一點。儘管低稅賦仍然是相當具競爭力的工具，但越來越多人不再滿足於低稅金、悠閒情調的島嶼詩歌。生活型態是關鍵，還有是否能無掣肘地開展業務，親近文化、美食和高等教育。以全球為導向的城市可以提供這些，如倫敦、紐約、邁阿密，或是一些較小規模的城市，如尼斯或日內瓦。

2016年，有八萬兩千名高淨值收入（流動資產超過一百萬美金）的個人離開他們的母國，2015年則是六萬四千多人。澳洲是首選，有一萬一千個百萬富翁選擇這裡；然後是美國、加拿大，有一萬名。他們離開的地方有中國（九千名）、巴西（八千名──急遽攀升）、印度（六千名）、土耳其（六千名──大幅成長），還有俄羅斯（兩

The Law Courts

千名——更多人前幾年就離開了）。加上過去十年離開的百萬富翁們，人數可多達五十萬名[17]。當前法國總統歐蘭德提出75%的富人稅時，引發了許多有錢人逃離法國。

擔心世界毀滅、文明消失，是引發最近移民風潮的主要因素，紐西蘭則是這些倖存者的首選。這正在矽谷那些想要逃離無常世界的科技企業家和避險基金顧問間發酵，社會因為各種分化、氣候變遷和更多不可測的狀況加劇其動盪。他們也在防備資本主義的崩解，Paypal的共同創辦人彼得・提爾（Peter Thiel）領導了這個趨勢。他和其他九十二個人在非正式的情況下，被祕密地授予紐西蘭國籍[18]。其他人則購買地下碉堡、無人島嶼或任何人跡罕至的地方。

很多人、特別是**超級富豪**有三到四個家，很少定點在某處。由於總是在移動，他們的毫無歸屬是危險的，對社區幾乎毫無建樹或付出，其**空蕩的房子更是讓街區變得寂寥**，僅剩女傭和管家留守。

國籍，曾經是最珍貴的身分象徵和人口治理的主要方式，現在開放爭取，這也是不斷成長的投資移民潮之其中一環。有名單條列「哪裡是取得國籍或永久居留權最便宜的地方？」，一般認為加勒比海群島位居前列，其次是馬爾他和塞浦路斯等地。僅需十萬美金，你就可以成為多明尼加共和國的公民。多數的歐洲國家都有針對非歐洲人的歸化方案，只要有二十五到兩百萬歐元間的投資，就可避開正規程序，甚至不需要每年居住超過多少天數，便能取得進入歐盟各國的通行證。國家間現在不僅為爭取國際人才而競逐，也為爭取投資者、企業家、高淨值收入的個人，甚至運動員。

取得臨時、靈活、雙重甚或三重國籍，是現今有錢的個人與家族必要的規畫之一。能在多個國家開展業務、提供保障和藏身處是很有經濟意義的——這是一般移民或難民無法實現的。這種行動國籍挑戰了對於移民、公民身分和國家的傳統認知[19]。

這些過程描述，主要說明各個政府在回應和解決深層矛盾緊張局面的靈活性。**全球資本的累積，需要開放的國界**，以及相對自由的貨物、服務、技術人才的跨境流動。相較之下，國家及其安全系統，則是建立在固定疆界和人口的基礎上。

國籍賦予權利和義務，相對地也衍生出回饋某地方的承諾與動機。現在隨著國籍身分定義的延展，是該思考城市的外僑、長期居留者或移民如何可取得市民身分，或至少取得當地的投票權，尤其是當中有許多人都納稅。這會讓他們和其居住地的命運產生連結，不論正在擴張或萎縮的城市，都會因此受益。而這類型的治理問題只會越來越多，不會消失。

簽證的力量

　　購買國籍身分的原因相當明顯，尤其是當持有的護照能讓你更具行動力。知名的投資移民公司漢利與合夥人（Henley & Partners）發表的簽證限制指數[20]，和全球護照權限（Global Passport Power）[21]根據「免簽證分數」為國家做排名。這兩家也都能提供改進「全球行動分數」的諮詢服務，不過是收費的。儘管分數有差異，但它們一致同意德國和北歐國家如瑞典或芬蘭是名列前茅的。漢利認定他們可以在全球兩百一十八個國家中自由進出一百七十五個。緊接著是西歐國家如義大利、法國或西班牙，然後是美國和英國。南韓、日本、加拿大和澳洲同樣也有不錯的「免簽證」分數。英國一直是名列前茅，最近因搞閉鎖的關係而下滑，不過英國脫歐對限制移民毫無幫助，因為免除簽證，通常是建立在互惠的基礎上。

　　在這個競賽裡，新起之秀有祕魯、馬紹爾、索羅門群島、吉里巴斯、萬那杜和密克羅尼西亞等地，排名正在爬升。其他因政治逐漸穩定而升高名次的，有智利，甚至哥倫比亞。

　　如果你想當一名遊牧者，最好不要是非洲人，即便你有成就、有才華，也受過教育。一名非洲人比德國人需要超過一百個國家的簽證申請，而俄羅斯也僅有不到七十個免簽證國家。類似的狀況也發生在前蘇維埃政權的哈薩克或亞塞拜然，還有中國。

　　如果你來自倒數五名的國家：索馬利亞、敘利亞、巴基斯坦、伊拉克和阿富汗，那要移動真的是極為困難，僅有不到三十的免簽證國可去。而北韓則完全被屏除在名單外。

　　全球護照權限，**用一張標上色塊的世界地圖來說明行動潛力的變化**。非洲是暗色的，而中東和部分亞洲也是如此。因此做為一名漫遊者，意謂著大多是白人，而且來自已開發國家。然而那些你拜訪過的國家和地區裡的人（如泰國、印尼或清邁、曼谷、峇里島等地），卻無法進入你的國家。他們需要申請超過一百個國家的簽證，並不在護照權限的高分組內。

遊牧的中繼站和熱點

　　行動菁英們聚集的地方——從另類生活型態者到最嬉皮人士，從高級專業者到有

▲ 里約的貧民窟

錢人——都相當類似。**最受歡迎的遊牧城市流行榜，隨時尚標準不斷變化**，不過像紐約或倫敦這樣的國際大城，在時間的洪流中屹立不搖，同時也有一些後起之秀，如柏林或邁阿密都表現的相當亮眼。遊牧清單（Nomadlist）[22]，一個有一萬名成員及四十萬訪客的社群，篩選了當前最前瞻的數位遊牧據點名單。它用各種標準組合來評量地方，如「現在最流行」或「最受歡迎」、「生活品質」、「網路速度」、「女性安全指數」、「生活物價」、「幸福感」、「夜生活」、「教育」、「Airbnb 收費」等。根據不同標準和洲別的組合，可以產生無以計數的有趣結果。

「現在最流行」（當你讀到本文時可能已經不一樣了），目前是柏林，其次是倫敦、紐約、里斯本、清邁、布達佩斯、舊金山、阿姆斯特丹、洛杉磯，急起直追的還有仰光和阿德萊德。而「最受歡迎」一直以來都是曼谷，然後是常被提及的巴黎、巴塞隆納或峇里島的烏布（Ubud）。不出意料，世界上最不受歡迎的地方是北韓的平壤

41

和阿富汗的喀布爾（Kabul）。

　　或是拿「生活品質」做為衡量基準。在這方面，荷蘭的格羅寧根（Groningen）、恩荷芬（Eindhoven）和哥本哈根拔得頭籌，北歐城市的確在很多標準上都獲得極高的評價，包括網路速度。把它們分數拉下來的則是生活物價和氣候這兩項。許多中國或巴基斯坦城市在工作場所這項都表現不佳，尤其是共同工作空間的部分。夢幻的馬利（馬爾地夫首都）也令人失望。北美洲西岸的據點，從波特蘭到聖塔莫尼卡在彈性工作空間這方面表現都還不錯。夜生活最高分是柏林，然後是南韓的一些城市。洲際間的對比，如中東和南美洲的比較，相當具啟發性。前十三可工作場所都在南美洲，黎巴嫩的貝魯特則排名第十四。不過整體而言，以色列的特拉維夫分數相當高。回到南美洲，哥倫比亞的麥德林（Medellin）有極驚人的轉變，從世界的謀殺首都變成時髦的聚集點，更別說巴拿馬正因其超高速的網路變得吸引人。其他各大洲受歡迎的城市還有北美洲的紐約、舊金山、洛杉磯、溫哥華、西雅圖，亞洲的曼谷、清邁、吉隆坡、新加坡和香港，以及非洲的開普敦、卡薩布蘭卡、約翰尼斯堡和三蘭港（Dar es Salaam）。

　　無意間聽到的討論或聊天室評論，清楚地反映了想要站在第一線追尋潮流的煩躁和企圖。透過這個方式，遊牧者在同一基準上能同質化並從中創造多樣性。他們以英語破除語言障礙，泯除彼此的差異，因為不論哪裡，討論的都是一樣的流行話題：「有人可以推薦柏林普倫茨勞貝格區（Prenzlauer）能夠外出工作的好咖啡廳嗎？我已經去過 Oberholz，現在想試試新的地方……」或「試試橡豪澤大街的 Spreegold，他們的無線網路每小時要收費一歐，不過我覺得划算」或「上次我去柏林時，大都待在 Betahaus 工作，也許我更該去新克爾恩區（Neukolln）看看」，這裡提到的 Oberholz 咖啡是柏林的地標，而新克爾恩是一個新的、正在中產階級化的工人區域。

　　「天啊！真沒想到有這麼多對遊牧有興趣的人聚集在里斯本……我等不及搬過去了」或「有人有聚會的詳細資料嗎？我剛到，很想參加！」。

　　「成為遊牧」的聊天版說：

　　柏林是全世界最時髦的數位遊牧之都！如果你正在尋找群聚時髦人士、藝術家、活動、高性價比且有強大在地創業生態系統的完美組合，柏林會是你的首選……不過要先警告你，既然它是每個人名單中的熱門選項，這個城市也快速地在變化。柏林變得越來越貴，也更時尚。因此，一些當地酒吧和咖啡廳被迫關門，好

▲ 西雅圖公共圖書館

讓位給連鎖商店及更高檔次的企業。不論如何，早來總比晚到好。

這就是中產階級化的矛盾，某些程度上它創造更多的遊牧者。

「布達佩斯在數位遊牧者中正逐漸獲得矚目。它比布拉格便宜些，沒那麼多人和觀光客。」而「巴塞隆納很受富裕遊牧者的歡迎」。

「當歷史學者著手調查這個現象時，清邁將被視為帶動全球趨勢的地方。它很適合做為你遊牧旅程的起點……它有相當驚人的數位社群，扔顆石頭就會砸到筆記型電腦或有抱負的數位遊牧人。」「峇里島的問題是整年都有旅客包場，而且網路很不穩定。」「數位遊牧者把麥德林變成很棒的目的地，你能相當迅速地在那找到遊牧同好。哥倫比亞讓錢變得很好用，而且還有被公認是地球上最棒的人民。犯罪、恐怖主義和毒品走私已經不像過去是很嚴重的問題。」「結合南美的風情和歐洲特色，布宜

諾斯艾利斯實在讓人很難抗拒。」「普拉亞德爾卡曼（Playa del Carmen）是拉丁美洲的清邁。」「如果你躊躇滿志、想征服世界或幹一番大事業，那就去香港、新加坡、慕尼黑或倫敦。」有趣的是，「嗨！摩洛哥的數位遊牧者，我們今年底想到費茲（Fes）去晃晃。」「對不起，我們至今還沒在這兒找到任何數位遊牧者。」不過「我只是暫時地經過這裡，看起來完全沒有遊牧者在這經營……時鐘咖啡廳（Café Clock）的駱駝漢堡非常讚，這是我發現最接近大都會的東西了，因此吸引了不少遊客[23]」。哈囉，有人在基多（Quito）、台北、大阪、阿克拉（Accra）或伊斯坦堡嗎？

▲ 漢堡的社交活動

▲ 杜拜工地

大遷徙

　　所有的事物都在談論移動中的世界，以及因需求、壓力、衝突、欲望或保護財產所引發的移民模式。在全球化的推動下，**移民潮是一個複雜的進出網絡**，遠超出數位遊牧的範圍。有叛離的人，也有回歸者。多數跨國移民都在尋求更好的經濟和社會條件。有些受過良好教育，有些則沒有，也別忘了因為語言差異所造成的微妙門檻。我們會稱呼那些專業者為「外籍人士」，特別當他們是白人時，如果又是「我們其中一員」＊，就會被加進友好圈。其他條件比較差、膚色又不相同的，我們通常就稱呼他們為「移民」，有種不信任的意味。

　　「移民」這個詞經常讓人產生負面反應，像是「一無是處」、「要來搶我的工作」、「沒受過教育」、「可能會犯罪」。事實上，正如一大群人裡會產生許多小團體，他們也有相當高的多樣性，而且都非常正面。我的同事菲爾・伍德（Phil Wood）對此進行深入研究，並發表了「跨文化城市：為多樣性優勢做準備」，獲得歐洲理事會的重視。[24][25]許多移民受過良好教育，對於變動中的世界保持警惕，使用極佳的設備來運用行動科技，而且就和我們多數人一樣，為了更好的生活努力打拚，也願意為他們的接待社區來付出。[26]有目共睹的是，他們為經濟做出相當積極的貢獻。文化相互理解的問題是大部分摩擦的來源，諸如不同的人生觀、對待婦女的方式、不同的信仰等問題。

　　許多移民到達另一片土地的旅程宛如史詩。我們見證穿越地中海的日常流動，是在極不安全又超載的船上，在那之前，很多人甚至還跨越了炎熱的撒哈拉沙漠。**經濟移民是增長最快速的類別**，他們的流動勞力讓許多經濟體系得以成立（阿拉伯聯合大公國是最好的案例），其他的狀況則是要平衡下降的生育力和老齡化人口。

＊ 譯按：應指語言的溝通。

結束一日工地辛勞的解放／杜拜

　　整體的模式其實很複雜，不過舉例就足以理解。以中東失衡的人口分布來說，阿拉伯聯合大公國有九百二十萬人口，只有一百四十萬是阿聯人，七百八十萬為外籍人士（或是你覺得稱呼他們為外勞比較合適）。印度人占25%、巴基斯坦人12%、孟加拉人7%及5%的菲律賓人，這些移民沒有任何權利，而且住在臨時住所；然而有五十萬的西方外籍人士生活在市中心的奢華高樓裡。然後是卡達（Qatar），兩百六十萬的人口，外籍工人占了88%。印度人是最大的族群，占25%；緊接著是尼泊爾人，占13.5%；以及11%的孟加拉人。整個地區對待外籍勞工的方式一直受到嚴厲批評，認為是虐待與剝削。另一方面，俄羅斯真的見證了人口組成的劇變。它有一千萬人外移，多數前往經濟已開發的地區，而有同等數量的人口從更貧窮的前蘇聯國家移入。

　　大多數的亞洲國家都不適合移民。他們外籍人口的比例都低於1%，相對的他們外移到多數已開發國家的比例則在10%左右。2015年有八十五萬的外國人住在中國，但僅有七千三百人取得永久居留。[27]在那裡有些有趣的外國人小區，如廣州有約兩萬的非洲人住在一個叫做巧克力城或小非洲的地區，就如同位於奈及利亞拉各斯（Lagos）或幾內亞柯納基里（Conakry）的中國城。然而，現在有五百萬在中國出生但之前住在國外的中國人，以及約五千萬華人回歸中國，中國學生到海外的進出數量更是戲劇性地增加。2016年有五十五萬人出國留學，其中80%已經回國。這個數字預計會增加到七十五萬。中國移民最主要的流動是二・八二億的農民工移入城市，並占整體工作人口的三分之一——儘管在過去三十年促進了中國驚人的經濟成長，仍被邊緣化和歧視，也沒有什麼權利。1989年有八百九十萬內部移民，到了1994年則到達兩千三百萬。這是一個等待被引爆的火藥桶。

　　2015年，日本有兩百二十三萬移民，其中20%是和日本男性婚配的南亞女性，也有極大的比例是如女傭的服務業者。嚴格來說，他們不是移民，而是移工。日本逐漸浮現的問題，在於它的人口老化和低出生率：其人口數於2060年預計將從一億兩千八百萬降到八千六百萬人，短少的八百萬勞動力，迫使政府必須改變移民和難民政策[28]。印度則盡力降低外國人口至五百萬上下，多數來自亞洲的鄰近國家。然而以上這些國家區隔喜愛和不歡迎的移民標準，則反映自大多西方國家的移民政策。

　　擁有三千五百萬人口的加拿大，自詡是一個移民國家，2017年接受了三十萬的新移民，其中四萬人是難民。澳洲也是如此，歡迎二十萬移民，其中有一・九萬的難民。美國則每年發出一百萬公民身分，其中六十萬人已經住在該國，只是改變他們的身分。目前美國有三千七百萬合法移民及一千一百萬非法移民。2016年它曾提供庇護給十萬難民，但川普上台後已降為五萬名。大多數的國家都把移民結合到他們的經濟

اللاجئون
REFUGEES
FLÜCHTLINGE
EINE GROSSE HERAUSFORDERUNG

AUSSTELLUNG MIT FOTOGRAFIEN
VON HERLINDE KOELBL
ERGÄNZT DURCH
„DAS ENGAGEMENT DES AUSWÄRTIG

利益，優先考慮有專業能力和發展性的年輕移民，無視其種族差異。

2010年，在歐盟約有四千七百三十萬人、總人口數的9.4%是出生在居住國之外。其中三千一百四十萬是出生在歐盟境外、一千六百萬在歐盟境內。最多人數在德國（六百四十萬）、法國（五百萬）、英國（四百七十萬）和西班牙（四百一十萬）。

伴隨著敘利亞的危機，現在總數可能已增加到五千萬，因為2015年才有超過一百萬的移民和難民進入歐洲。短時間的大量湧入，引發了各個國家都不得不面對的移民危機。[2930]

逃亡和避難

戰爭、衝突、迫害和天災，迫使更多人到其他地方尋找庇護和安全。然而，更早之前的動盪所遺留的創傷仍令人痛苦——像是巴基斯坦／印度的分治或南北韓的衝突。

2015年有六千五百三十萬人被迫離開家園，引起世界的動盪。其中兩千兩百五十萬是難民或尋求庇護者，25%來自敘利亞，而其他流離失所的人並未跨越國境離開原來的國家。這已經破了過去五千九百五十萬的紀錄，前兩年是五千一百二十萬，而十年前僅有三千七百五十萬。其中半數都是兒童。

全球有一千萬名無國籍人士，他們可能是逃離種族衝突，如西緬甸的羅興亞人（Rohingya），現在約有三十五萬住在孟加拉；或是科威特的貝都因人，1961年獨立後卻從未獲得認可；或是成千上萬在歐洲流浪卻沒有登記的羅姆人——沒有國籍就無法獲得基礎教育和醫療。[31]

在難民接待這方面，尤其是針對敘利亞危機，亞洲的主要國家都表現不佳。表面上中國雖然接收了三十萬一千名難民，但全是華裔的越南人。2015年日本排除了任何放寬其難民政策的可能性，僅在一萬九百零一件庇護申請中接受了二十七名。相反的，印度歡迎了二十多萬名難民，多數來自緬甸、阿富汗和巴基斯坦。

儘管官方承認種族多樣性的概念，並強調五十六族共生共榮，但中國的政治意識型態，並不歡迎非華裔移民。該國缺少有利大規模移民的支持機構。他們以不干涉他國內政的說法，結合低度的公共安置配套，來回應外界的需求，這可能也歸因於政府對於信仰和人口的控制。

　　然而，國際特赦組織做了一個難民歡迎指數（Refugees Welcome Index），調查中驚訝地發現在一個特殊問題上，中國分數居首，而俄羅斯墊底：貴國政府是否應該為逃離戰爭或迫害的難民提供更多的協助？該指數根據各國居民願意接受難民到他們家、社區、鄉鎮、城市和國家做出浮動演算與排名。[32]

　　自1985年起，歐洲接受了一千一百六十萬份的庇護申請，但2015年就有一百三十萬件。難民湧入歐洲的戲碼，讓我們很容易忘記，單是土耳其就接收了近三百萬敘利亞難民，而黎巴嫩收了一百一十萬，約旦的官方數據為六十五萬七千名（但政府宣稱實際數據為一百三十萬[33]）。以全球人均數據來看，接納難民的前三名為土耳其、黎巴嫩和約旦。東非的吉布地（Djibouti）因為有很多從葉門穿越紅海、逃離政爭的難民，於是也有極高的人均數。矛盾的是，許多衣索匹亞人利用飽受戰爭摧殘的葉門，做為通往沙烏地阿拉伯的跳板，無視他們抵達後就會遭遇到的危險和磨難。這些難民的流動方式和原因，實在令人費解。[34]

　　這樣的大遷徙還會持續數十年。想像**有超過十億人正在移動**，這是全世界15%的人口，還不包括觀光客及我們每日的旅行和通勤。其中七·四億為國內移動（2016年數據，而且還有可能被低估），而二·四四億為全球的國際遷徙，高於2000年的一·七五億和1990年的一·五四億。這些移民占已開發地區總人口的11%及開發中國家的1.6%。[35]

　　有趣的是，人們一旦遷移，就會想再次遷移。蓋洛普調查，全世界有六·三億的成年人希望永久搬到另一個國家，相較於14%的本地人，有22%的第一代移民表示願意搬遷，先不論這是指搬回母國、還是前往另一個國家。[36]這份調查是2008到2010年間，針對一百四十六國四十萬一千四百九十位成年人進行訪談的平均數。撒哈拉以南的非洲人最想搬遷──有33%的在地人及34%的移民表達他們的意願。

　　那些在移動中的，大多落腳在有經濟機會的城市，其不可捉摸的增長速度也帶來極度的壓力。城市會因為人口的極速增加或是從鄉村轉型到都市而不斷地成長。全球的人口從1945年的二十億，增加到目前七十三億的數字，其中約有四十億人住在城市。每週有一百五十萬人搬到城市，估計一天有二十多萬或每分鐘一百四十人。

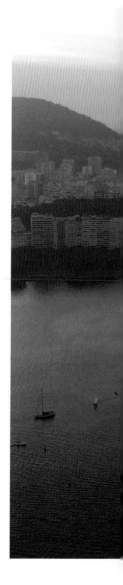

▲ 這是更好的地方嗎？／里約

離鄉背井和目的地

　　人們在四處移動。他們去哪兒？有些地方可能出乎意料。再者，只要有一個人勇於嘗試，就會有其他追隨者。義大利北部的小城布雷西亞（Brescia）有四百個錫克教家庭在這裡生活。根據官方統計，托斯卡尼地區的普拉托市有九千九百名中國人，不過還有四萬五千名非法居留者在三千五百家裁縫車間工作。他們大多來自溫州，有些則來自巴黎的中國城。比利時的根特（Ghent）有八千名羅姆人，因為該城相當友善。他們大多來自斯洛伐克，而當地政府的策略是把會影響其整體生活品質的問題社區出口出去。人的散居分布狀況會讓你訝異。遠在北極圈之上、挪威的偏遠地方拉克塞爾夫（Lakselv）和希爾克內斯（Kirkenes），有超過五十個國籍的人生活在一起。

　　新加坡有近一萬名來自葉門哈德拉毛省（Hadramaut）的哈德拉米人（Hadramis），他們原是以航海貿易維生；還有約兩千的葉門人住在南希爾茲（South Shields），那是位於北英格蘭的一個小鎮。他們是在1890年代因為擔任英國商船的船工而來到這裡，並被圈住在一個叫做瑞肯戴克（Rekendyke）的小租借地。美國麻薩諸塞州的伍斯特市（Worcester）有將近兩萬名阿爾巴尼亞人，他們大部分是在恩維爾·霍查（Enver Hoxha）孤立共產主義政權於上世紀九〇年初垮台後來到這裡。在巴西有一百五十萬名日裔民眾，單聖保羅地區就有五十萬（其中有三十二萬五千人在市區）。這些移民最頻繁的時候，應該是在兩次大戰之間，有二十萬名謀求生計的日人，因為被美國和澳洲拒絕而來到這裡。還有更多像這樣奇怪的存在，每個都有自己的故事。

　　離鄉背井的故事已經有幾千年了，原因包括人口過剩、宗教迫害、公理不彰、徵兵、饑荒、經濟不景氣和生存必要，或是軍隊獲勝與殖民者要留下他們的足跡。西元前722年有第一批猶太僑民逃離原居住地，而西元前330年在亞歷山大大帝的殖民活動下，出現了希臘僑民，然後如此這般地重複數世紀。九世紀時，維京遷到冰島的僑民，之後是格陵蘭，甚至遠到美國。與此相對應的，有十六世紀跨大西洋的奴隸貿易，大規模地把非洲僑民帶到加勒比海地區及美國。而在1860年後的五十年間，有四千萬的歐洲人因為貧困、缺乏土地和機會而移民，其中三分之二到了美國，而且一千六百萬是義大利人。

　　愛爾蘭是最戲劇性的例子，其僑民數遠高於四百六十萬的人口。估計全球有八千萬人自稱是愛爾蘭後裔，其中包括三千六百萬的美國人，他們被視為該國的主力民族。黎巴嫩僑民有七百萬，相對於國內五百八十萬的人口。亞美尼亞有三百一十萬

人口及七百到一千萬旅外的僑民。希臘有一千零八十萬人口及七百萬的僑民。另一個有極高數量僑民的是義大利人，他們在過去的一百五十年間，累積有兩千六百萬的移民，其後代更是遠遠超過此數。維德角人（Cape Verdeans）的數量在海外比島內的五十萬還多。在三億的阿拉伯人當中，估計有四千萬的僑民，而其中大多數偏愛南美洲。巴西約有一千五百萬人為阿拉伯裔，大部分住在聖保羅地區；除了倫敦和巴黎有為人熟知的阿拉伯區外，他們在阿根廷的布宜諾斯艾利斯、委內瑞拉的卡拉卡斯（Caracas）、哥倫比亞的巴蘭幾亞（Baranquilla）及千里達島也有固定聚居點。

　　每一場戰爭、革命與大規模的危機，都會促成像伊朗、阿富汗或敘利亞民眾的遷徙，估計有五百萬人離開自己的國家。他們首先抵達的城市多半是和國境接壤的地方，像是土耳其、約旦或其他很歡迎難民的國家如瑞典或德國，這兩者一直都有接收難民的傳統。然而這些作法也會影響社會結構，因為當他們要吸收新到者時，這些人的小孩通常會遭遇身分認同問題。在大城市的學校裡，大多數的少數群族會群聚成小團體，甚至還仇視對方，如塞爾維亞人和科索沃人，或是土耳其移民之於庫德族人。

里約移民區

這引發了壓力、甚至極端主義的意識型態，猶如他們所承諾的解放依然無所不在。在此，我們也許可借鏡西西里島巴勒摩市長李歐盧卡・奧蘭多（Leoluca Orlando）的作法，把一個黑手黨城市轉變成難民的天堂。

同種與混血

　　2006年播出的《百分之百英國人》電視節目，檢驗了我們的遺傳背景。它邀請八個人，考量他們的個性，並確認都是自詡為純種英國人的「普通」人。然而用DNA檢驗其十二代的基因，證明沒有一位是！我們發現了蒙古人、土耳其人、非洲人、東歐人、北歐人的痕跡。非常受歡迎的電視節目《你以為你是誰？》（Who Do You Think you Are）現已播到第十四季，持續地顯示每個人都是受各方影響的集合體，儘管某些基因可能占主導地位。戴蒙・巴克斯（Damen Barks），一名參與《百分之百英國人》的十八歲受訓士兵表示，「對種族主義者而言，突然發現自己身上竟然有部分他們長年歧視的血統，一定會讓他們脫離原來的想法。」家譜學，這現代崇敬祖先的方式已經蔚為流行。它揭示我們對於國籍和文化認同的概念都是錯誤的。**事實是，我們相互混雜，並彼此相關。**[37]當我們追問究竟現有多少「英國人」住在英國？學術顧問馬克・湯瑪士博士（Dr. Mark Thomas）答道：「粗略猜測？呃，答案是零。」如果是用標準來衡量純種英國人的話。他也指出：

> 因為我們一開始是從非洲演化出來。遷徙不僅是常態，也是大自然讓我們保持健康的方式。我們的基因越是混和，我們的物種就能夠越長期地維持健康——我們越能禁得起傳染病，更不會受遺傳疾病的影響。

　　如果有任何比其他地方擁有更純淨的血統，那可能是冰島。那是地球上種族同質性最高的國家之一，因為在西元九世紀古斯堪地那維亞人（Norsemen）定居此地後，只有極少的移民活動。這讓它成為研究基因學科學家的天堂。但也有人認為，韓國才是種族上最純淨的社會。

◀ 曼海姆（Mannheim）嘻哈音樂活動出現的混和舞蹈風格

▲ 高第設計的米拉之家／巴塞隆納

追尋和體驗

「善行無轍跡。」（A good traveller has no fixed plans and is not intent on arriving）──老子

觀光創造了矛盾。它是好事，也是壞事。它不僅遍地紅火，而且還會持續增長。反觀光將成為大規模的運動，這趨勢已經開始，因為人們擔憂自己的在地文化，並預見其城市與自然可能遭受破壞。我們將在未來看到地方自覺地嚇阻觀光客，以維護他們的在地認同。太多人不尊重他們的主人──單身派對（"stag do" and "hen do"）的主題觀光現象，就是一個很好的例子，它讓即將邁入婚姻者在對伴侶做出承諾前，有最後一次放蕩的機會。相對的，性的熱點往往被排除在市民生活裡，觀光客成為這個產業最極力爭取的族群。因此，決定開放性產業，還有何時要助長、何時削減或控制它，都需要相當的勇氣。

遊客和旅行家

觀光對於許多地方都是救命符。當國家資源匱乏且沒有高價值的創造性發明、產品和服務時，就只剩下自然資產了，譬如那些從地底挖出來的（它們多半會為地景留下傷疤）或風景、古蹟、文化。不過，我們已經來到一個危機點。

觀光客因為任何可想像的原因而旅行，也一定有相應的小眾市場來提供各種奇思妙想和生活型態：增廣見聞、健康、性、運動、沙灘、精神和宗教的追求等等。世界任你遨遊，然而有時你覺得自己被**困在瘋狂的消費主義漩渦中**，即便該旅行者（顯然和一般的觀光客有等級上的差別）覺得他們已經「解放」了自己。

今日的國際觀光客數量是 1950 年的十三萬倍。當時是一千萬人，

現在已然增加到十三億。用旅程距離來理解，是數萬億公里或更多更多。再加上數億的國內旅遊：單在中國和印度即有六十五億，歐洲則有十二億。中國和德國是其中最狂熱的旅行者。到了2027年，國際旅遊人數預計將達二十億，是更為驚人的增長。如果再加上那些因為通勤、找工作或娛樂而常態移動的大量人口？人們穿梭空間和地點的人流消長是相當震撼的。它對目的城市的都市紋理帶來張力。[38]

　　觀光是有巨大能量的驅動機器，並帶有強大的後續影響，又因為摻雜各種利益，其活力難以削減。它對全球的生產總值（GDP）貢獻了六千五百二十八兆歐元（1.2%），並預計於2027年成長至九千五百七五兆（11.4%）。旅遊和觀光直接支持了近一・一億個就業機會（占總就業人數的3.6%），預計將在2027年達到一・三八億（4%）。再加上間接觀光業的二・九二億個就業機會（9.6%），並期待在2027年增長到三・八一億（11.1%）。[39]另外，再加上五百五十萬個衍生的工作機會。此外，2016年相關商品出口總值為一・〇八兆歐元，占出口總額的6.6%，預估2027年將提升至一・八九兆歐元，占總額的7.2%。

　　然而，反觀光的情緒依然無法抑止，尤其表現在城市塗鴉上，「為何稱之為觀光季節如果我們無法射殺他們？」（巴塞隆納），或「觀光客是恐怖分子」（tourists are terrorists）（里斯本），還有柏林最受歡迎的兩則「雅痞人渣」（yuppie scum）和T恤上「趕時髦的人是混蛋」（hipsters are motherfuckers）。[40]

　　旅行的理由不勝枚舉，但廉價航空是很重要的助力與催化劑，這是一個冀望提升我們欲望的巨大附屬產業。只需看看航空業的媒體宣傳品：「找到你珍愛的地方」、「讓你美夢成真」、「探索生命」、「邁向無盡的視野」、「這是好事發生的起點」、「看見它、感受它、愛上它」、「別以為你已經過盡千帆」。觀光銳不可擋的崛起，最初聚焦在陽光、沙灘、運動／性和數百年的歷史。然而，海灘一旦不足以說服，城市就被放到第一線。因此就有「來巴黎：浪漫之都」或上海變成「東方巴黎」，還有「聖彼得堡：北方巴黎」。請留意「愛丁堡：北方雅典」、印度的「馬度賴（Madurai）：南方雅典」，而肯塔基的「萊辛頓（Lexington）：西方雅典」。羅馬當然是「永恆的城市」，但現在最有名的是「我愛紐約」。今日你可以買到任何可能會喜歡的城市T恤。口號變得越來越複雜，成為尋求本質的基因密碼：「做柏林」（Be Berlin）；「I amsterdam」（我是阿姆斯特丹）；而且我們被鼓勵去發現「首爾的靈魂」（the soul of Seoul）。有時口號會變得乏味，如里茲（Leeds）提出「里茲，樂在此、愛在此」，這和「香港，樂在此、愛在此」有極驚人的相似度。

當人們以體驗為名走遍世界，**大幅增加的觀光客正逐漸消耗並掩蓋城市的特色**。最熱門的觀光地點，往往也是當地人最珍視的地方。

看看最極端的例子——威尼斯的殞落。它所面對的問題非常巨大，因為大量流入的人口遠超過其脆弱建築可以承擔，引發了危急的狀況。它的活力正因人口的不斷流失而衰退，而大量湧至的觀光客踩過它的街道，港口裡刺眼又具威脅性的龐大遊輪，無情地把遊客倒進它狹小的巷弄，威尼斯卻沒有應對這些危機的策略。城市裡的某些地方變得難以忍受的擁擠，但其他地方卻成為鬼城，尤其當一日遊客離去、夜幕降臨時。2005年，每年約有一千五百萬名遊客到訪，到了2017年，人數已經超過兩千五百萬。按照目前的速率，到了2020年會有三千萬名，而2030年五千萬名——真是難以想像的情景。

大規模的觀光塑造出提供給人們商品的類型，大部分都是中國製造但假裝「很威尼斯」。在修復後金碧輝煌的教堂和宮殿外、在壯麗的建築外觀外，實際的狀況相當戲劇性：做為一個可以生活和充滿生機的城市，威尼斯存亡在即。

威尼斯並非個案，看看羅馬的西班牙階梯（Spanish Steps）、想想佛羅倫斯的聖母百花大教堂（Duomo），還有巴塞隆納的博蓋利亞市場（Boqueria market）——幾乎看不到當地人。同樣的現實也發生在中國的蘇州古典園林、韓國全州的韓屋村或澳洲雪梨港。當地的居民難得去一趟巴塞隆納的蘭布拉大道（Ramblas）、巴黎的香榭麗舍大道（Champs-Elysees）、柏林的御林廣場（Gendarmen Markt）、阿姆斯特丹的水壩廣場（Dam），或是接近迷人的歐洲歷史小城，像比利時的布魯日（Bruges）、克羅埃西亞的杜布羅夫尼克（Dubrovnik）、德國的海德堡或斯洛維尼亞的盧比安納（Ljubljana），更遠的地方亦如此，如峇里島的庫塔海灘（Kuta Beach）或蘭卡威的丹絨魯（Tanjung Rhu）。

超脫平凡

旅遊文學裡不斷地出現「體驗」、「探索」、「愛」這三個字，而且次數更加頻繁。這凸顯一個問題，日常生活給我們太少機會去充分表達自我，並有想像力。這樣的我們覺得空虛，因而去尋求更深刻的東西。**驚鴻一瞥的意義太稀少又太短暫**。能夠創造並捕捉特殊時刻回憶的旅遊，似乎是很好的解答，可以銘刻內心。

外出，幫助你從外在的角度檢視內在，原則上能讓你在自我反思後有所成長。在

最佳的狀況下，與「他者」的相遇也會觸發其他情事。你會想到生活在他方的人，然後想想自己；個人和團體如何跨越文化、創造連結；共通的人性如何運作並創造共同經驗；文化儀式如何形成並成為彼此約束、連結的共識又能串接社群；還有你在家裡的個人空間，如何能更有效的運作。**有所牽絆的分開和距離，似乎能讓思緒更為清晰。**

旅遊業滿足了深層的心理需求。當思緒轉動時，身體想跟著出走：脫離日常軌；走馬看花；享受；休息和放鬆；拉出距離；尋找自我；還有最不朽的，尋找靈魂、探索目標和意義。它同時回應一般想逃離的欲望，以及更不滿足於現況的深層渴求。它有其更深層的因素。越來越多的體驗被他人創造、事先包裝，然後推銷給你——另一個針對特定需求創建的分眾市場，你被打包進入某個類別。偶遇、發現、探索被擱置到一旁。很多以前我們在日常生活會做的事，現在被包裝成可販售的產品。它們被商品化，而這些產品、優惠和機會在向我們招手。許多人乾脆充耳不聞以保護自己，然後它們就更大聲的吆喝，說其提供的體驗更耀眼、更迅速也更刺激。現在連到當地人出沒的地方散個步、逛一圈，都變成了主題商品。透過這些過程，**我們也讓自己變得不自由。**

不久前，我問一群從事都市更新的人，是什麼改變了他們的想法，並帶動學習和改變自我的變革性影響。他們的選擇有看書、瀏覽網頁、看電視、和朋友或同儕聊天、與同伴組團一起參訪或旅行某地。他們認為效果最好的是揪伴旅行，然後體驗某個和他們生活或專注議題相關的活動。關鍵是要理解該案例如何開始、其運作方式，然後與當地主導者交談、吃飯和社交。距離讓他們反思自己的工作、自身的狀況及家鄉的發展條件。

不過，如同一些案例顯示，並非所有的旅行都是如此。太頻繁的旅行可能顯示你根本沒有連接，並**在過度的移動中豎起防護網**。他們通常是行程緊湊、為全球性企業工作的商人。知名的表演者也是一樣，如正在進行巡迴演唱的女高音芮妮・弗萊明（Renee Fleming）或必須照顧他全球餐廳生意的名廚戈登・拉姆齊（Gordon Ramsey）。你無所不在，也無處可去。事情發生的太快了。模糊中，只剩機場、車子、火車和巴士。到達某地和離開某地，就只是這樣。每樣東西看起來都一樣，你往往只能抓住那些熟悉的、已知的、安全的。最後你會和其他狀況相同的外籍人士一樣，走進全球知名品牌酒店的酒吧，或是觀賞你在家就看過的音樂演出。「活在當下」或「安頓下來」可能並不存在。定點的體驗通常需要時間、精力和沉澱。

旅行對大多數人來，是兩年一次的消遣與充電，或是出差。**飄泊狂（dromomaniacs）**

是另一個品種，但可能包含上述的一些案例。他們有令人讚嘆的旅行癖——一種必須被滿足的常態渴望。這是無法控制的衝動，想去遊蕩、移動，從一個地方到另一個地方，這就是飄泊狂，一種不斷旅行的欲望。這是病態的旅遊，是一種人格障礙，但它正在興起，並與「過動」和「飛行狂」連結在一起。

儘管這次的旅程尚未結束，但飄泊狂已在規畫他們的下一趟旅行。「為下一趟旅行做準備，讓我覺得解放，如同籠子的欄杆已經消失。」家庭生活也許不好受，但無論如何，出外可以交到更多的朋友。「我想念那些我遇到的人、我學習到的文化、我做過的事。儘管我不會再回到同一個地點或見到同一群人，但我必須盡快回到飛機上。我就是需要再感受那樣高漲的情緒。」

就像FOMO（fear of missing out），社交媒體錯失恐懼症，飄泊狂害怕錯過其他地方難以捉摸的生活。

「我需要在我的問題原生家庭外再發展一個自我，但卻沒有給我所渴求的那種深切歸屬感。」[41]

解決方案是，找到讓日常生活和旅行一樣豐富且有意義的方式。意義不僅是被給予，而是必須達成。保有好奇心是一個開始，或是嘗試一些新事物。

還有一種旅遊類型，是大量**套裝、有條理的預定旅行**。你可以感受到放牛吃草、規畫縝密、照表操課。規畫者把你關起來，給你兩週放鬆和享樂的時間，將你催眠，然後你就能再次應付可能覺得難以駕馭的日常生活。這對於**對生活感到無力的人可能是一種緩解劑**。而除了接待社區所獲得的收入外，這樣的旅遊對當地人來說，幾乎毫無貢獻。這聽來也許很負面，但這些遊客就和你我一樣，只想隔絕現實，好好地享受一番。

另一種類型是文化觀光客。他們有強烈的動機，希望去體驗另一種文化、歷史、古蹟，其過去和現代的生活方式。希望透過文化的洗禮，做為個人學習和成長。對他們來說，旅行能幫助思想構建並擴展知識，其前身是歐洲上層階級和歌德等知識分子興起的壯遊（Grand Tour）。文化旅遊因此呈倍數成長，而且還成了城市行銷的一環、都市更新的規畫指標，這包含對於博物館、當代藝廊及體驗中心等文化設施的巨額投資。這些投資相當被看好，因為它涉及擁有文化資本、受更多教育的上層消費者。他們自認對所處的環境更加敏銳，也更願意學習風俗和語言以融入其中，更有助於文化旅遊和懷舊事物的推廣。人生總有許多值得看的東西，然而「去過、做過」

（been there, done that）的模式，往往能創造一**股達成遺願清單上項目的狂熱。**

正如阿姆斯特丹的胡特格·林姆（Rutger Lemm）所說：

（最好的狀況你能夠）跨越種族或語言的界線——是現代社會最動人的現象之一。嘗試及把自己沉浸到另一種文化需要勇氣。（最糟糕的狀況）你只獲得與文化交流完全無關的單一角度體驗。如此一來，我們就永遠無法真正的認識彼此。你來到我的城市，拍幾張照片就離開，這就像是你坐在行動中的車子向我揮手……親愛的觀光客，阿姆斯特丹因為你選擇簡易的途徑，變成旅行的老梗。你們一起在紅燈區流連，然後傻傻地以為自己在阿姆斯特丹。其實，我們阿姆斯特丹人很少去那裡。

根據荷蘭報紙NRC Handelsblad的GPS研究，顯示阿姆斯特丹的遊客都走相同的參觀路徑，很少四處閒晃。[42]

▲ 哥本哈根機場

69

創意旅遊對淺薄世界是一個很有趣的映照。它在外來者和內部人間建立了一座橋樑，進入到造訪城市的城市生活。它的理念是創造更豐富、更充實的體驗，試圖突破既定模式。在最佳的狀況下，它是一個**無引導、直接、未經篩選的經歷，沒有事先安排或改編**。它需要旅人透過互動工作坊和非正式的學習體驗，來主動參與在地社區的文化。這樣的旅遊，旨在促進對在地文化特色的積極理解。我們和當地人一起做事、一起生活、上烹飪課、學習當地著名的手工藝，或是進行考古挖掘。沒有任何距離或不帶情感的觀察，只有活在當下。我們融入城市的情感景觀，深入其中，學習它的日常運行、大小故事，理解它的生活哲學，還有世俗、平凡但重要的事：和消防隊一起出去，了解他們的工作方式；如何用送貨車勾住電梯、和大家一起排隊等公共汽車、站在辦公室外抽菸、在人行道上聊天或看著小情侶在長凳上卿卿我我。

我們跟著當地導遊進入城市的縫隙。人們如何討生活、生存、他們的喜怒哀樂、他們如何進行儀式祝禱及對其重要的事物。到頭來，作為創意的遊客，和他們一起共同創造了我們的經驗、一起分享成果。它可以是平庸或深刻。我們討論共通性和差異，知道的越多，可能就會開始想像並推測住在那裡的生活情景。旅遊代表的不僅僅是參訪古蹟、地標或文化活動。

創意旅遊涉及到了當地後的生活經驗，而不是**借用當地風光、名勝和趣事**來維持自我。我們稱之為「真實」（authentic），意指這就是毫無虛假、純淨的它。然後做為遊客，我們可以把它轉換成比想像更豐富的東西。我們可能是受歡迎的客人，甚或是造訪地點的臨時市民。

性與愉悅的追求

性是世界旅遊裡相當顯眼的一個項目。這是黑暗的一面，因為總是脫離不了剝削、人口販賣、暴力、毒品和犯罪。最常見的是男人找女人，但女人找男人的數量也在上升。也有男人找男人、成人找孩童的市場。有網站滿足各種口味，並提出最佳性愛熱點排行，對於所有的男性來說是亞洲，而女性則為南歐或加勒比地區。

性遊客，一般來自較富裕的國家，如歐洲或北美，然後前往亞洲，特別是泰國、菲律賓和柬埔寨——追求「性感東方」和富異國情調的亞洲女性——或是去到中南美洲，尤其是哥斯大黎加。

　　道德和法律尤其在乎孩童性虐待、女性人口販賣及雛妓問題，還有富裕遊客和貧窮性工作者間的不對等，後者除了出賣自己的身體外別無他法。這些女性通常是來自國家貧窮區域的移民，如有更好的機會就不會來賣淫。

　　泰國每年有三千萬的觀光客，60%為男性，令人驚訝的是其中70%──一千兩百六十萬人是性遊客。泰國以性寬容聞名，因此賣淫和容忍其他生活方式，是當地文化的一部分。所以「世界上最古老的職業」在此蓬勃發展，也包括著名的人妖文化。這就是為什麼光在曼谷，就估計有三十萬名妓女，而整個國家有近三百萬名妓女，其中約有三分之一是未成年。全球的性旅遊之都有廉價的芭達雅，其性旅遊歷史始於越戰期間休息的美國士兵；或普吉島的芭東海灘（Patong beach）。「當然它很庸俗，但它就在海灘旁，有一大堆女人和瘋狂的夜生活。」菲律賓也有40%的男性遊客是因為性。柬埔寨的情況大致相同，不過它還因戀童癖而惡名昭彰。

　　哥斯大黎加的性形象，則是因為妓女的階級和態度而有所區隔。人類學者梅根‧瑞物爾斯─摩爾（Megan Rivers-Moore）在其描繪聖荷西外國人峽谷（Gringo Gulch）的性旅遊時探討了這一點：許多人視自己為看護，認為自己只是對在家鄉遭遇人際關係障礙、時運不濟的白人男性提供幫助[43]。一名七十一歲的妓女說：「他們有些人只想找人陪伴，而且願意付錢。只要他們付費，我很樂意傾聽。我什麼都聽。哭泣也沒關係，只要你付錢。」作者指出「性旅遊在這裡更為複雜，不僅僅是性愛而已⋯⋯還有關懷層面、傾聽男人談論他們的問題、在性之外讓他們覺得有魅力是重要的」。

　　歐洲也有熱點，從阿姆斯特丹紅燈區的賣淫櫥窗，到馬德里由幾條街道交織出的特定區域。1970年代，阿姆斯特丹的妓女大多來自泰國，到了1980年代則是來自拉丁美洲和加勒比區域，然後在柏林圍牆倒塌後，很多來自中歐和東歐。許多報告指出，阿姆斯特丹約八千到一萬一千數量的妓女，有65%至75%是外國人。前妓女和前阿姆斯特丹市議員卡琳娜‧斯卡曼（Karina Schaapman）提供了警方給的八十名暴力皮條客照片，其中僅三名是荷蘭籍。[44]同樣的，西班牙境內來自南美洲的性工作者比本地的還要多。

　　男性尋求性旅遊廣為人知。相反的，**女性的性旅遊卻未受到太多矚目**，即便它已然成為主流。也許是它看似無害，因為這些通常是中年、過胖和長相不吸引人的女性（其實是和男性性獵人相同的特徵）。當男人尋求性，我們視他們為掠奪者，然而當女性做一樣的事時，則把她們描述成「性冒險」或社會交流的一種方式，而不會將其清楚地定義為金錢性交易。如同男性，許多歐洲和北美的女性性遊客從事普通工

▶ 都柏林的商店

作，並渴望填補她們在家鄉無法被滿足的需求。有些人覺得和較貧窮、年輕的小伙子在一起，讓她們感受到社會地位和權力。伍瑞克·賽德爾（Ulrich Seidl）的電影《天堂：信》，是一部關於白人女性到肯亞找小鮮肉的有趣劇情電影。肯亞、峇里島、普吉島、甘比亞（Gambia）及加勒比地區，都是女性性觀光的熱點。

在性旅遊中，觀光產業的角色相當曖昧，並在道德層面上受到質疑，尤其這又連結到犯罪——另一個行動產業上。

舉例來說，賣淫在亞洲可能讓人感到寬鬆和隨便，因為街上和公共場所到處可見。然而從賣淫的獲利來看，牽涉到人口買賣，還有毒品交易與犯罪，背後有極其龐大的金錢交易，黑幫分子都會出面保護自己的地盤。這自然會改變大部分性交易聚集地區的城市生活樣貌。街道上充斥著不安全感，空氣裡可嗅到一觸即發的壓力，控制該區域的罪犯隨時會因為他們的目的，粗暴地使用武力。**每日的騷動，敗壞當地的社區風氣。娼館不足為奇**，它們大都凌亂不堪，而且到處是塗鴉，可想而知居民毫無社

區榮譽感可言。在那些沒有涉及性交易的居民中，可能有一股團結感，不過那些經營賣淫和毒品交易的幫派與團體亦同。然而對所有事物的威嚇，都僅是維持其秩序的消極表現，必要時，暴力和武器就會端上檯面。當然「更高檔」的性交易有更舒適的外觀、在更豪華的環境中，不過底下的動態通常大同小異。

　　性直播（sexcam）產業也是如此，其新首都為羅馬尼亞的布加勒斯特（Bucharest）。[45]網路性愛是一年有二、三十億美金產值的產業，最大的匈牙利網站LiveJasmin有約三千五百萬的日用戶，大多從西歐和美國登錄來支持兩千名女性直播者。而羅馬尼亞的Studio 20則是世界最大的性直播工作室經銷商，單在羅馬尼亞就有九間分公司，每個都有四十個以上的房間。其中一個為「直播男孩」（cam-boys）。其他知名的工作室則位於哥倫比亞的卡利（Cali）和美國洛杉磯。數以萬計的男人同步觀看一位女性，然後她被付費進行所謂「私下」的對話。在攝影機前的女性被稱為

▼ 馬爾地夫／馬利

「模特兒」，而男性則是「會員」。這個無空間世界的關係，讓人們不受是否為適齡遊牧者，皆可在千里之外參與，而且是合法的。

這個領域對於市民生活有腐蝕性的影響，但主導觀光的公部門還未正視它。全世界的性產業都認為，其利益禁得起經濟部門的檢驗，但他們卻無視社會與文化成本。至今並沒有足夠的計畫，可以將賣淫世界與當地社區組織好好連結。

美貌和健康

健康和醫療旅遊正在蓬勃發展，尤其是當富裕地區的居民到中等收入的國家尋求治療。這是價格導向，因為治療費用可能是半價或更低，而且避免了長時間的等待，甚至還提供更好的治療，並能接受到更好的護理照顧。醫療旅行專書《跨國界患者》（*Patients Beyond Borders*）保守估計，在2015年有八百萬人跨海尋求醫療，有許多國家相爭排名，[46]規模各有差異，但估計單2015年就有五百億歐元的金額，預估2025年會成長到三兆歐元——是驚人的六十倍增長。

牙齒和美容手術是最受歡迎的，隨著該產業的成熟，有越來越多複雜的手術。一些國家在特定領域享有盛名，如波蘭是乳房植入術，而匈牙利是植牙。匈牙利的牙醫診所有80%比例的外國病患，而牙科旅遊占國際市場的40%。其他牙齒治療的國度，還有墨西哥和哥斯大黎加。兩個國家都有溫泉傳統，並常常結合其他的治療。泰國則以變性手術著稱，但也同時提供整形和其他傳統泰式療程的豐富選項。馬來西亞則專精於皮膚病和體外受精術。土耳其則是眼科手術或植髮，然後到沙烏地阿拉伯減肥。

2014年，巴西超越美國，成為美容和整形外科的世界領導者。它以抽脂聞名，且是「巴西提臀術」的發源地，由著名的整形外科醫生伊馮·皮登圭（Ivo Pitanguy）發明。巴西有大約五千五百名整形外科醫生，而且做了世界上20%的提臀術。事實上，2015年被視為「後部的一年」（year of the rear），因為整形產業對於臀部的重視，全世界增加了三十二萬個提臀手術，比2014年還多了30%。這個手術牽涉到脂肪移植或注射，移除腹部、臀部和大腿的脂肪，加工後重新植入臀部。[47]

最後，在經濟發達的國家，德國依然是腫瘤學的中心。它發展癌症治療中心，並吸引全球無法在自己國家取得專業照護的患者。

▲ 義大利普利亞大區塔蘭托（Taranto, Puglia）

寄生蟲和都市生活

　　世界上有各式各樣的病毒，它們全都令人衰弱和沮喪。我的朋友們上週就被其中一種攻擊了，但那並不是因為蚊子叮咬所引起的感染與病癢。不，那是某駭客的病毒感染了他們的網站，還植入一個外掛程式，擾亂所有東西。該網站受到影響，甚至部分消失。仍在運作的部分則傳送出錯誤的訊息。那是因為暗網（dark web）在作用。最立即的應對方式，是修改密碼及所有的安全系統。他們的技術醫生進行了健康檢查，網站隨即恢復運作。追蹤源頭來自印度，並試著阻斷攻擊。幾分鐘後，病毒就轉到摩洛哥，然後從那移到埃及、菲律賓，穿越美國後，回到歐洲的俄羅斯，它的另一個源頭。二十四個小時內，我們環遊了全世界，並連結了一群可能只知道彼此網路代號、在網路世界裡興風作浪的駭客。這就是運行中的暗網。

有機體和病原體

　　疾病是移動世界裡很明顯的標記，幾世紀以來，它們大量地透過旅行、貿易和征戰到處散布。我們越是到處移動，新型的疾病越是可能發展並傳播。疾病能透過空氣、水、血液交換、身體的直接接觸來播送，也可能透過身上帶著細菌的昆蟲（也稱之為傳染媒介）來感染人類。疾病也在移動──它從一個國家跳到另一個國家，或是從動物和昆蟲跳到人類身上。

　　關於疾病起源和長遠歷史的研究正在進行，焦點尤其放在最早發現智人的非洲南部地區。瘧疾是最古老的疾病之一，三千萬年前被琥珀保存的蚊子上可以找到瘧原蟲寄生的蹤跡。瘧疾因此很可能發源自非洲，並和它的宿主、蚊子和非人類的靈長動物一起進化。[48]

雖然一些疾病的地理起源存有爭議，但可以確認何時為第一次大爆發。我們所知道的是，瘟疫或天花等疾病穿越各個地區和大陸，它們讓宿主缺乏免疫力，進而摧毀人口。

在中世紀肆虐歐洲的鼠疫，從黑老鼠和牠們的跳蚤跳到人類身上，而第一隻帶原老鼠則是在六世紀時來自南亞洲。中國的第一場大流行病出現在1330年代，歐洲則在1343年爆發。哥倫布和歐洲的探險家帶了天花、鼠疫、白喉、斑疹傷寒、霍亂、猩紅熱、水痘和更多疾病到美洲。這些疾病在一百五十年間殺死了近95%的人口，因為美洲土著沒有任何天生抗體。然而，這裡面有部分疾病源自其他地方，僅是透過歐洲去散布。黃色病起源於西非，1774年首次爆發，然後因奴隸交易來到美洲。據說，梅毒是從新大陸傳回歐洲、並在那創造了幾種流行病。另一說法則是梅毒早存在於歐陸，但仍未被視為單獨的疾病。

霍亂在西元前五世紀首度出現在印度梵語著作裡，並在1819年爆發第一次大流行[49]，往東傳向菲律賓，向西到伊拉克的巴斯拉（Basra），在那帶來大規模的疫情，然後再轉到土耳其。在歐洲，它首次出現於1830年的莫斯科，隨後擴散至整個歐陸後，再穿越大西洋，於1832年來到魁北克和紐奧良。其第三次大流行同樣有極大的破壞性，但到了1920年代第六次捲土重來時，歐洲和美洲幾乎已經絕跡。

隨著時間的累積，損害可能相當巨大。據估計，1855到2005年間，全球約有兩億人死於麻疹。該病毒曾在1848年結合其他疾病，席捲夏威夷，造成三分之一以上的原住民死亡，同時也對拉丁美洲其他地區造成類似傷害。

疾病的傳播是貿易、旅行和人類移動的**意外後果**，今日仍是如此。也有新的病毒出現，讓我們感到威脅，當搭上飛機就可能把自己暴露在一個我們無法免疫的傳染疾病前，尤其是那些由動物、鳥類傳遞給人的動物傳染病、病毒和細菌。它們分布全世界，如SARS（嚴重急性呼吸道症候群）、MERS（中東呼吸症候群冠狀病毒感染症）、HIV（人類免疫缺乏病毒）或禽流感。其中最知名的HIV／AIDS（愛滋病），據說是透過黑猩猩屬的亞種跳到人類身上。1980年代，愛滋病讓全世界感到驚訝，其病毒根源很快地就被發現是在非洲。它迅速地席捲全球，尤其是西方世界，特別在北美。西歐和東歐在病毒的傳播路徑極不相同，在西歐，性相當普遍，在東歐則是透過毒品使用。但這在柏林圍牆倒塌後就改變，傳染途徑也相互同化了。有趣的是，那些有較高互動的國家──英國、法國和瑞士──同樣也有較高的病毒爆發率。

　　諸如蚊子的傳染媒介是活的有機體，它們透過吸血與吸取被病毒附著的微生物，在人類與人類或動物與人類間傳播傳染性疾病。這些疾病通常經由車輛或易腐爛的商品不經意地運送到各地，譬如登革熱的傳染媒介──白線斑蚊是跟著一批送到休士頓的橡膠胎來到北美，而這些輪胎棄置的地方是這些蚊子重要的繁殖溫床。同樣的，也有一些人認為這些蚊子是搭乘飛機的輪胎飄洋過海的。它的假設是因為1999年西尼羅河熱（West Nile virus）就是這樣來到紐約，然後穿越整個大陸。它出現在一個國際機場附近，並且靠近世界上種族最多元的區域。

腐蝕性的歧義　侵蝕性的犯罪

　　另一種削弱性的疾病是犯罪。**全球化的經濟有其平行的全球性非法、齷齪和危險**

的犯罪經濟，這也是一種城市現象。西西里的黑手黨（mafia），源自方言mafiusu，意指招搖撞騙或虛張聲勢，這些流動的犯罪組織網絡會在任何創造利益的地方連結，有些獲利相當驚人。他們無視邊界或律法，甚至超越了地理，也因此跨越了文化、社會及語言的界線。他們的主要活動是毒品交易、販賣人口、賣淫、偷渡移民、敲詐勒索、洗錢、買賣軍火或偽造商品、竊取文化資產和網路犯罪。只要有犯罪的地方，就會破壞市民生活，而且他們大多聚集在城市裡。這創造了潛在暴力、剝削和危險氣味的整體氛圍。

沒有一個幫派會畏懼把子彈射入你的腦袋、把你千刀萬剮、打斷你的四肢或帶給你無法修復的傷害。他們有些把自己打扮得相當凶惡、有些則看起來彬彬有禮。

有組織的跨國犯罪以多元的方式運作，其中涉及集團、幫派或犯罪家族和同夥，他們還可能跨邊境相互合作，這讓追蹤變得相當複雜，尤其首領是藏鏡人時。他們也

經常賄賂官員或政客，利用國家之間的差異來躲避追查。

眾所周知，組織犯罪的收入難以估計，而且都被藏在他們的影子公司，或是透過合法活動來洗錢。犯罪團體的規模可從巨型的販毒聯合集團到兩、三人合作的偷車賊，然所有團體基本上都是國際化的運作。根據美國財星雜誌（Fortune）[50]，2014年收入最高的犯罪組織是松采沃兄弟會（Solntsevskaya Bratva），有八十五億美金，是俄羅斯的黑幫組織之一。其九千名成員，包括退伍的士兵或KGB（蘇聯國家安全委員會）特工，它的觸角深入美國，白領犯罪是其主要項目之一。難以捉摸的塞米昂‧莫吉列維奇（Semion Mogilevich）顯然是老大的老大，他和俄羅斯政治圈有廣泛的接觸，並不受打擾地住在莫斯科。他擅長毒品，尤其是海洛因，以及人口販運；不過，他也不排斥販售核武或組織巨型的全球駭客松活動。他的組織相當分散，有十個獨立的半自治部門，交由十二人組成的理事會管理運作。就像電影《教父》，他們以私人慶祝活動做為藉口，在世界各地聚會。

然後是山口組，它是幾世紀前成立的日本高度組織犯罪集團「極道」（Yakuza）的其中一員，以高度分層的金字塔結構運作，如同其他大型財團。它也在亞洲、歐洲和美洲有犯罪分支機構，並利用合法立案的公司做為掩護（如營造、房地產和金融業）來洗錢。篠田建市是其至高無上的核心者，傳言它有五萬五千名成員，收入高達六十六億美元，毒品、賭博、俗豔的柏青哥店（pachinko）、勒索和圍事，是他們主要的收入來源。

義大利的黑手黨始於十九世紀初的西西里島，然後傳播到美國，至今仍有很多的分支。其中規模最大的是來自拿坡里的克莫拉（Camorra），收入高達四十九億美元，西西里幫現則較為式微。來自卡拉布里亞（Calabria）的光榮會（'Ndrangheta），則擁有四十五億美元的收入，並因和南美洲的古柯鹼販毒集團有密切合作而取得影響力，現掌握了歐洲80%的古柯鹼市場。

義裔美國黑手黨近幾十年勢力嚴重削弱，俄羅斯黑幫、中國三合會和墨西哥販毒集團搶占了它的生意，但在美國東北部仍占有一席之地。

錫納羅亞（Sinaloa）販毒集團，是墨西哥勢力最龐大的犯罪組織，收入達三十億美元。和其他集團一樣，扮演南美製造商和北美市場的中介者。它還有個同樣凶殘的姐妹組織叫做巴利歐‧阿茲特克（Bario Azteca），位於美國邊界的艾爾帕索（El Paso）。

然而這份名單僅顯示出冰山一角。[51]想想看，光是在美國，FBI就估計有一百四十萬名幫派分子在活動[52]，還有他們對美國境內各社區產生的影響。想想看，那些香港三合會的爪牙及其在中國的合作者，還有世界各地有中國人居住的地區分支，橫跨美國到歐洲，甚至其他地區。再看看由萬惡的達烏德‧易卜拉欣（Dawood Ibrahim）在孟買創立的D組織（D-Company），他是一名恐怖分子、職業殺手和毒梟。協助泰格‧梅蒙（Tiger Memon）策畫了1993年的孟買爆炸案，導致兩百五十七人死亡、超過七百名傷患（他們宣稱是要報復對穆斯林的屠害）。還有以無情且殘酷報復作為著稱的MS-13。逃離薩爾瓦多的內戰後，他們在洛杉磯的移民幫派文化中崛起，再把勢力拓展回自己的家鄉。[53]其特徵是令人生畏的紋身[54]，並在美薩兩地活動。薩爾瓦多最近有一個值得慶祝的國家新聞：2017年1月的某一日沒有發生任何謀殺案，這是兩年來的頭一遭。[55]

除了恫嚇社區和殺害那些企圖暴露他們行蹤的人，**上述那些和在其他國家的犯罪集團，都在用他們對公共道德的侵蝕和腐化影響，撼動我們的社會結構。**

且讓我們記住兩位墨西哥的勇敢英雄做為案例：哈維爾‧巴爾德斯（Javier Valdez）和米羅絲拉法‧布里茲（Miroslava Breach）。後者曾說貪腐的政治家比毒品走私販更危險。她花了近三十年調查自己的家鄉——墨西哥北部的奇瓦瓦市（Chihuahua）犯罪集團和政府勾結合作的案件。她後來被殺了。[56]不久也被殺的巴爾德斯當時表示，「讓他們把我們都殺了吧，如果那是報導這個地獄的死刑。」他也曾經寫過：

> 無所不在的毒品依然無處不在。在我內心深處有一個悲觀的混蛋，不但痛苦，有時還悶悶不樂，像是一個因為受不了孤獨而流淚的憤世嫉俗老人，但他仍然懷抱夢想。我希望能為我的家人和其他墨西哥人，創建另一個不會再永劫不復的國家。[57]

關於犯罪帶來的整體影響和涉及人員的詳細數據很難取得，更別提它們對社區、社會資本的侵蝕性作用，以及直接或間接的邊際影響。現在唯一能取得的綜合數據，是聯合國的毒品和犯罪問題辦公室（UNODC－United Nations Office on Drugs and Crime），而且全是經濟方面的資料。根據2009的數據，跨國組織犯罪創造了八千七百億美元的年營業額，幾乎占了全球總出口價值的7%。[58]現在很可能更高。毒品走私最有利可圖，占40%，其中又以古柯鹼為大宗。其次是成長迅速的洗錢，估計每年有一‧四兆美元的流動。[59]而網路犯罪將以倍數成長，預計2019年會讓企業付出二‧二兆美元的代價。這通常是犯罪集團精心策畫的結果。

▲ 畢爾包內維翁河（Narvion River）步道的海報

　　國際勞工組織（ILO）估計，光在2005年就有約兩百四十萬人為人口販運的受害者，其年利潤約為三百二十億美元。每年有六十到八十萬人被跨境販運，其中80%為婦人和女孩，近五成尚未成年。除此之外，至少有兩千零九十萬人是受迫到世界各地勞動的工人；根據2012的調查，其中估計有44%為人口販運的受害者。根據UNODC的估計，全世界任何時間都有十四萬名的受害者，年流動量為七萬人。

　　根據UNODC的調查，偷渡移民的費用差異很大。從土耳其搭船到希臘可能要價一百美元，從非洲到義大利的費用也大致如此；從阿富汗到中歐需要至少一萬兩千美元，而從墨西哥到美國則要三千五百美元左右。有鑑於每年有數百萬人在偷渡，數十億美元的利益因此被招募者、運送者、住宿提供者、中介者、保鏢、蛇頭、資助者及包括警察和海關等收賄官員瓜分。

　　奇怪的是，這些有組織的盜匪，尤其是義大利人，某種程度被美化而不會被人討厭。好萊塢對於黑手黨的喜愛，始於1920年代。禁酒時期的黑市交易，幫助了這樣的組織犯罪，從小型的幫派中壯大。由於禁酒令不受歡迎，站出來挑戰法律的罪犯反而被視為英雄。馬里奧・普佐（Mario Puzo）的書《教父》及後續電影，把黑手黨塑造成關心自己社區、並以榮譽和準則行事的人。[60]幸運的是，他們的魅力正因犯罪到處肆虐造成大混亂而消褪，逐漸顯露其本質。

▲ 法蘭克福機場

人口問題

　　就像房間裡的大象，有個明顯的問題，大家卻始終避而不談——人口，不論是數量或成長速度。而這個問題在城市最為嚴重，因為現在有四十一億人住在這裡，占2017年全球人口（七十五億）的55%。這數字比我出生的1948年增長了325%。[61] 如此的擴張，引發了吸收問題及環境、資源和社會壓力。人口數量和其流動，形塑城市的未來。這從孔子（西元前551-479）到英國人口學家托馬斯·馬爾薩斯（Thomas Malthus），再到氣候變遷科學家詹姆士·洛夫洛克（James Lovelock），都有相關論述，後者曾說「這是和平演化階段終結的開始」。

　　提到如何削減人口且合理地控制整體數量，並不是要轉移話題到安樂死或優生學，而是要探討扎實的教育、行為改變及文化問題，如因為宗教關係無法節育的狀況。

城市與人類世

英國生物學家大衛·艾登堡（David Attenborough）證實：

如果我們星球上的人口少一點，遇到的難題就比較容易解決，且所有的問題都不會變得更難或更多，導致最終無法解決。然而，把這個議題公開討論，似乎是個禁忌。

科學家和政治家害怕說明後果或過於裹足不前。有一份驚人的研究慎重地結論，「我們要澄清他們並不是在宣揚政令或干預，他們只是想讓人們意識到其生育行為對環境產生的影響。」

　　另一份研究指出，「我們理解這些是非常個人的選擇，但我們不能忽視氣候變遷對我們生活方式帶來的影響。」永續性發展的倡議者也同

樣地小覷這個問題的重要性，因為當人口更多時，消費也會倍數成長。

討論人口會造成道德認知的窘境，尤其對天主教徒來說，這是唯一明確反對計畫生育的宗教。然後，它會威脅到非洲的經濟，因為對非洲人來說，生更多孩子是一種生存策略，以確保老年人能獲得照顧。西方城市的居民則希望孩子少，因為在城市裡養孩子越來越不容易。但這個問題在某些案例是非常政治性的，伊朗曾經是計畫生育的代表，但在2015年卻政策大翻轉，勸告婦女們要生育更多的孩子。它是世界上主要的什葉派回教國家，需要更多的信徒，人口數代表權力的掌握。猶太人和摩門教徒也有類似的思維。更早之前，伊朗實現了世界上生育率下降最快的紀錄，從1970年平均每名婦女生育六・六個孩子，到2010年的一・九個。這成了世界的典範，因為它讓女性掌控自己的生育力，年輕女性的教育水平也因此快速攀升。避孕措施的使用在全球相當普遍，中國排名第一（89%），而後是越南、伊朗、哥斯大黎加、祕魯、古巴、俄羅斯，摩洛哥排名第八，辛巴威則為第十（59%）。[62]

要說地球上有太多人，其實過於輕描淡寫。且說「太多」本身有待定義，數據則顯示：這個星球無法自我維持。更多的人在移動，試圖搬到發展更好的城市以逃離饑荒，或因水、物價、油價上漲與不平等衝突所引發的戰爭。都市的騷亂將成為常態。隨著2008和2010年糧食價格的飆升，引發了里約熱內盧、伊斯坦堡和阿拉伯之春的暴動，還有世界上許多城市的糧食之亂。隨著溫度升高的產量減產，這只是對即將到來的預警。資源會越來越少。

減少碳足跡最有效的方式是**少生一個孩子，因為它的影響幾乎是其他環境行動的二十倍**。然而，根據奧勒岡州立大學對政府提出的永續性高效益行動建議研究中，從未提到「少生一個孩子」這個選項。次之的最佳行動是，賣掉你的車子、避免長途飛行及吃素。這些都比常見的綠色行動，如資源回收、使用低能耗燈泡或在晾衣繩上曬衣服，減少更多的碳排放量。[63]

在美國，每一個孩子和他的後代都會增加九千四百四十一公噸的二氧化碳，約為他父母一生排放量的五・七倍、一名孟加拉人的一百六十倍，但孟加拉小孩的終身排放量卻比父母提升了四十倍之多。不過，因為孟加拉人的平均壽命較短，所以整體影響不大。過度消費是這個問題的核心。如果到2050年二氧化碳的排放可以降到每人兩公噸，就能避免幾次全球暖化，但目前美國和澳大利亞每人高達十六公噸、英國則是七公噸。

糟糕的是川普政府恢復了「全球禁令」（Global Gag Rule），禁止對全球責任如婦女、平衡人口、都市和諧及氣候變遷等意識型態政策的支持。這直接取消了對任何家庭計畫生育方案的支持，「墮胎」也包括在內。全球各地的公共衛生倡議者警告，這將帶來嚴重的後果，且忽視數十年的相關研究。唯有當家庭計畫服務和避孕方式容易取得時，才能有效降低意外懷孕、生產死亡和墮胎。而且當婦女能掌控她們的婦科健康時，就能改善母親和孩童的長期健康，並創造持久的經濟利益。[64]

未來的人口成長率高度，取決於未來的生育方式。這就是女性需要更多權利的原因。當我們把眼光放長遠時，小改變就能帶來極大的變化。如果生育率是半個孩子以上，那麼世界人口在2050年會達到一百零八億、2100年一百六十六億。但如果是少於半個孩子，那麼到本世紀中人口是八十七億，而2100年則來到七十三億，略低於今日的數量。[65]

儘管世界上幾乎所有主要地區的生育率都在下降，但人口仍然繁茂地在成長。截至2010至2050年，非洲平均每名婦女生育四・七名小孩，已較2005至2010年平均四・九名小孩有所下降。這將造成難以想像的壓力，因為**數以億計的南撒哈拉非洲人將試圖入境歐洲**。2010至2015年每名婦女的平均生育數字，亞洲是二・二，拉丁美洲二・一五，北美洲一・八六，歐洲一・六名孩童。在歐洲，有24%的人口為六十歲以上，估計2050年達到34%。其他洲的老年人口比例較低，大概是12%，但可望上升到25%左右。老年人口數在2015年為九・○一億，2050年預計為二十一億，2100年達到三十二億。2010年，八十歲以上的人口將增加七倍，接近十億。信不信由你，有些懷疑論者受科技修復（technological fix）[66]的迷信影響，有些人則相信狀況都在控制中，儘管人口將達到高峰，但教育能有效降低出生率。他們的口頭禪是，雖然人類從地球拿取多於這星球可以安全產出的資源，但我們可以將之「非物質化」（dematerialize）。也就是說，以較少的物質量生產出相同的商品和服務。但麻省理工學院主導的一項研究「非物質化理論的簡易延伸」（A simple extension of dematerialization theory）[67]，反駁了這些懷疑論者。

該研究發現，如果單靠科技的進步，沒有辦法以非物質化手法來創造可永續發展的世界。他們發現有五十六種由基礎資源而來的物質、商品和服務，無法套用非物質化的理論，像是鋁、甲醛，到硬體設備和能源科技如硬碟、電晶體、風電和太陽能。儘管科技日新月異，其使用仍無法全面減少。他們指出只有六種情況，材料的使用量會下降，但這些多半是如石棉等有毒的化學物質，因政府的介入而減少使用。

結論非常明顯，人口成長只能用以下兩種方式來停止：快的話，用人道的方式，透過家庭計畫政策的推動和獎勵，有計畫地抑制生產率；或是後者，用「自然」的方式帶來更多的死亡——饑荒、疾病、暴動和戰爭。

包容的城市

抗拒和我們遲鈍的五感，讓人們難以想像或感受現今人類世（Anthropocene age）帶來的衝擊。城市有壓力鍋效應，如果它以混亂或過於快速的方式成長，就可能功能失調。城市是消費的集散地，也因此加劇全球資源的壓力。**這「太多」的影響非常普遍**，太多犯罪、太多噪音、太多精神疾病是這些增加的高密度效應，讓狀況加速惡化。孤寂也越來越多。儘管城市裡有更多的人，聯繫也更為頻繁，但孤獨卻已是公認的流行病。[68] 提到這項，主要是傳達普遍的城市生活壓力，而不是把它數據化。相對的，人口問題應該要成為都市建構的核心討論，甚至是國家政策，但事實上並非如此。

其實也能有另一個面向。城市可以是改善者：城市裡的人教育程度較高——降低出生率的主要因素，因此在城市較容易執行節育計畫；而一群有偉大想法的人聚集在一起，能相互砥礪，並提出創意解決方案，得以提升問題解決的效率。城市因此可以是解決自身問題的實驗室。

看待地方願景時，依賴性較低的發展可以讓我們想像替代方案，這引導我們去思考沒有人口壓力的一些生活實驗。西方的生活方式有可能維持？較少的人口有助於改善生活型態？或是較貧困的地方能變得更好？想像加爾各答或德里少了25%的人口和交通量。在萎縮城市（shrinking cities）浪潮中有一個樣板案例，就是美國各地受工業衰退影響的城市（rustbelt），如巴爾的摩或芝加哥，還有在歐洲、特別是俄羅斯的許多城市。

然因為持續的增長，這是一場困難的生存戰。以墨爾本為例——「當它變得更大、並且接近第四次工業革命時，它只會變得更好。」[69] 這是關於門檻和理想規模的辯論。它也帶出關鍵的質量問題。**城市何時會因為大小變得失能？**那都市公墓又會變得如何呢？下一步是把公墓變成摩天大廈嗎？減少人口的誘因是什麼？如果提出這個極端的問題，很多人也許會主張取消政府獎勵生育的津貼，如兒童福利。我們也可以提問，英國的六千萬人口應該平均被分配在六個一千萬人的城市，還是一百二十個五十萬人的城市？也許是後者，比較小能夠營造親密感，規模卻仍足以稱為都會。究竟哪一個在情理上、環境上、經濟上最適合人民呢？

▲ 威尼斯雙年展

文化與城市混合

　　思想如同生物，會演化、生存、繁衍和死亡，它們也能轉世，穿越於世代與大陸之間。其中最強大的則變為文化遺傳的模因（memes），被散布和模仿。模因護目鏡（meme goggles）[70]有助於理解思想如何從瑣碎到深刻、從安全到危險、從實用到精神層面。這層鏡片幫助我們解碼流行，它解釋了為什麼我們會突然喜愛墨西哥小吃、中國餛飩、日本壽司或義大利麵。文化的傳播可能導致融合，但在它們被同化之前，也會歷經混淆的階段。

想法與意識型態

　　當人們移動、交易或入侵另一個文化時，想法、習慣、習俗和創造力也會跟著變化。它們會和當地文化混雜在一起，但散播的過程並非單向。這會帶來影響與反效果。這在遙遠的過去和今日都是如此。想想看，在亞歷山大大帝統治下被散播的希臘文化，以及它對伊斯蘭教帶來的影響，或是被伊斯蘭征服的伊比利半島，或是把希臘知識帶到西方的西西里島。也想想東方哲學對加利福尼亞的衝擊，或是加利福尼亞的麥當勞文化對亞洲的影響，或是西方文化本身對世界上多數地方的影響。文化殖民是一個驅動器，把自己強行植入——就像當西班牙人、法國人、英國人和葡萄牙人強迫亞洲、美洲和非洲的原住民變成基督徒那樣。

　　一路來，我們接收了像是中國的紙和火藥或非洲音樂這樣的新東西。然而這些都是意想不到的結果，在多年後看來相當正面或模棱兩可。像是英語在印度被當作是黏合國家的手段，比起用自己的部落語言，非洲的法語區也許在文化上有更多的共鳴。因為他們的國內文化也會塑造出屬於自己版本的法語，如詞彙和節奏，進而豐富了這個語言。

　　大部分我們想的、知道的和做的都是來自於其他地方。城市是這些混雜與攪和的中心，它們是文化傳播交融的電力站。紐約的許多中國城或義大利小區、紐奧良的法國區或青島的德國租界都可做為見證。

發現和創造

　　發現、創造、科技的前瞻和想法可以快速的發展，它們以各種方式出現，其中很多項改變了我們看待世界的方式、我們能做什麼或我們希望世界變成什麼樣子。一些科學發現改變了我們的認知——像是哥白尼的天體運行論（Copernican revolution），承認地球繞著太陽轉動（而非相反），或達爾文的進化理論談到物競天擇、適者生存的觀念。還有探討微觀事物的量子理論，以及處理如空間、時間和宇宙等最大事物的相對論。

　　那些能創造可行解決方案的技術能夠快速地傳播，不同程度地立即被採用，並

且具有變化的能力。麥可‧法拉第（Michael Faraday）十九世紀初發展電力的貢獻，為我們的遊牧世界提供了基礎的條件。而1837年薩繆爾‧摩斯（Samuel Morse）電報的發明，把它更推進一大步。亞歷山大‧班恩（Alexander Bain）在1846年發明了電動的印刷設備，後來成為曾經相當普遍的傳真機。美國人奧利弗‧埃文斯（Oliver Evans）於1805年設計出第一台冷藏機器，食物因此得以在不腐壞的狀況下運輸。1852年，伊萊沙‧奧的斯（Elisha Otis）在芝加哥用他的安全制動器發明了現代電梯，這讓摩天大樓成為可能。盤尼西林（青黴素）是1928年由亞歷山大‧弗萊明（Alexander Fleming）所發明，它可以控制疾病，讓旅行更為安全。上述總總，讓世界的流動成為可能。

然後是由提姆‧柏內茲—李（Tim Berners-Lee）發明的全球資訊網（World Wide Web）。但即便如此，這項發明還是有更早的軌跡可尋。十七世紀的德國哲學家哥特佛萊德‧威廉‧萊布尼茲（Gottfried Wilhelm Leibniz）曾預測計算機的問世，而博學家查爾斯‧巴貝奇（Charles Babbage）則在1821年推出第一台機械運算機，還有1940年代的加密分析師及計算機科學家艾倫‧圖靈（Alan Turing）或活躍在二十世紀中葉的數學家約翰‧馮‧諾伊曼（John von Neumann）。此外，若沒有其他領域的平行發展，譬如哲學家的邏輯處理，計算機的發明是不可能實現的。這提醒我們，巨大的轉變是集體努力的總和及世界各地發明交互影響的結果。

它們在資訊時代各有作用。這是人類歷史裡令人驚嘆的躍進，把工業時代的基礎轉向數位革命。其驚人的資訊傳遞速度強過高度的全球化，讓我們擺脫距離的束縛，不受地點的約束。也唯有這樣，得以真正地進入遊牧時代。要更遊牧一點，不是一種意識型態，而是一種生活與存在的方式。它導引到一個強大的概念，你的連結狀態比在地性更為重要。

這些可能性與其他想法匯流，其中最強大的一項，是永續性（sustainability）的概念，因為數位能力的發展，讓它在推動上有極大優勢。儘管仍有拒絕承認氣候變遷的人士，但永續的概念已經擴散，並影響我們思考世界該如何發展的方式。

社會思想

社會思想是活的，而且也可以像病毒一樣擴散。這包括像是同理心、正義感、平等，甚至恥辱的想法，其中一些由來已久，早就深植在我們的觀念裡。還有一些是重要的政治理論，如民主、自由市場、共產主義、社會主義、法西斯主義及公認的基本

人權，如生存的權力或言論自由的權力，這些在美國和法國大革命後被普遍推動。女性主義也是一樣，它批判顯性和曖昧歧視所帶來的權力不對等，並透過性別的視角重新詮釋世界。這些概念改變了世界，也會經由激烈的權力鬥爭持續影響我們。

　　這些是關於我們的社會組織或政府應該如何運作、或是我們的道德倫理應該為何的想法。信仰系統，如哲學、宗教和政治理論對人類的組織方式帶來極深遠的影響。它們提供我們世界思考方式的整體結構。當它們結合一個思想體系，並訴諸政策與行動時，就成為一種意識型態。

　　自由市場是一種經濟理念，過去幾十年來如野火般蔓延開來，並形塑出政治的思想體系。它和市場「看不見的手」，以及十八世紀蘇格蘭哲學家亞當・史密斯（Adam Smith）和他在1776年發表的《國富論》（ *The Wealth of Nations* ）概念有不可磨滅的連結。主張經濟交易的基礎源於自身利益，他認這些圖個人利益的行為能使社會受益。當我們記得其口號「看不見的手」時，卻忘記了史密斯並不認為個人利益是唯一架構經濟生活的原則──政府應該在必要時干預，並遵循道德，因為完全自由的市場將摧毀社會。新自由主義的經濟理性概念已經發散，但它卻桎梏於「我們都是自私的」理

論出發點的印象。它影響之深，以致我們忘記這也不過是人類的一種想法，而非其本質。人類也有很多利他的動機。我們共同經營出廣大又有活力的公民世界就是證據。

共產主義和社會主義在時代中激發了許多人，並跨越了文化的藩籬，回應不公正和剝削的狀況。儘管其中有些人，尤其是一些先驅者的作法並不被認同，但其核心的課題，如公平、正義、平等仍然是其強大的行動動力。今日要達成這些目標，譬如公平，將有不同的表現形式。例如都市共有的概念，好讓資源可以共同分享與管理。儘管富人和窮人間的分歧不斷加劇，但仍保有相當的空間可以探討（公平），並與希望結盟，期待不同的未來願景。

另一個重要的想法是羞辱，這被那些曾受帝國荼毒的人廣泛地分享。它最糟糕的情況，應該是某些穆斯林認為無論在歷史上或當下，都無止境地被羞辱。

人類學者史考特・阿特蘭（Scott Atran）引述伊斯蘭國領袖阿爾布・巴格達迪（Al Baghdadi），指出：

> 伊斯蘭國的士兵們啊，繼續吸納士兵、到處引爆聖戰的火山、撕裂敵人……把人類從猶太人和十字軍建立的全球高利貸體系解放出來。

正如他所說，這個號召獲得許多人的響應，至少了煽動某些人的暴行。或如同一位年輕的ISIS幼獅阿布杜拉（Abdullah）說的那樣，「我將成為屠殺你的人，異教徒（Kuffar）。我將是一名聖戰士，依阿拉的旨意。」ISIS也吸引皈依者，他們夢想要淨化過去，重新榮耀伊斯蘭國（caliphate）。阿特蘭建議我們，必須鼓勵年輕人追尋其他的個人夢想，創造一個有機會去實踐的有意義人生，並提供給他們機會，在自己的地方社群中發起行動。

這是一場追求卓越的觀念戰爭，一邊是受宗教啟發的內觀（inward-looking）世界觀；另一邊則受人文主義的世俗價值所驅動，尋求共同人性的表彰。遊牧世界能夠在這個泥沼中找出另一條道路嗎？

語言和傳播

英語是一個很好的傳播案例。**英語，如同進化論術語裡的光速進化，已經主宰世**

界很大比例的溝通方式——它已經變成通用語言（Lingua Franca）。義大利人和德國人講話可能會用英語，就像丹麥人與中國人或法國人對肯亞人一樣。在這樣的過程中，英語會吸收有用的外來詞彙，如法語的 entrepreneur（企業家）或德文的 Zeitgeist（時代精神），這帶來非常大的便利。不過，也請記住小布希總統（George Bush）曾說，法文裡沒有企業家的著名言論。

越來越多的國際政治、經濟和科學生活都是以英語進行，許多重大會議亦然。歐盟裡有二十四種官方語言，但主導的卻是英語，其次是法語、西班牙與德語。在亞洲或阿拉伯世界的重要國際活動也都用英語。

事實上，有更多以中文為母語（十二億）及以西班牙文為母語的人口（四億），遠高於英語（三・六億）。不過，英語卻被全世界十五億人所熟用。也不要忘記網際網路的力量。儘管全球有超過 75% 的人口一句英文都不會講，但超過 50% 的網路內容都是英文的。[71] 不過一個有趣的對照是，二十年前，80% 的網路內容是英文。

中國理解網際網路的文化力量，因而強烈地保護自己的內容和搜索引擎。問題是，「強大的防火牆」（The Great Firewall）*是否能阻擋文化的瀏覽，或是相反地把中國隔離？法蘭西學院（The French Academy）因試圖保護法語不被外來語詞、尤其是英語稀釋而遭受撻伐，最近的成果是創造英文中 hashtag（主題標籤）或 selfie（自拍）的對等法文文字及開發法文電腦鍵盤。

英語成為主導性語言極為關鍵，因為這加強了盎格魯薩克遜（Anglo-Saxon）或美國文化的軟實力和嵌入式思想。不過，文化生活上也有很多反例，如巴西的肥皂劇（telenovelas）、日本的漫畫、韓國的流行音樂（K-Pop）或世界音樂。顯然問題並不單純。

語言，不論是口語或書寫，都應該是溝通或表達的主要方式，讓我們可以去掌握、協商和創造世界的意涵。同樣的，我們也透過語言來處理生活的務實狀況，如法律文件、交易與對話。

當然，很多古老的文化是利用符號來傳承他們的歷史或故事，音樂和舞蹈則是蘊含了強大意義，盲人能透過觸摸，而聾人以手勢來傳達自我。非語言的符號如笑臉、皺眉、眨眼、揮手等也經常性地被使用。重要的是，從語言到視覺，我們正在見證劃

---

* 譯按：對照「長城」（The Great Wall）。

▲ 多倫多合作會議（Collaborations Conference）

時代的轉變，Instagram的浪潮就是一個例子。不過，對於多數文化而言，語言是傳遞起源神話、歷史、身分、資訊和知識的普遍方式。想想北歐傳奇（Nordic sagas）、芬蘭史詩（Finnish Kalevala）或印度吠陀（Hindu Vedas）和奧義書（Upanishads）。想想文學在定義國族和身分上所扮演的角色。

語言死亡（language death）[72]是日益受到關注的問題。全球約六千種的語言中，只有六百種是安全的。不僅人類學和語言學者擔心，任何對文化認同和表現有興趣的人都同感憂慮，因為世界仍持續它全球化的腳步。就如同為了保護環境恢復力而高談生物多樣化那樣，我們必須用同樣的方式看待語言。全球化發揮巨大的能量，也提供無數的機會。

我們正處於劇烈的轉變之中，這勢必引發許多文化認同的危機，他們表達自我的能力有時會嚴重的降低。我們的文化支架很脆弱，通常也沒有任何保護傘。儘管**全球化允諾了多樣性，但結果似乎是讓大家變得一樣了。**

▲ 維也納

空間與地點的侵略

　　回想五十年前，當時幾乎沒有一家全球連鎖餐廳或服飾店開在家鄉以外的地方。而今他們的觸角幾乎無所不在。食物和服飾，是兩項最重要的身分與在地特色指標，但是全球化驅動的連鎖企業卻不斷侵蝕它們。當然，這裡也有影響力和反作用力，**不是所有的東西都單向運行，從能量核心傳送到外圍**。拿坡里披薩征服了世界，現在有很多不同的變化，芝加哥深盤披薩（deep-dish pizza）也許是箇中翹楚。流行產業也不斷地向世界尋求靈感，借鏡和扭轉在地設計，來滿足其需求。

　　來做一個思考實驗、玩一個遊戲，在世界地圖上指出你看不到有全球性品牌的地方。全球化雖然承諾更多表達的方式與多樣性，但現實並非如此。接下來我將呈現的數據會令你震驚，它們是獨特性衰退的證明。

品牌與乏味

食物和飲品

　　可口可樂無所不在，是全球價值最高也是最知名的品牌，被世界94%的人口、兩百多個國家所接受。的確，它的logo有種特殊的美感。這個飲品在1920年代首次向全球擴張。它估計有三千多萬個銷售點、五十萬間餐廳，一天可以賣出十九億份飲料。2010年甚至還有兩百八十台自動販賣機。堆積起來，是四幢帝國大廈的大小或四百二十五萬立方米的空間。

　　可口可樂無所不在，但在北韓或古巴卻因為政治的因素而被禁止（不過有一些偷渡進古巴）。玻利維亞在2012年也曾試圖禁止，但以失敗收場。

坦米爾納杜邦（Tamil Nadu）和喀拉拉邦（Kerala）共有一・一億人口，在2017年的乾旱後，政府在貿易商的支持下，試圖禁止可口可樂和百事可樂。他們宣稱可樂在乾旱地區耗盡了地下水資源，無疑是希望幫助在地產品獲得更好的立足點。這也提醒我們，1950年代時法國人創造了「可樂殖民」（coca-colonisation）一詞，還上演抗議活動，推倒貨車並摔碎玻璃瓶，因為抗議者認為這種飲品是對法國文化的威脅。冷戰期間，可口可樂成為資本主義的象徵，也是資本主義與共產主義間的界線。但是現在，可口可樂代表友誼、家庭、歡樂和其他類似的聯想。

可口可樂和百事可樂之間的競爭眾所皆知，其中可口可樂有整體碳酸飲料42%的市場占有率，贏了百事可樂的30%。我們必須記得可口可樂還擁有雪碧、芬達和美粒果，而百事可樂有七喜、純品康納（Tropicana）和開特利（Gatorade）等眾多飲品。相對而言，百事可樂還有其他非飲料類的產品，規模上更加龐大，百事可樂也同樣銷售至兩百多個國家。

至於食品連鎖店，我們很難在已開發國家中找到一個沒有連鎖店的，但冰島和百慕達就是。百慕達甚至明訂法律——1977年餐廳禁制法。在那裡，沒有麥當勞、Subway、星巴克、漢堡王、Dunkin Donuts、必勝客、塔可鐘（Taco Bell）、溫蒂漢堡、達美樂披薩或其他加拿大及歐洲的連鎖餐飲。不過，肯德基在1977年前滑壘進入，但其股份大部分由當地人持有。相對的，當地有一些街頭小吃及快餐店。2016年的冰島找不到麥當勞或星巴克，但前者想要捲土重來。其他地方像是伊朗或馬其頓也沒有連鎖餐廳，其他更貧困的地方也沒有。麥當勞現在出現在一百二十個國家、Subway大概一百一十左右、星巴克則是七十幾，但希臘和土耳其沒有。2017年時義大利沒有星巴克，但2018年米蘭市中心的郵政宮殿（Palazzo Delle Poste）開了第一家後就改變了，估計還有兩百多家要設立。反對的聲浪已經開始，「如果走進星巴克，我會感覺我只是個營業數字，而不是顧客……而且他們有納稅嗎？」

但是這對美國人和無法消化當地特色餐飲及嚴肅咖啡文化的觀光客卻是好消息，可以再度喝到熟悉的淡咖啡（watery coffee）。觀光客也經常會減損在地獨特性，更偏好品牌、無刺激性的連鎖餐廳、酒店和商店。這對其他追求在地文化感受的人而言，不是好事。Quartz網站上有一個有趣的訊息圖表，列出所有星巴克的地理位置。[73]除了摩洛哥、埃及和最近在南非開設的幾家，非洲幾乎找不到星巴克。

同樣向世界開展他們侵略性觸角的，有擁有四萬五千家分店的Subway（很大部分在美國）、三萬七千家的麥當勞、兩萬五千家的星巴克、兩萬家的肯德基、一萬五

千家的漢堡王、一萬四千家的必勝客、一萬一千三百家的Dunkin Donuts、一萬一千家的達美樂披薩、七千三百家的三一冰淇淋（Baskin Robbins）、七千三百家的亨特兄弟披薩（Hunt Brothers Pizza）、六千五百家的塔可鐘和六千五百家的溫蒂漢堡。它們大多數都是加盟店，也是最快的成長方式。富裕的國家中很難買不到大麥克或星冰樂。

這些連鎖店規模龐大、實力雄厚，並藉由龐大的廣告預算來確保它們的公共形象（2016年麥當勞花了十五億美元、Subway則是五億）。

另一個遊戲，是推測由前十大連鎖店十八萬個分店所累積的路有多長。我估計，如果它們每個平均都超過約十米寬，這條路會達到兩千公里（事實上，麥當勞的平均店面更寬一些）。如若我們拿前二十大連鎖店的二十四萬個分店來計算，距離會增加到兩千五百公里。然後再加一些連鎖店，像是美國擁有九千六百家門市的CVS藥局、一萬三千家門市的沃爾格林集團（Walgreens Boots Alliance）或全世界一萬一千七百家的沃爾瑪（Walmarts），其中三千五百家是購物中心、一千八百家目標百貨（Targets）或兩千三百家家得寶（Home Depots），就累積來到四千公里上下。這恰恰是紐約和虛幻世界拉斯維加斯之間的距離。

也讓我們來算算，這些較大連鎖店的覆蓋面積。一般速食店的平均面積為兩百五十平方米，乘起來大約是六十平方公里，正好是曼哈頓的大小。如果再加上全世界沃

爾瑪的面積，就得再加上兩個曼哈頓。你還沒有算到好市多（Costco）、CVS、沃爾格林、目標百貨、家得寶等等——大概得再多一個曼哈頓。全世界的IKEA加起來是九·四平方公里，相當於摩納哥公國的四·五倍大。

星巴克密度最高的地方是曼哈頓的中城，那裡也有一百七十一家Subway三明治店——不過只有一百四十七個地鐵站（subway stations）。如以人均比例來算，加拿大是第一名，平均每家店服務三萬五千名加拿大人，然後是美國、新加坡和南韓。首爾有數量最多的星巴克（兩百八十四家），紐約次之（兩百七十七家）。

麥當勞在歷史上一直是速食的同義詞，也是反資本主義者攻擊的目標。它在全球擁有三萬六千八百九十九間餐廳，其中美國就有一萬四千兩百六十七間。它僱用了三十七萬五千名員工（2016），每日服務六千八百萬名客戶。美國有最高密度的麥當勞，平均每兩萬兩千人口就有一家餐廳，緊追在後的是紐西蘭，每兩萬七千人一家餐廳。在歐洲有七千九百二十家麥當勞，德國最多，有一千四百七十二家，法國一千三百八十六家，英國一千兩百六十二家，中國有兩千家，俄羅斯有五百五十家，巴西有八百家。即便是袖珍小國如安道爾（Andorra）也有五家、列支敦斯登（Liechtenstein）三家、北馬里亞納群島（Northern Marianas）兩家、法屬新喀里多尼亞（New Caledonia）也是兩家。對所有的反美言論者來說，沙烏地阿拉伯有大約兩百三十家麥當勞。[74] 麥當勞是堅持不懈的，最近的戰場在義大利佛羅倫斯，2016年底它宣稱要向該市求償一千八百萬歐元，因為當他禁止麥當勞在古蹟主教座堂廣場（Piazza del Duomo）開設餐廳。

為了要說明少數品牌機構能席捲全世界，另一個類型是便利商店。在這個領域中7-Eleven是規模最大，剛剛設立它第六萬間門市，其次是全家（Family Mart）有兩萬三千六百間，第四名是羅森（Lawson）有一萬一千五百間門市。在它們的英文名字背後，其實是日屬企業，但已經展翅高飛。日本有便利商店的文化，事實上，其中許多已是創意的小型百貨店，除了食物之外，不但有Wi-Fi服務，還有郵務設施、提款機、印刷服務等。墨西哥的OXXO則是第三大連鎖便利商店，擁有一萬四千五百間門市。

我們正在見證獨特性的衰退，而且不論你置身何處，都傾向於看到相同的東西。

時尚與服飾

看起來不錯並總是與眾不同，是時尚產業的箴言。它創造了一種情境，讓你覺得

可口可樂無所不在……德里、馬爾地夫、墨西哥市、布宜諾斯艾利斯、阿布達比、柏林、雅典、金邊

自己快要與流行脫節，因此對自己的衣服產生厭煩。所以把上一季銷售最好的衣服送去慈善機構吧！讓我被最新的顏色或風格所魅惑。

在無盡的給予和提供中，時尚產生影響也被影響。不論是低端、中端或高端，很少時尚設計公司能不受全球化所影響。這反映在**交錯全球商品供應鏈的規模與範圍**，好讓時尚系統得以運作。大多數的公司把製作外包給亞洲最廉價的工廠。但在如時尚革命（Fashion Revolution）和道德消費者（Ethical Consumer）等團體的激烈遊說後，時尚公司漸進地被迫將它們的生產鏈透明化。根據時尚透明指數（Fashion Transparency Index），H&M、印地紡（Inditex，包括 ZARA 和 Massimo Dutti）和 Levis 表現的最好，而奢侈品牌表現最差。孟加拉拉納廣場一棟成衣工廠的倒塌事故，造成一千一百三十四人死亡，它凸顯了許多時尚經營背後惡劣與剝削的狀況。卡里・索梅爾斯（Carry Somers），時尚革命的共同創辦人指出，「購物者有權知道他們的錢不是拿來支持剝削、侵犯人權和破壞環境，因為缺乏透明，已讓生命付出代價。」

印地紡是最大的時裝公司，旗下的 ZARA 在葡萄牙北部的加利西亞（Galicia）和

▲ 墨爾本機場

土耳其十幾間自有的工廠，生產它最流行的服飾。印地紡在近一百個國家營業，擁有七千三百八十五間門市，其中兩千兩百間是ZARA、七百四十間Massimo Dutti及一千家Bershka。H&M在全球有三千七百間門市，是第二大的時裝公司，並且是孟加拉服飾生產的最大買家。第三名是UNIQLO，有一千八百家門市，它是日本「迅銷」（Fast Retailing）的品牌，其大部分的服飾都在中國生產，有份《反面烏托邦之路》（The Road to Dystopia）的報告，便是在批評它榨取勞工血汗的狀況。GAP是第四大，在柬埔寨、孟加拉、緬甸、哥倫比亞等地設有工廠。第五名是大家比較不熟悉的Cheil，它是南韓三星旗下的時尚公司。排名較後面的，有TK Maxx（或稱TJ Maxx），它在全球擁有一千多家門市。

NIKE是一家極大、居主導地位的製鞋公司，但它也跨足服飾，在四十個國家、四百三十間工廠生產，中國、越南、泰國和印尼為大宗。

在中端和高檔服飾之間游移的是亞曼尼（Armani），它在全世界六十個國家，有近三千間門市，主推Giorgio Armani和Emporio Armani。

在最高端，路易威登（Louis Vuitton）隸屬全球最大的奢侈品集團LVMH。其產品從服飾到香水，甚至到香檳。它的精品包有20%是在法國製作，也在西班牙和美國加州有工廠，但其中很多如鈕釦、鉚釘或拉鍊等零件，都是在亞洲或其他地方生產。LVMH旗下有迪奧（Dior）、路易威登、寶格麗（Bulgari）和芬迪（Fendi），開雲集團（Kering）則有古馳（Gucci）、斯特拉‧麥卡特尼（Stella McCartney）、亞歷山大‧麥昆（Alexander McQueen）等搶手品牌。古馳在普拉托（Prato）生產它大部分的商品，並且多是由四萬五千名住在大普拉托區域的中國人製作。對多數的高端奢侈品公司來說，服裝僅占其營收的一小部分，真正的利潤得仰賴香水和時尚配件的市場運作。

這些品牌隨處可見，尤其是在機場，旅客很明顯地看到它們聚集在一起。全部加起來，總共有兩百多個迪奧精品店、五百五十個古馳、六百間普拉達（PRADA）、四百六十家路易威登、五百間巴寶莉（Burberry）、三百一十間香奈兒（CHANEL）、三百二十家杜嘉班納（Dolce & Gabbana）、三百家愛馬仕（Hermes）、兩百間芬迪、一百一十家雷夫‧羅倫（Ralph Laurens）、將近一百家聖羅蘭（YSL/Yves Saint Laurent）及七十家DKNY店面。而這些奢侈品牌更是以千計的方式出現在其他的場所，如一些較高檔的百貨公司，倫敦的塞爾福里奇（Selfridges）或東京銀座的三越百貨。

時尚金字塔的頂端是高級時裝（haute couture）、是非常昂貴的手工訂製服，因

為大多是由名人、有錢人購買，因此通常能影響高級服飾的趨勢，帶動流行或創造形象。他們的造型常常（不一定絕對）往下出現在中階和更便宜的服飾上，而這通常會發生在巴黎、米蘭和紐約等重要發表會的隔日。據稱，全世界僅約兩千名女性購買高級時裝，而其中，只有兩百名是經常性買家。[75]

這個系統對於**刺激與提昇渴望、慾求和情感極為必要**，為達到此目的，一個強大的廣告機制也是必須的。行銷比內容重要。Condé Nast國際期刊集團2016年3月號的《VOGUE》有高達四百零五頁的廣告。同月，赫茲媒體集團（Hearst）旗下的《哈潑時尚》（Harper's Bazaar）排名第二，有三百六十六頁，而《ELLE》以三百一十五頁列名第三。[76]毫無意外地，全球第十九大企業LVMH有四十二億歐元的廣告支出，排名全球第五。[77]這意謂製作成本與銷售價格不成比例，且持續歪斜。如果一個古馳或芬迪包包在店裡要價一千歐元，製作成本可能僅為四分之一（機器、人力和廠房），而有七百五十歐元花在行銷和店面銷售。另一個例子是NIKE，它是全球第十八大公司，但其廣告支出排名第十四大，為二十七·五億歐元。一雙一百歐元的球鞋，製作成本約為三十歐元，但其人力支出遠遠低於這個數字。

時尚週期曾經只有一年兩季：春／夏和秋／冬。但對於**追求最新穎、最當下、最趨勢與不錯過任何訊息的狂熱**，創造出一個怪物。時尚產業基本上已讓每週都成為一個微型季節。快時尚的商業模式在大數據的應用下推波助瀾，它能同步監控全球由印地紡、H&M和UNIQLO帶動的「快時尚」公司銷售模式，並立即回應他們的生產需求。這是為什麼印地紡是垂直整合的原因，如此才能掌握從創意到生產到銷售的過程。過去被嘲笑的一次性時尚，現已蔚為主流。

為了維持熱度，這瘋狂的系統還讓該產業僱用了一群下一步（what nexters）或**趨勢預測員**，尋找下一個流行色、下一個衣服的長度、下一個寬度、下一個領口樣式、下一個必須擁有的配件。其次是外觀。因此一會兒是部落風或時尚大草原，然後是吉普賽波西米亞浪潮，然後是城市奢華，接著是民族風或太空機械年代、嗑藥孤兒造型、消瘦的流浪漢或假裝自己是一個窮困的移民。但其實，你正在為撕裂的T恤或牛仔褲支付高昂的費用。

一位時尚巨頭的聲明聽來著實諷刺，「我們的使命很簡單：我們為了幫助顧客的外表和感受而存在，並同時為人類和地球做出積極的貢獻。」

在這整體的流變中，有一些更長或更短的流行樣式，如頹廢、慵懶風曾短暫地存

▲ 草間彌生於倫敦路易威登（Louis Vitton）

在。這裡面當然也有些例外，像是有些品牌仍在推廣常春藤貴族學院風，有些則執著於經典款式。

在這瘋狂、不停改變、無休止的動態中，極簡主義成為一種**新的消費趨勢**也不足為奇，而且**越少還越昂貴**——別忘了，輕薄短小的比基尼也同樣所費不貲。這些品牌幫你構思整體的生活方式，所以他們能無縫地侵入，從服裝到配件，從居家布置到酒店與假期，最終形塑你的整體生活。你可以看看上海的寶格麗酒店、邁阿密的Tommy Hilfiger酒店或杜拜的亞曼尼酒店。

儘管看起來矛盾，但有趣的是，在品牌經營中，人的情感扮演了重要角色，因此越高級的品牌越必須做出適當的拿捏（Balancing act）。首先是「虛榮效應」，人們追尋高檔的物品，價格似乎就是品質的保障。第二個是「流行效應」，這是種心理驅動力，讓人們去追求其他人做的事情。這兩項都必須被鼓勵與控制。

無可避免地，這不停變動的超級結構需要複雜的指揮邏輯，好讓人們繞著世界（而且總是在最具「異國風情」的地方）去拍照、參加時裝秀和促銷團。想想那些設計師、模特兒、攝影師、道具和場景設計師、藝術總監、髮型設計師，還有貨車司機、特效人員、燈光師及所有創造壯麗景象的人。

▲ 奔赴馬尼拉機場的吉普尼（Jeepney）

瘋狂的流動

　　地名和餐館的名字，告訴我們人與文化勢不可擋的移動。全世界有二十九個倫敦，其中十五個在美國；十五個阿姆斯特丹，有十個在美國；十四個美國的伯明罕和四個鹿特丹（Rotterdam）。仔細檢視在阿姆斯特丹、紐約、卡拉卡司＊、約翰尼斯堡或上海的一條繁榮街道，你會發現上海在巴黎，而巴黎在上海。甚至遠在北極圈的希爾克內斯（Kirkenes），都有一家上海餐館。再想想，你在紐約會遇到的米蘭：米蘭咖啡、米蘭披薩、米蘭小酒館、米蘭餐廳。或是在法蘭克福的米蘭：米蘭冰吧（Ice Bar）、米蘭披薩或僅寫著米蘭的招牌等等。或是只要有土耳其人的地方，你就會看到伊斯坦堡，像是伊斯坦堡串烤店、伊斯坦堡碳烤、伊斯坦堡小酒館或伊斯坦堡餐廳。然後你可以依序巡禮東京、布宜諾斯艾利斯、開普敦、首爾和雪梨。

　　但還是有比人的流動更多的東西，想想：金錢、商品，甚至是我們的現實感。

金融與其攀升速度

　　「錢讓世界運轉」是這時代最偉大的陳腔濫調之一。它是令人驚奇的潤滑劑，做為價值的代理物，能讓無數跨時區、跨地點的交易，在毫微秒間確立。**金融因此比什麼都重要，它讓不斷變動的遊牧世界變得可能**──不然人們怎麼能用相對便利的方式獲得報酬呢？從過往活牛或物件的金錢交換，到今日一組數字的按壓，它變得越來越抽象。曾經，它是由國家提出相等黃金抵押的紙鈔或硬幣，但這些形式逐漸式微，並被淘汰。它所代表的數字才是重點──數以萬計的「承諾支付」

＊ 譯按：委內瑞拉首都。

（promises to pay）。

金錢不論在速度或額度上，都以前所未見的速度在世界各地運轉。想想看，新的超快速光纖數據連結。有兩百家金融公司共同支付了二十八億美元，來搭建連接芝加哥和紐約最短距離的纜線（距離八百二十七英里），以節省十三毫秒。

國際結算銀行（BIS: The Bank of International Settlement）統計，在2016年9月的某個一般日，就有5,100,000,000,000美金的貨幣交易——我故意放了很多零好讓你注意，而不是簡單地寫出五・一兆美元。美國聯邦準備制度（US Federal Reserve System）估計，每日通過美國銀行系統支付的美元金額是14,000,000,000,000美元。2015年1月，全球前二十大證券交易所交易了約六・六三一兆股，或每日三千一百五十億股，如果再加上其他較小型的交易所，每日可達三千五百億股。

世界交易所聯合會（The World Federation of Exchange）計算了全球股票交易總值，2015年是一百一十四兆美元，而2014年為八十一兆美元；2015年的整體交易量為兩百三十七億，前一年則是一百五十三億。這得歸功亞太地區交易活動的大幅增加，幾乎占了現在全球交易量的50%。[78]

全球的貨幣讓這些過程變得容易，美元因此扮演關鍵的中間角色，歐元亦然，或是未來的人民幣。還記得當出國旅遊仍有很多限制的年代，英國民眾出國只能隨身攜帶五十英鎊的現款，要進行任何金融交易都是艱鉅且複雜的，連打通電話都相當困難。**現代的遊牧生活型態更不可能存在。**

更容易的現金流動所帶來的便利和機會非常驚人，但它們當然也被誤用。2007至2008年的金融危機就是一個例子，金融世界在追求利潤時，把自己陷入集體瘋狂的狀態。金錢縱橫交錯進出金融中心、避稅天堂，又以快速且複雜的方式回流到全球，以至於它們自己都無法掌握其中的狀況。人們爭論整體的損失，大概在三十到五十兆美元之間，也就是世界上，平均每個人得付出四萬到五萬五千美元的代價。

這場危機起因於金融業的寬鬆管制，不過這也同時助於世界的發展。但是當局卻允許銀行進行衍生商品的交易。這些是由其他標資產，如抵押貸款、匯率或有價品中衍生出價值的金融商品，已經沒那麼直接了。舉例來說，一千筆抵押債券被有利可圖地賣給避險基金，而後者仍可以繼續把它銷售出去。這樣已經是二層了，隨著更多的銷售，就產生第三、第四、甚至更多層的利益被剝除。在旋轉木馬般的迴旋中，銀行能提供更多的抵押品，以持續銷售可套利的衍生性商品。以僅需支付利息的貸款做為

誘餌，好讓那些不太富裕的次級貸款人覺得可負擔。然後，保險公司不顧風險，提供「信用違約交換」（credit default swaps）。由於可以產生極高的利潤，使得銀行忽視它們原來幫助企業的核心業務。銀行賺的所有錢中僅有8%用在非金融的業務。一開始這抬高了房價，所以大家都很高興，但窮人還是無法償還他們的貸款，不穩定的金融市場最終便像紙牌屋般垮了下來。

《滾石雜誌》曾以其中一位始作俑者，高盛（Goldman Sachs）為例，貼切地說明這個過程。它們就像「一隻包裹住人性的巨大吸血烏賊，不停地將它的血注入任何聞起來像錢的東西」。

物流

物流，這個看似毫無吸引力的無形活動，是運動世界中的核心，也是世界上規模最大的產業之一。它讓所有的東西得以流動。它也很複雜。我們多數人都不知道它有多重要。如果沒有物流，我們該如何把活動帶入城市、材料運到大型建築工地、包裹送到你家、進出口貨物——而且都準時達成？物流公司無所不在，因此總被我們視而不見，但我們應該要正視。它和金融及零售業並列，都是全球最大的產業。**物流**結合或連結不同型態和形式的運輸方法：公路、鐵路、空路和水路，用卡車、貨車、汽車、自行車、火車、飛機和船，**把人和產品從原產地移送到最終用戶**。這些都與複雜供應鏈的樞紐、交換中心、渡輪港口和機場相連，並由精密的軟體系統管理，以追蹤和管理庫存、信息流、訂單處理、倉儲或搬運。

其相關數據驚人，舉一些便已足夠。它全球的市場收入，在2015年被估算為七‧一八兆歐元，並可望在2023年翻漲一倍、2030年增加到兩倍，平均年增長率為7.5%，而且有越來越多的東西正在移動。據估計，2015年有五百五十億噸，預估2024年將成長近一倍。光在歐洲，就有一千一百萬人在運輸業服務。[79]

這占歐盟就業人數的5%，並貢獻將近5%的GDP。僅公路運輸就有將近一百萬家公司。機場和航空公司僱用六十七萬人，而有三百二十萬人直接或間接地依賴航空業維生。歐洲的海運僱用了三十萬航海員，而有三百萬從事相關行業。此外，再加上歐盟八百萬從事陸地運輸的工人，我們可以試想其相對的規模。這包括兩千三百萬個使用中的貨櫃，其中任何時候都有一千四百萬個正在旅行，還有相同數量的淘汰貨櫃

CHINA SHIPPING
中国海运集团
CHINA SHIPPING
中国海运集团
CHINA SHIPPING
中国海运集团
CHINA SHIPP
中国海运集团

轉作其他用途,以及六百萬個從未出過海。

2015年,所有在美國車輛的總里程數達到五兆公里,相當於繞行地球兩千五百萬趟,其中有一千四百萬名商用車及三百五十萬名大卡車司機。或是在英國,2016年有四百萬輛貨車,2011年則是三百六十萬輛,其中有57%是白色的。把貨車連結起來,可達一萬八千四百八十公里。如果把英國的商務載重量加起來,可達兩千六百二十萬立方米——相當於一萬零四百八十個奧運游泳池。再看看正在發生類似變動的亞洲,在印度,物流相關的產業聘僱了約一千六百萬人,根據市場需求,可望在2022年成長至兩千八百四十萬人。中國與日本也有類似的狀況。

我們也不要忘記,一般工作人口的日常移動或他們的商務、購物及休閒旅程。想像一個驚人的事實,十二億輛汽車、貨車與卡車每年大概行走四十五兆公里;2013年有三百萬輛火車頭、鐵路車廂和客運車廂朝目的地滾動,累積有一百二十七億公里,比2001年成長了25%;再回想兩萬條的商業航線,可覆蓋每年四百八十億公里的里程,並估計在十五年內會再成長一倍。這裡且讓我們暫時忽略自行車和步行這兩項最常見的移動形式。

歐盟公民每週花大約十小時旅行,平均每天行進三十四‧七公里,有13%的支出用在運輸相關的項目。

全球的運輸產業有重大的問題。許多國家有勞動力老化、司機短缺的狀況,給維持正常運轉帶來壓力。由於該產業的形象問題——大多由男性主導——致使企業一直有招募具備處理整個供應鏈所需技能的人員。他們在各領域都需要更多女性的加入,這也同時加速了無人車的開發。隨著**自動化占居主導地位,引爆了「機器人和卡車司機」間的戰爭**——自動化搬運設備、倉庫控管軟體、生物辨識技術和RFID(無線射頻辨識系統)都是新的技術。[8081]矽谷的新創公司OTTO承諾,當卡車司機的平均薪資來到每年四萬美元時,它們的無人駕駛功能將會改善到僅需三萬美元。

許多大型的物流公司都是德國的。前五名由德國郵局持有的DHL領銜,擁有三十二萬五千名員工及五百七十三億歐元的營業額;接著是UPS,有五百三十億歐元和四十四萬名員工;FedEx有四十萬名員工,營業額達四百四十億歐元;德國鐵路的子公司DB Schenker則是九萬五千名員工和兩百億歐元;然後是德迅(Kuehne + Nagel),有七萬員工和兩百億歐元的營業額。網路購物增加了他們的收入,因為包裹數量無限地增長,加劇了全世界貨車和小型貨運的大量運輸。2016年12月20日是

▲ 倫敦蘇荷區

UPS 最忙碌的一天，它處理了一千五百八十萬件包裹，FedEx 在同一天為九百萬件。這遠遠超過亞馬遜（Amazon），它平均每天送出一百六十萬件包裹。未來可能會有新電商取代它，但包裹的運送量只會越來越多，例如英國在2016年累計有十八億件，預估在2023年會成長至二十三億。

行動服務

在這些驚人的數字後，再來看看全球行動服務的狀況。其營業額在2017年剛超過三兆歐元，並直接與間接地僱用兩千八百五十萬人。它的規模和範圍相當清楚，2014年，它達到了一個里程碑。世界上行動設備的數量（八十六億）比七十一億的人口還多，這個數字還會再飆升。2016年，44%的人口（三十七‧七億）擁有智慧型手機——一支可上網、擁有可運行下載 APP 作業系統的手機。全球有超過50%的人口擁有可以通訊和互動的攜帶式裝置，並有37%使用 WhatsApp、微信（WeChat）、Facebook Messenger 等社交媒體，Instagram 用戶更是即將邁入十億大關。有22%的人

口使用電子商務。

結合了行動服務產業的移動產業（mobility industry）變得更加巨大。**它們相互依存，共同鞏固了遊牧世界的基礎**。首先它牽涉到活動、產品和服務，好讓物品和人員的後續流動能夠更順暢。這需要製造和運作所有運輸相關的硬體，包括存儲空間，然後是密集地跨部門連結到電腦、電子電器產品，還有相關的資訊和通訊活動，好讓我們可以透過對話、數據存取及內容服務掌握聲音、影像、網路、簡訊、文字或大數據。

請謹記，要應對這個遊牧世界還有許多挑戰。我們接收到的訊息量比起二十五年前高出三到五倍，但如對比我們粗製濫造的 N 百次方物件相比，又顯得微不足道。現在有兩百九十五艾位元組的數據在全世界流竄——也就是29,500,000,000,000,000,000,0001筆數據[82]，是地球上砂礫數量的三百一十五倍。這些大量的訊息是由不斷發展的數位世界所構成，包括手機上的文字、影像和影片、Youtube上傳、數位電影、ATM上滑動的銀行數據、保全密碼、高速公路收費系統的錄影、封包的電話語音信息……它被預估在未來的五年內年成長率為40%，而且幾乎沒有統計圖表，國際數據資訊公司（IDC－International Data Corporation）也僅掌握3%的抽樣數，更無法分析。[83]

▼ 倫敦碼頭區

自助倉庫和移動性

自助倉庫（self-storage）的空前增長，反映了勞動力流動性的增加及其他因素，像是縮減開支、離婚率上升、租金漲價空間相對變小及小型企業使用。自從第一批設施於1958年在美國創立以來，逐年成長，在過去四十年中成為商業地產市場裡成長最快的一項。2014年，美國自助倉庫公司共有五萬四千個倉儲設施，占二・三億平方米的空間，總營收為兩百七十二億美元；也就是每個美國人都有近兩平米的空間。這二二九・五平方公里大小的自助倉庫，幾乎是曼哈頓的三倍大。[84] 全球前幾大的公司並不太知名，像是公共儲存（Public Storage）在紐約擁有全世界最大的儲存設施，分布在十二層樓的四千個單位，共有兩萬五千平方米的租賃空間。其他還有Extra Space、CubeSmart、Life Storage和U-Haul。9.5%的美國人擁有倉庫設施，遠遠高過其他國家。

相對於美國，歐洲兩千七百個設施顯得微不足道，其容量接近八百萬平方米，僅是美國的三十分之一。用另一種方式來說，每一百萬歐洲人僅有低於四個儲存空間，而美國人有一百六十三個。[85] 以人均來看，澳洲是第二大使用自助倉庫的國家，有一千一百個設施，占兩百六十萬平方米的空間。[86] 一個美國人一生平均搬十一・四次家，英國人為八次。[87][88] 美國的千禧世代*的年搬家率（11%），遠低於1948年大戰後的20%。2008年的經濟危機是一個重要關鍵[89]，它讓就業機會成為移動的主要動力，但現在情況已相對和緩，因而缺乏搬到另一個新家的誘因。擁有房產，對年輕世代來說，已來到近四十年的最低點。然上述總總和我們要討論的遊牧世界並不牴觸，因為離家只是遊牧生活的其中一個面向。再者，對於生活型態的偏好，有些人選擇較常移動，有些人則較少。

虛擬和現實

取代資源或位置、改變遊戲規則的三大主導者是：大數據、物聯網和智能物件。而且我們目前只窺見AI人工智慧潛能的鳳毛麟角。對科技活力及其所衍生的想法來說，文化景觀很難被納入，數位化是唯一王道。**它是二十一世紀的主導文化勢力，把**

---

* 譯註：指出生於1980到2000年間的人。

所有的事物扭轉進它的軌道。思維轉換，它重新形塑世界及其形象，影響所有通訊或文化藝術的形式：文字如何被書寫、使用和放置，我們如何與其他人連結、城市如何體驗，就譬如在網路2.0的世界，社交網站促進了協作過程，還有部落格、聊天室、留言板、維基百科、臉書或推特。然後網路3.0來了，擁有獨立智能的元素即將問世。

　　數位科技帶來的互動、身歷其境力量，讓我們能在任何地方進行高度複雜的工作，並有一種共存感，即便可能一個人在孟買、另一個人在上海、第三位在開普敦。它讓我們可以用新的方式製作人工製品或藝術品，並**把城市當作用動態、行動、易感**

的介面去體驗，沒有任何東西是靜止的。它創造了巨大的機會，譬如以不同的方式去想像、去理解、去詮釋博物館、藝廊或表演空間，打破它們的實體界線，並將其觸角深入公共空間。對古蹟也是如此。廣告和行銷界已經抓緊這個潮流。

　　模擬和虛擬化體驗的能力，是當代世界裡最重要的話題之一——由我們新電子環境創造，可以混和「虛擬」和「真實」的精神與社會轉型。模擬產品、服務和擴大真實感的體驗，是遍布各地的網路世界，甚至可以創造虛擬的社交網絡、關係和情感，更不用說像比特幣（bitcoin）這樣的虛擬貨幣了。

▲ 都柏林圖書館外的廣告看板

更多的移動，快還要更快

　　移動中的世界需要考慮更多、有更多的選擇、必須做更多決定、有更多經驗要消化、更多需要去適應的人、更多意見要評估及更多世界觀得吸收。它鼓勵速度，因為現在有「更多」在同一個時間的框架內發生，但時間卻無法延展。一個小時還是只有三千六百秒。我們講話的速度也更快，現在平均每分鐘一百七十字，高於十年前的一百四十五字，但我們的大腦在一百三十字的速率時理解能力最好。我們認為自己的思考速變快，但實際上掌握的細節變少了。我們走得更快，比二十五年前快10%；我們吃得更快，主要是因為加工食品不會讓我們感到飽足。當然，我們旅行的速度也更快，1800年駕駛馬車從紐約到底特律的速度，比今日的飛機足足慢了四百五十倍。

　　同等距離若遵循法定速限開車的話，比以前快了七十倍。我們當然也希望能更快速的消化，因為我們正以更快速的方式吸收資訊，常常在移動中使用行動裝置，並在走路時回覆訊息。當文件、推文和一些小應用程式要求回應時，這種**上癮的資訊狂熱（info-mania）會分散我們的注意力**。瀏覽網路鼓勵我們的大腦沉浸在瀏覽、飄移的世界。它的多功能釋放出強大的潛力，而且在多數時間都很方便，但也因為它擾亂思緒，而讓我們心神不定。我們面對贏得廣泛可能性卻失去深度的兩難境地，該去哪裡尋找平靜呢？[90]

　　你不需要成為遊牧者，也不需要依賴遊牧世界，它已經融入我們日常的生活型態。想想你吃的食物、咖啡、茶或酒，你栽的花、種的樹，你使用的木材、冰箱、洗碗機、洗衣機、電腦，你買的電視、卡車、貨車或你開的轎車。在任何時刻都有航行中的船載著一千四百萬個裝滿商品的貨櫃及五十五萬千噸（kt）的乾貨如穀物、三十九萬千噸的液體、六千兩百萬立方米的天然氣和一千萬千噸的汽車。它們製造了十五萬兩千噸的碳排放。

　　然後，還有你看的電影、影片或廣告，你電腦裡的軟體或設備本身，或是你玩的電動遊戲、你穿戴的時尚、你擁有的想法、你追隨的理念。它們帶多數來自他方。

第二部

變動中的
城市

▲ 台北

◀ 從奧斯卡・尼邁耶（Oscar Niemeyer）設計的建築向外望去／聖保羅（San Paolo）

過去與未來

　　穩定和不穩定的，在城市相遇，轉移了我們的焦點。變動中的世界是變動中城市的世界。一切事物都在城市裡相遇。世界正埋首於自己的事務，來到封閉和自我節制的階段，但遊牧並無法被抑止。我們可以讓它變得更加困難，譬如設置貿易壁壘。恐怖組織可以使城市變得不安全或成為一個令人卻步的地方，不過這同時也是遊牧性吸引人嚇人之處。它的生活型態太過彈性，黑與白之間有太多模糊地帶，但這些並不會阻擋人們、想法和物品的流動──主要通往城市。雖然也有反向移動到較寧靜的小地方，甚至逃離到鄉村度假地，但這些數字相對的微不足道。城市就是這個時代的動力。

　　遊牧本能一直都存在，代表行為中的探索衝動。遙遠地平線的那端有某種吸引力，它引導民眾運作他們的思維去推敲；它是改變世界實體移動方式的驅動力，也能逃開壓力，以更好的方式生存或重新開始。而這些，最後大多在城市找到解答。**城市是機會與交流的催化劑**，但也存在由差異引起的生活摩擦。

　　包羅萬象、正在開展的遊牧環境將影響全球各個城市，不論是在非洲剛果的深處、馬來西亞的高原、俄羅斯的外圍或南美洲巴塔哥尼亞（Patagonia）的風景裡。從許多方面來看，城市看似沒什麼變化，但它們運作的方式將會改變，而這需要合乎未來時代的硬體條件和基礎設施。我們擁有東西的想法將會改變：當你可以分享時，何苦把自己和很多物品囤積在一起。你可以使用共享辦公室，甚至是在咖啡廳工作。人們的行為也會有所差異，到市區宛如去欣賞展覽，或是以虛擬實境的眼鏡來體驗旅行。

　　不斷變化的環境，例如混和虛擬／真實的世界需要深度的心理調適。大量人潮進出城市，既使人不安又令人振奮。在一些二三線城市的學校，有高達九十幾種語言被使用，其中有些孩子更曾目睹悲劇的發生。他們能否好好相處，或是彼此不信任，他們是否覺得被新社區所接納？

兩種敘事

關於城市的敘述主要著重在它們的成就[1]，從中也看到這些行動派遊牧者和在各地穿針引線者的精采事蹟與直接貢獻。但這個版本的黑暗面卻少被人知曉──城市在面對環境、文化、社會與經濟等一連串相互關聯的問題時，缺乏危機意識，而這些大都是它們無法控制的。這種新的全球風險模式[2]以全世界為範圍，緊密地和巨型危機交互連結，形成一個集體的系統性危機，不能用老方法去處理。為了避免最壞的情況，城市權力的轉移是必要的，好讓城市能更靈活地做出整合性的回應。它們是驅動必要創新的天然磁石，而且還自備實踐（這些創新）的必需民眾。不過，前提是城市與國家之間的關係必須有重大改變，我們的文化思維也要能允許這些發展。

我們正在見證歷史上最大規模的人口移動，而城市過度的快速增長，更加劇了這些壓力（雖然某些地區的部分城市正在萎縮）。這種增長需要精心規畫對應的基礎設施、運作完善的機構和網絡，好讓城市能夠持續且更繁榮。根據城市的成長，預測未來的十五年需要花費一百兆美元於道路、機場、衛生系統、住宅與公共空間等基礎建設──想想所有鋼鐵和水泥的能源需求，以及它們對氣候變異的影響。

我們需要做出重大的決定，以確保城市在現今的世紀裡能好好存活。獨善其身的城市無論採取任何好措施，對於這些系統性問題都沒有多大的作用。它們需要和其敬重的各個城市連結與合作，因為它們並沒有權力制定必要的獎勵和規範，好在它們能強力施行解決方案。然而，**城市畢竟更貼近它們的市民，也因此更具介入的正統性。**由於這些危機相互餵養，並以危險的方式交互作用，所以需要有願景、資源、決心和堅強意志的聯合解決方案，以及產生改變行為的能力。

▲ 聖彼得堡大高爾基百貨（Gostiny Dvor）

複雜的威脅

　　對於城市穩定和福祉的主要威脅有：氣候變遷、糧食安全、健康、資源短少、貧窮和貧富不均、安全及資金缺乏，主要導因於金融危機後的緊縮政策。

　　除此之外，增長中的人口更加劇各方面的壓力，而且這樣的全球人口移動，也可能導致城市認同的變動，尤其當生活方式的根本差異相互衝突時，往往產生爆炸性的影響。無法掌握這些威脅的複雜性及不知如何處理它們，引發了治理與管理上的問題。在如此壓力鍋的氛圍中，有一種必須在時限內去回應的急迫性，這本身就是一種危機。即是城市們發現自己所處的危機狀態──它們封裝了自己的弱點。這是一條相互依賴與相互羈絆的鎖鏈───一種風險關係（risk nexus）。[2]

同事湯姆·伯克（Tom Burke）和我在《脆弱的城市》（*The Fragile City*）一書中，廣泛地中廣泛地描寫這個狀態。

歷史與古蹟

　　城市生活的主要課題，是在彼此的差異中尋求相當的和諧共處。當然，類似的問題在鄉村地方亦然，但從數據上來看，城市因此有很大變化。這也是為什麼公民的概念和公民最終出現的原因──你對你的城市同時擁有權利和責任。這決定了城市的建構、外觀、感覺、組織及與其他不同族群的互動方式。檢視各時代的城市歷史可能令人困惑。然而，用一點想像力，我們就能理解今日所稱的市民生活（civic life）──與城市連結的生活──是如何建構與開展的。我們很快就發現權利、秩序和控制與解放間，自由與賦權（empowerment）間的拉扯，以及個人和群體間不斷調整的平衡行為。

　　我們也看到了在地人和外來者如何被差異對待，以及被剝奪公民權利的人如何奮力為自己發聲。形成階級和保持差異是常態。每種類型的城市都以不同的方式來回應上述狀況。在一些比較古老的城市，我們仍可嗅到層層的歷史，並可以想像當時的共存機制是如何（譬如羅馬、君士坦丁堡或西安，男人、女人和奴隸，階級和行業如何分開與共同生活，還有外國人會被圈在他們專屬的活動區）。

　　了解遊牧時代的更大背景非常重要，讓我們知道自己從何而來，並可能前往哪裡。**沒有這些歷史軌跡，我們可能會失去洞察力**，轉向簡單化的思維。以下是關於城市型態如何可以支持集體社會生活的簡扼描述。它從來都是征服、發現、貿易及在地／外來的交換與衝突，所有這些導致雜交繁衍（cross-fertilization）。這就是為什麼**幾乎不可能找到一個血統沒有混雜的人**，因為在各時代中都有人類的流動。

　　「帝國城市」（Imperial City）是建立在上位不可質疑的階級制度、秩序、權利、控制及隨機的暴力威脅之上。它的標誌可能是一座山頂宮殿。而我們今日所理解的公民性──所有的平等聚集在一起的人或市民──並不存在。此外。與此同時，「宗教城市」（City of Religion）同樣強調秩序，以寺廟、清真寺或教堂為中心，來聯繫更高的存在和道德規範。共同的生活必須透過宗教實踐才能達成，印度的馬杜賴（Madurai）或沙烏地阿拉伯的麥加（Mecca）都是如此。另一種是中世紀城市，通常是城牆高築地被保護著，有條理、行會、階級或世襲制度來定義一個人的位置，以及他在整體結構中的互動可能。「文藝復興城市」就是建構在這個基礎之上，但獨立的市民開始出現、並有相關的連結架構。他們的勢力具體地顯現在威尼斯與佛羅倫斯的小吃店或皇宮。在其市場亦可見到來自德國、北歐或曾在他們統治下的東方商

◀ 波隆那博洛尼亞雙塔（The Due Torre）

人出沒。在其周邊則是為旅人及巡迴者提供的接待基礎設施。十六世紀左右的人群場景繪畫，不論是在威尼斯、里斯本、安特衛普（Antwerp）或後來出現的漢薩城市（Hanseatic cities）＊，我們可以發現當時的多樣性，你看得到黑人、中國人和印度人。由此可見，人的移動及無可避免的商品和想法流動是一直存在的。**這樣的縱橫交錯，刺激了創造力。**世界和城市的變動仍在與時俱進地發展中。

在不同的文化裡有不同稱謂的中央廣場（piazza〔義大利〕、plaza〔西班牙〕或maidan〔印度〕），是主要的集會點或碰面處，譬如義大利西恩納（Siena）的田野廣場（Piazza del Campo）、摩洛哥馬拉喀什（Marrakech）的德吉瑪廣場（Jemaa el-Fnaa）、伊朗伊斯法罕（Isfahan）的伊瑪目廣場（Naqsh-e Jahan）或赫爾辛基更現代的體現參議院廣場（Senate Square），以及今日許多虛擬社群媒體所建構、去地域化的城鎮廣場。在廣場，不同性質的建築物面對面聚在一起，反映了集合的力量——政治性建築、學習機構、商業和宗教力量。想想文藝復興的理想城市，義大利的皮恩扎（Pienza）集會的地方和它的景觀，其視野被認為是至關重要的。

當然，這些集會是分階級的，地位決定一切。在「資產階級城市」中有很多中下階層及被排除在外的人。這類城市很大幅度地打破封建的束縛，開始透過咖啡館、俱樂部、沙龍或社交活動建立連結、夥伴關係與共同生活的形式。在這個歷史過程中，古騰堡（Gutenberg）＊＊的印刷機是革命性的發行，就如同三十年前問世的網路。原本屬於特權的知識從修道院流出。而**正因為書本製作的方式變得快速且相對容易，知識被強制交流**，於是把已知的世界帶到更廣大的群眾面前，開啟了他們的探索本能。他們的心思開始飄蕩，且大有機會遇到我們今日認定是遊牧者的人。

公共領域的概念開始出現，這最初是由于爾根·哈伯馬斯（Jurgen Habermas）[3]所定義，並由後來的思想家協助闡述及發揚光大。公共領域可以是一個實體的空間或開放的環境，或兩者皆是——在這裡所有的差異能共同相處。傑拉德·A·豪澤爾（Gerard A. Hauser）稱它是「一個推論空間，好讓相關的個人與群體討論共同的利益，並在可能的狀況下取得共同結論」。南希·福瑞澤（Nancy Fraser）則認為它是「現代社會的劇場，透過話語的媒介，制定政治參與的方式」。她還強調男性是如何主

＊　譯按：加入漢薩同盟這個商業、政治聯盟組織的城市，它於十四世紀晚期到十五世紀早期達到鼎盛，加盟城市最多高達一百六十個。

＊＊　譯按：古騰堡發明活字印刷帶來了西方的資訊革命。

導這種公共生活，並把女性推回私領域和家庭的角色。她清楚地概括描述，「從一種壓抑的統治模式轉換成霸權式的」[4]，而且這在一些國家仍是如此，如中東到現在從未改變。想想看十九世紀巴黎在活動與外觀上因奧斯曼（Haussmann）的介入，其建築開始散發一種自信、大膽的風格。也想想倫敦和它的咖啡館文化。

緊接著工業城市需要大量的鄉村人口遷入都市，就像現今中國正在發生的情景一樣，而在英國更有遠渡海峽、逃離馬鈴薯饑荒的愛爾蘭人。此時還有四千萬名歐洲人遷往美國，大部分都是因為要擺脫悲慘的生活條件。這都是今日一再重複的熟悉主題，譬如人們正爭先從撒哈拉沙漠以南的非洲或中東前往歐洲。

工業社會以城市為核心加速貿易、建立經濟和殖民力量得以開展的路徑，苛刻又令人生畏。在特權與富人階級的支配下，階級間持續有小幅和大規模的階級變化。即便同樣是工薪階級，站長會認為自己比搬運工人優越、管家高於女僕。許多工薪階級渴望加入中產階級。有些人則在大規模的移民潮中漂洋過海，逃離他們所屬社會中的階級制度。**如同今日遊牧者所追求的，成為自己的主人是亙古不變的主題。**另一種逃避支配的方式，則是組成如工人俱樂部或商會等社會架構，透過經驗的分享促進團結。

我們現在知道在這個時期形成的文化機構中，最受歡迎且最具象徵意義的是公共圖書館。它們為人們開啟更廣大的世界，跨越國境帶來知識，允許人們讓思緒遊歷，獲取不同生活方式的知識。其實，圖書館是我們最民主的機構，儘管在古早前，科林斯式柱（Corinthian columns）暗示你做為公民應該謙卑地走進知識的泉源——而現代圖書館則是透明、開放、方便、鼓勵參與，可以和許多遊牧者一樣，在此流連。另一個打開視野的是大型博覽會（Great Exhibitions），1851年首度在水晶宮（Crystal Palace）舉辦，其副標題是：**萬國的工業作品**，或是1855年於巴黎舉辦的**世界博覽會**（**Exposition Universelle**）。在此之前也有過一些博覽會，但並沒有這麼全球性。在這裡，世界走向你，你可以驚嘆於其他大陸的事物。現在你透過網路就可看到這些，虛擬現實正把世界帶向我們。埃比尼澤・霍華德（Ebenezer Howard）的「田園城市」（Garden City），試圖調和城鎮和鄉村的優點，認為城鎮中心是一個中立的領域，讓不同性質的社群在此連結，包括市政廳、音樂廳、博物館、劇院、圖書館和醫院等公民與文化設施圍繞著一座花園建構，有六條寬闊的主要道路向外輻射延展。柯比意（Le Corbusier）的「光輝城市」（Radiant City）夢想，則把縱橫交錯的城市複雜性切分開來，但我們現在已經知道城市的流動生氣，能帶動活力的多樣性。他規畫了一個理

性、有秩序的地方，把功能性和活動區分隔開來。當市民生活的混合使用和混雜性被定義為差異者相遇的空間時，是一種損失。事實上，驅散民眾遠離市中心，等於鼓勵盲目的擴展，並剝奪公共空間的功能，反而助長孤獨的發生。其他當代都市主義，如新都市主義（New Urbanism）則尋求為未來保留過去的精華，它的信念是改變建築環境的設計樣板，鼓勵社區互動，並透過規模較小的可步行街區和人性化設計降低孤獨感。還有更多其他城市重視的項目出現，例如「生態城市」（Green City）強調碳中和（carbon neutrality）或「創意城市」（Creative City）專注於創造互動的條件，好讓民眾得以參與城市的塑造、建構和共同創造。

除此之外，還有另一個夢想，那就是由約翰‧卡薩達（John D. Kasanda）和格雷格‧林賽（Greg Lindsay）所推動的新航空城（new Aerotropolis）。他們深信，就如同火車站經常成為城市中心一樣，我們現在需要以飛機場為核心，來建構我們的城市和所有的物流系統。這可以讓我們更從容和快速地抵達與逃離，並和更寬廣的世界連結。這是變動中的城市的體現。

永恆的主題

跟隨相同的軌跡但透過規畫的鏡頭，我們可以在遊牧時代用計畫的方式來探索「下一站」（where next）。遊牧世界裡常見的自我覺察，對於我們現在規畫一個更永續或更富創造力的城市方面，從以前到現在都不適用。外國商人在1516年威尼斯猶太人聚居區，成立前就已經被隔離開來了。過去的規定範圍，不僅更廣且更具強制性，那是一種默許式的規畫，其目標和手段都是為了要排外。而「Ghetto」（少數族裔聚居區）這個字，現在被用來描述大部分少數民族居住的城市區域，而且經常處於貧困的狀態，如巴黎的banlieue（郊區）。少數族裔聚居區有多種樣貌，不論是外部施加或自己創建的，都存在於城市中，難以被漠視。這些離鄉背井的僑民大多聚集在全世界多元文化城市的唐人街、希臘城、義大利或印度區。

其他則是以志趣相投為基礎，譬如同性戀聚居區，最有名的是在舊金山的卡斯楚街（Castro），或是有錢人聚集、大門深鎖的封閉社區。除了後者，這些聚居區大多有穿透性，儘管有某主導團體，仍然有人流的進與出，因為人們可能想要體驗不同的文化，尤其是美食和氛圍。

　　結構性發展和有機發展間、公共空間與私人空間之室內外空間，以及對區域混合或單一化選擇間的相互影響，都仍然塑造今日人們如何生活在一起的可能性。它們是規畫的常數，隨著時間的推移已經累積了一套劇目（repertoire）。

　　秩序vs.混亂一直是規畫的核心，對「第一位城市規畫師」希臘的希波達莫斯（Hippodamus，西元前498-408年）亦然。他為當時錯綜複雜、使人困惑、毫無具體結構的城市（雅典）提出秩序感和理性的主張。在當時的環境背景下，希波達莫斯的理想城市由一萬名男性、四萬名女性和奴隸組成，公共生活高度地階級化。

　　它也有清楚的城裡人與外來者的分野。大規模驅逐和種族清理的運動在歷史上時有所聞——**如果不改變對外來者的成見，這就是遊牧時代的最大危機**。其中最早的一項記載，是西元350年羯胡的滅絕，根據中國古文獻，有二十萬人遭到屠殺，原因之一是他們長得不一樣。歷史上持續有驅逐，特別是猶太人，但也有對他們的強迫安置。想想十五世紀到十九世紀的黑奴貿易；1923年希臘土耳其的人口強制互換；1945年德國人被蘇聯強制驅離；以及1945年後蘇聯自俄羅斯擴張到波羅的海和其他地方。世界各地的種族清理以淨化為名仍在進行中，以圖扭轉混合的進程——蘇丹（Sudan）對達佛人（Darfur）的清除、波士尼亞塞爾維亞人（Bosnian-Serb）對異己的屠殺或緬甸的克倫人（Karen）。直到今日，我們仍在把不想要的人趕出去。歐巴馬政府時代，美國有超過兩百五十萬非法移民被驅逐出境，而在川普政府統治下，更是人數激增。不過，有很多非法移民是來回移動的。

　　宗教的弘揚則反轉驅逐的行為，因為它企圖讓外部者變成自己人，或是強制信教，其中最知名的當數基督教，但即便可蘭經說：「不要強迫任何人信教。」穆斯林還是這麼做了。當鄂圖曼土耳其（Ottoman Turks）入侵現在的波士尼亞時，你只有一個明確的抉擇：皈依或無路可走。後來的ISIS把這點推到了極致，向非穆斯林徵收人頭稅（jizya）或要求他們皈依，若不從就會被殺。在許多國家，自穆斯林叛教是會被處以死刑的，在馬爾地夫（顯然是浪漫的島嶼）如擁有一本聖經，是會受到嚴厲處罰的。再來看沙烏地阿拉伯瓦的例子，狂熱的瓦哈比派（Wahhabism）欲向全世界宣揚其極端的伊斯蘭教義。它超級偽善地要求傳播的權利，但卻完全不能容忍自己國家裡有其他信仰。它在世界各地資助了數百間清真寺，但在沙烏地阿拉伯卻不允許有教堂、寺廟或其他宗教建築的存在，其2014年頒布的法令，更是把所有無神論者視為恐怖分子。沙烏地阿拉伯宣教的最大影響，是拖延了其國家回應更多元化世界的發展；其拘泥於字面的宣揚方式[5]，更是損害了伊斯蘭世界裡的多元性、包容性和開放

性。**這與伊斯蘭文化全盛時期及它對全球文明的驚人貢獻，完全背道而馳**。這些問題將引發和其他較開放國家的口角，尤其是當它們敢於挑明這不平等的互動關係時。

今天，有些基督教會仍然非常活躍，像是耶和華見證人（Jehovah's Witnesses）的漫遊部隊，或是把到世界各地宣教視為義務的摩門教徒（Mormons）。這也創造了財富。前者在紐約布魯克林區的龐大瞭望塔總部，2016年時以三·四億美元售出；而摩門教在鹽湖城的地產數量也相當驚人，其總部占地非常遼闊。

公共領域和私人領域的劃分及其之間的平衡，也是城市規畫者的重大課題。公共社交空間及其參與者的定義已有脈絡可循，在過去更有嚴格的參與限制。女性、較低階層的人或僕役也有可能在場，但卻無法全然參與，他們通常被隱藏起來。在此，想想不同城市型態所反映出的文化態度。阿拉伯城市有高牆和封閉的環境，以確保你看不到女性。荷蘭的城市正好相反，大都沒有窗簾，你可以直接看到個人空間。這種城市文化主張「我們沒有什麼需要隱瞞」。

只有在擁有權利的公民和一個開放文化環境的前提下，這些空間才能恰當地扮演眾人共有場域的角色，並成為政治、經濟、社會和文化的舞台。這是城市公有場地的理想。令人訝異的是，今日完全符合此概念的公共場域微乎其微。

這些聚集空間大多位於某樞紐的中心，譬如市場、廣場、宗教場所等。旅行者在此相遇、發展關係、進行交換。交易在地人需要的商品、服務和技術，是促進這類流動持續的原因。**移動的世界在市場相遇**，所以這些地點的位置在都市規畫中，不論過去或現在，永遠都是至關重要的。城市生活也會發生（或不發生）在一般、不太重要的地方。粗略地瀏覽我們行經的日常空間，以及在世界各地徘徊的地方，就會知道哪些可行、哪些不成立。能混合男人和女人、年輕和年長及不同收入群體的空間，並不多見。那樣不分差異的聚合情景，大多發生在重大節慶或特殊日子。女性比例上仍然較少，尤其在穆斯林國家，男女性也少有互動。

隨著其他現實的出現，不同的優先項目被推向舞台，規畫的劇目也越來越多元。危機往往是其觸發因素，像是疾病，因為這經常是由旅行者帶來的——想想瘟疫及後來的霍亂。另一個觸發因素是毀壞，諸如自然災害或大火。這創造一種必須採取行動的危機感、一個重新思考的機會。危機隨即變成轉機，有時甚至會激發大膽的抱負。健康也是一個例子。回頭看看十九世紀，因為惡劣的城市生活，對貧窮工人階級的影響變得具體，這些污染的工業化城市，終於決定採取行動，此議題也伴隨至今。最後

它讓都市規畫變成一門學科和今日所熟悉的專業。1898年倫敦成立了「城鄉規畫聯合會」（Town & Country Planning Association），而1909年利物浦有第一門大學的規畫課程，同年亦頒布了「住房與城鎮規畫法」（Housing & Town Planning Act.）。

這迫使當地政府導入「花園城市」做為指導原則，把城鎮和自然融合在一起，置入協調的系統，確保這些工程能符合建築標準與法規。然後，測量員、建築師、工程師、土地使用規畫師和律師等專業學科，開始一起進行都市規畫。其重點比較是讓空間條件正確，而不是人們如何混合的方式。多文化或跨文化（intercultural）的字眼與概念並不存在。當時的社會在種族上更為均質化。

另一個共同的規畫主題是，是否需要劃分區域。現代主義發展出激進的方向。隨著它的風行，城市景觀裡高樓大廈及其功能的分野完全改變，目的是把工作和生活、乾淨和骯髒分隔開來。然而，**把混合性的活動移除，反而減損社區的活力**，因為它們被孤立了。這讓城市適合汽車，並鼓勵其使用。車輛雖然有助於出入，但也同時創造了一種不鼓勵融合工作、遊戲和公共生活的城市型態，這反而是遊牧世界所追求的環境。對這種城市建構型態的反作用力來得相當快。城市的清楚界線經常反映在後來衛生處理過的都市景觀中，缺乏人性可能是它最大的弱點。

快速連續地，對於如何創建和規畫一個好城市，又有新的重點出現。新市鎮運動（New Towns Movement）就是一項。它往往具社會民主的傾向，強調區域框架中的設施，包括學校、健康和文化中心。譬如1970年代英國米爾頓‧凱恩斯（Milton Keynes）的開發公司，不僅規畫和發展這座城市，更投資其社會生活。另一個例子是由瑞秋‧卡森（Rachel Carson）《寂靜的春天》（*The Silent Spring*）引發的環境保護運動，然後有羅馬俱樂部（Club of Rome）報告。它影響我們思考和建設的方式，環境保護部門因此在1980年代後開始成形，現已成為常識。氣候變遷的議程已指出，飛行至世界各地所帶來的影響，但尚未明確地把這與遊牧世界連結，以更強烈地建議如何減少移動，像是利用虛擬方式進行會議或大型聚會。

這些增加的項目，譬如健康和環保豐富都市規畫的面向，但**有些見解或趨勢則未得到發展，甚至被遺漏**。從女性主義的角度，城市建構的方法可能相當不一樣，但在城市構思、製作和管理方式上卻無法產生充分的影響。這可能會發展出一種更柔和、不那麼侵犯性的美學，進而影響我們的行為。創意城市的概念——其奧義是如何釋放你的潛力，來創造更好的居住環境，已帶來一些影響，尤其凸顯了第三地點（third place，非家庭或工作地點，多半是在公共領域）的力量。

　　隨著時間演變，不斷變化的觀點反映在規畫的語言中。運輸變成移動到運動，最終變成無縫的連結。第一個聯想到的物件從汽車、火車與飛機到延伸的道路等基礎設施。無縫連結意指從 A 點到 B 點的過程，以及如無線網路（Wi-Fi）的無形系統和我們的連結能力，這樣就可以在不受阻礙且多工的狀態下，一路順暢行進。

　　無縫連結是穩定與不穩定的人都追求的。不管他們人在哪裡都**易於連接**、可以步行抵達的好公共空間、附近就有可用的公共運輸、容易轉換於不同的交通方式，以及不間斷的 Wi-Fi。但誰應該來負責這整體的連結？因為沒有部門，所以急迫的問題會在項目與項目間的破口裡被遺忘。又是哪個部門該為城市的心理狀態、氛圍、社會連結或其永久與臨時居民間的關係負責呢？

▲ 里昂新城（Villeneuve）

現在與夢想

　　我們該怎麼稱呼這個新興的城市呢？語言非常重要。文字、概念和觀點擁有力量，它們引發共鳴，可以吸引注意或引發爭論：花園城市、生態城市、學習、知識城市或創新城市、網路城市、永續或現在稱為有彈性的城市、樂活城市、智慧城市與創意城市或遊牧城市。每一種皆意謂著不同的發展前提、願景和重心。不過，我們當然需要以上所有的元素。下一波會是什麼呢？也許是「市民城市」，一個市民參與的城市。如果我們要創造承諾與參與，遊牧世界裡的市民身分概念，就成為最核心的問題。**豐富的公共領域觀念，有助於把「市民」和「遊牧者」放在一起思考。**它意謂一個各色人種和公部門可以聚在一起的文化環境，他們可以就共同的公共利益進行批判性討論，並相互影響。這樣的行為對傳統的政治權威來說，恰是天平的兩端。這樣的環境出現在面對面的會議上，從正式的官方會議到非正式的咖啡廳討論、媒體談話及更廣泛的文化領域。公共廣場的概念和存在有其象徵意義，不論它是一個實體的碰面場所，或是各種虛擬型態。解決這些問題，成為城市規畫的基石和目標。

　　公共領域的概念，雖一開始是為了要連結公有建築放射的車道，但對城市、甚至國家來說也有相同作用，因為它可以形成一套普遍的文化和組織性特質。在城市的層級來說，組織還算容易，但如涉及跨國，就變得非常困難。

概念的力量

　　概念、精準包裝的口號和原則，可以推動過程並改變現實──而且也確實如此。想像是民主──許多戰爭為它而打──這個字眼，或是永續性，或是最近流行的，彈性（resilience）。它們可以傳達志向、提供

靈感、鼓勵觀看世界的不同方式、用更容易理解的方式來描述現有狀態。其效果可以被檢驗、引導或創造變革。在短視的世界中，活潑明快很重要，但也意謂當熱度退了，人們很快就會感到無趣，並開始尋找下一個目標。一個廣告傳單式的世界，不斷地把東西丟掉，而且往往是好東西。有時曾經不受重視的東西會回來——譬如整體思維（holistic thinking）。

問題在於，究竟是「市民城市」或「市民的城市」的名稱，才有足夠的能量與複雜的簡潔去驅動改變。「生態」、「智慧」或「創意」這些語詞，都容易讓人立即理解。「智慧」（smart）有雙重意涵，不但有科技感又蘊含做為人的智慧，所以有受到讚美的感覺。「創意」同樣帶有正面的意思。它指出你有想像力，是有趣、富吸引力和有激勵作用的，每個人都覺得他們可以參與進來。而說你是「市民」則有值得以此相稱的老派意涵。在遊牧世界裡加入市民性，賦予想法庫（bank of ideas）一股當代的感受。有些人可能會覺得繞口，但我的目的是讓市民的概念重新顯現急迫性與力量。

公民和市民的概念是否能夠回到我們的生活，並連結遊牧者嗎？或是我們需要一個更深層次的危機與社會撕裂，才能感受到這個概念與我們切身相關？任何城市營造的整體概念，都必須強烈且具催化作用。在這個（遊牧）前提下，它必須處理做為遊牧者的喜悅和擔憂，譬如城市的破裂、獨特性的衰減、城市的淡然無味、仕紳化（gentrification）的拉鋸等等。

什麼是可以推進過程的好誘因特質，能夠形成帶領我們前進的路線圖呢？**一個好的想法必須是簡單但又有變複雜的潛力。**一個好的想法是立即可被理解、獲得回響並被傳播——你馬上就能掌握它。一個好的想法要有層次、深度，能夠以各種方式被詮釋與傳達，並且能讓很多人覺得有所共鳴而主動付出。一個好的想法能連結，並且開創更多結合。它是動態的、能呼吸、能讓人立即聯想到各種向度（dimensions）與可能性。一個好想法能結合創意和實用性。一個很棒的想法能聚焦注意力。理想上它應該能觸及一個地方的認同，並感受到文化的關聯性。當然它需要支持、創造和建構。如此一來，它就能傳達更深層的價值與抱負。它應該非常強大，而且透過各種方式來實踐。

舉例來說，全世界很多城市表示，它們即將成為「受教育的城市」（educated city）或「創新城市」（innovation city）。這樣的想法很狹隘，這暗示也讓人覺得，似乎只有教育和科技部門參與其中，它排除了大多數人。不論如何，最重要的是城市裡的市民希望對自己的地方，做出承諾、參與並覺得自豪，以維持城市的能量。

大膽思考

世界各地都有名為烏托邦、樂園、天堂或心之所嚮（Heart's Desire）的鄉鎮與城市（驚訝的是，當我造訪紐芬蘭時，還曾經路過一個叫做「假陽具」〔Dildo〕的社區）。這些都反映我們渴望創造更理想地方的欲望，在那兒大家都對你友善，無差別地和諧相處。

對在物質、文化、社會和精神意義上更好社區的追求，比任何的歷史紀錄都早——而且是跨文化的普遍現象。它今日又強力回歸。過去關於信仰的文學，從吠陀到聖經，到世俗型態的柏拉圖《理想國》、湯瑪斯·摩爾（Thomas More）的《烏托邦》、埃比尼澤·霍華德的《田園城市》到柯比意的《光輝城市》。烏托邦的夢想，是要表達我們為自己和世界嚮往更好的未來及更幸福的生活。當然也有更黑暗的版本，通常是希望淨化我們，像是希特勒時代的德國或ISIS希望重拾失落的哈里發（回教王國），在那兒清除叛教者。

湯瑪斯·摩爾率先使用「烏托邦」來描述理想與想像中的島國，他在這本一五一六年出版的書中，說明它的政治制度。在那裡土地皆共有，私有財產並不存在，男人和女人接受同等的教育，幾乎完全開放的宗教自由，而且沒有軍隊。順帶一提，世界上只有兩個重要的地方沒有軍隊，哥斯大黎加和冰島（除了二十幾個小島嶼，譬如萬那杜〔Vanuatu〕）。烏托邦（Utopia）是希臘文 ou-topos（沒有地方）和 eu-topos（好地方）的雙關語。什麼是理想的遊牧城市？打造它，是我們今日的挑戰。

即便在義大利文藝復興時期，思考理想城市和夢想社區也是相當常見，諸如皮恩札（Pienza）、盧卡（Lucca）、薩比奧內塔（Sabbionetta）和帕爾馬諾瓦（Palmanova）。也有一些工業烏托邦，像是位於英國利物浦的日光社區（Sunlight settlement）、伯明罕的伯恩小鎮（Bournville）或布拉福（Bradford）的索爾泰爾村（Saltaire Village）。其他地方包括澳洲首都坎培拉是依理想來構思、佛羅里達的錫賽德（Seaside）是新都市主義的標竿、塞拉布雷遜（Celebration）是迪士尼在奧蘭多附近建造的烏托邦、克里斯蒂安尼亞（Christiana）則是哥本哈根的嬉皮社區，還有弗萊堡（Freiburg）是歐洲主要的生態城市，主打太陽能。檢視這些城市的主題，除了坎培拉外，都嘗試以人的規模和識別性為核心。不過，皮恩札和它周邊的景色、塞拉布雷遜和它令人厭煩的傳統主義及克里斯蒂安尼亞和它有害的毒品文化，有極鮮明的對比。

今日，我們更常使用願景（vision）這個字眼——想像的能力，它比夢想更具

體，給予方向，提供焦點和目標。大多數的當代願景，都不是以城市規模或可以調整範圍的，更不可能提供一個徹底的替代觀點。對此，一百多年前提出的「花園城市」概念受到重視，在今日的生態城市運動中捲土重來。過去二十年裡最具代表性的大型願景，是港區的再開發，例如東倫敦、墨爾本或布宜諾斯艾利斯的普爾它馬迭拉（Puerta Madera）。**我們無法想得更宏大**，但必須要如此，用我們的敏銳度。這將會非常困難。變動中世界的快速和不斷累積的影響，需要各領域的反饋，例如如何處理某些城市過多的觀光客；如何減緩都市更新帶來的負面影響；在全球資本主義的競爭下，如何讓土地脫離投機的炒作；如何避免一些地方成為禁區。所有問題都會導致緊張局面。

聯合國的城市願景

願景制訂的流行和我們對現況的不滿有直接關係。回應轉變中世界的最新全球城市願景，是聯合國在厄瓜多首都基多（Quito）舉辦的「第三屆人類住居大會」（UN-Habitat III）提出的《新城市議程》（New Urban Agenda），這是第二十週年的城市高峰會。其中很重要的部分，是《我們需要的城市》（The City We Need），它是世界城市運動（World Urban Campaign）所規畫之推廣過程的一環，該組織也創建了城市思想家學園（UTC–Urban Thinkers Campuses），連結從商業到工會到民間團體的各類利益團體。全世界總共有二十六個城市和超過六千名專業人士參與，每個城市挑選一個主題來設計聯合國的新城市範例。他們結論城市應該是：健康、可再生、負擔得起、公平、經濟上活躍、適合步行、就大都會水準設計和管理良善，而且一定要有自己的特色。其他人後來加上了「以公共利害為核心」、「共眾利益」和「正義」。都是好目標，但是這些有價值的標的卻未見實現。為什麼影響實現這些全球議定公共目的的阻力沒有充分地在全球各種論壇被提出？除非像權力、不平等、壟斷和支配等重大的問題被著手解決，否則這些志向將不太可能實現。在德國曼海姆（Mannheim Assembly）舉辦的大會「遊牧世界的城市公民」（Urban Citizenship in a Nomadic World）[6] 是UTC的活動之一，再次肯定最好的城市是開放的，而這種開放性又會使得它們成為文明的搖籃。開放性是建構成功城市的關鍵，促使它充滿活力、公平、透明、多元，並易於親近。這必須得排除各種歧視。正是這種活力民主、人性且更世俗的城市，才能發展出一種參與規則，讓大家在他們各自的差異和多樣性的前提下，分享與生活在一起，並調適至一個更遊牧的世界。

這種城市開放性的概念並未被普遍地接受，而且全球都有越來越多的負面回應。

153

在城市快速與無情的變化中，其顛覆性的經濟力量已引起焦慮和不確定感，進而轉向恐懼、仇恨和排外的另一種策略選項。大會提出不該用妖魔化的方式來回應，而是應以理解和吸引來與那些對開放有所疑慮的人互動。新的遊牧規範是，不論環境起伏，都要留在這。我們現所目睹的大量難民潮，將在未來幾十年成為固定的都市特色，而且這已經影響到南北半球三十多個國家了。曼海姆論壇因此建議，這些城市應該成為「其他城市」的典範，並提出三大主題：土地所有權、參與的困境及城市自治。

概觀檢視全世界的變革計畫，可以發現為某地、某城市提供另一種（可達成的）選項的渴望。更宏大的願景尋求激勵人心，也邀請民眾加入，形成同盟與夥伴關係，以產生更多改變的能量、動力和意願，方能扭轉現況。通常它們都會回歸類似卻很重要的主題：和諧、平衡、正義、公平、平等、持續性和社區。不可避免地，願景反映了其時代和地點。因此，今日在生態意識受到重視的前提下，未來願景要探討的將是，如何善用遊牧世界的潛力。

僅有極少數的城市願景和其相關策略，是要尋求具體修復城市斷裂的勇敢方式，如貧富之間、不同背景或世界觀族群的拉扯。然而，這些是遊牧城市願景裡需具備的公民意識，包括城市公民概念的改變、永久所有權觀念的調整，並且要正視除了車子、公寓和度假小屋外，更實際的共享經濟作為。以資本主義現在運作的方式，是不可能實現以上目標的。我們站在許多問題的十字路口，必須解決的大多屬於軟體的領域，而非硬體的物理科學，然而，**軟實力才是真正堅實的（the soft is the hard）**。這需要轉變。在城市建構裡，關乎硬體的那些往往有更高的地位和權威——建築師、工程師、測量師、建築業和其支持者，如會計師。但他們真的理解是什麼驅動人們和城市嗎？我們知道**會計思維是無法創造出偉大的城市**，因為真正的魔法來自於非貨幣計量的東西。這意謂我們要好好認識那些以人為本的學科，如人類學、心理學及創造社會動力的那些人。也請謹記許多影響城市運作的重要影響者，並非來自建築或都市規畫背景的——譬如珍·雅各布斯（Jane Jacobs）、曼威·柯司特（Manuel Castells）或薩斯基雅·薩森（Saskia Sassen）。

▲ 烏克蘭伊萬諾—弗蘭科夫斯克（Ivano-Frankvisk）的集體城市建設工作坊

市民和遊牧者的規畫

汲取過去最好的從業者和經典都市設計大師，或是作家凱文・林區（Kevin Lynch）、珍・雅各布斯的精華，還有現今業者如哥本哈根的揚・蓋爾（Jan Gehl）或墨爾本的羅布・亞當斯（Rob Adams），甚至安得魯・杜安伊（Andres Duany），就會知道市民和遊牧者會喜歡的城市或社區的硬體範本，其實幾乎沒有什麼區別。諷刺的是，他們卻試圖翻新我們擺脫掉的東西，例如複合功能——生活、工作型態、商店、閒逛和放鬆的場所。我們現在清楚地意識到，找出不同理由互動所產生的複雜性，可以帶來城市的活力、偶遇的機會及意外的發現。然而在政策和法規方面，還是有領先和落後的狀態——法規往往落後於實際生活經驗或欲望。**因為法規的禁止，我們無法再去發展我們所愛的城市**，卻也因此促進了市民間的連結。

他們都遇到基本的硬體規畫想法，如格狀、直線或曲線，直角排列的街道，星形布局向外擴散的街道，有長分隔島的林蔭大道，封閉的舒適廣場，排列整齊的街廓，建築樣式和規模。這些已成為優秀都市設計的準則，但其實重點在於之中的小沙粒。

以下所描述的內容不容易實現。它不僅需要硬體的規畫，更需要在過程中和許多利益團體進行艱難對話。它包括步行性：步行友善的街道設計，隱藏式停車場，設在後方的車庫，狹窄和慢行的巷弄，汽車縮減，有些街道甚至禁行車輛。連結性：相互連結的格狀街道網絡，可以分散交通、易於步行且創造林蔭大道與街道巷弄的趣味。如此一來，便可平衡敬畏與親密感。專業化：活動和零售區域或群聚能反映當地特色——有些比較宏偉，有些比較社區性，這可平衡傳統、比較特立獨行和怪異的需求。混合使用和多樣性，組合成為混合商店、辦公室、公寓及家庭，也有在地的獨立與創新零售商和市場。全球性的品牌也都有，但不傾軋本地的生存空間。這裡有「第三空間」，如可開會或聚會的咖啡廳，以及各種學習的設施。社區、街區和大樓裡也都有混合性的使用內容。

避免過多的隔離特區，鼓勵跨年齡、收入、文化和種族的多元互動。混合住居能讓房屋的型態、尺寸和價格相對接近。都市設計則透過強調美感、美學和人體舒適度來創造在地感。普通及特殊的建築，都被要求以人為本來創造能提振精神的豐富環境。市民使用、文化熱點和象徵性的地點，都被仔細地安置在社區裡。鄰里結構規畫出清楚的中心和外圍地區，其中穿插著不同大小的公共空間和公園。整體的結構強調親近性及不同疏密的建築、住宅、商店和服務，便於步行，更有效地運用資源和服務，創造更多的便利性。以上從小鄉鎮到大城市都適用。

　　通便和行動系統確保有火車、軌電車和巴士等連結社區和其他城鎮。友善人行道的設計則鼓勵人們在步行外亦能多利用自行車、直排輪或滑板車。健康和永續性都市規畫的原則大致是如此。尊重生態，自然系統的價值提高能源效益，進而促成更多在地生產，使用更多生態友好的技術可以降低對環境的衝擊。以上都能達到的話，這些地方將在心理上更加豐富，因為它們對人友善且有強烈的社區感，它們充滿活力並且極其重要，因為它們提供了選擇和機會，而且有振興文化的作用。它們有古蹟、歷史和傳統但不懷舊，它們將親近感和其他更大的議題巧妙地揉合在一起。

　　依據不同的排名方式，大約有二十五個城市經常被視為好地方：哥本哈根、溫哥華、慕尼黑、阿姆斯特丹、維也納、舊金山、畢爾包、巴塞隆納、赫爾辛基、斯德哥爾摩、墨爾本、巴黎、蒙特婁、柏林、奧克蘭、福岡、波特蘭、新加坡、漢堡。然而針對像美世（Mercer）或經濟學人（The Economist）這樣以外派人員為主所做的排行，和Monocle雜誌的調查結果相當不同。

▲ 巴黎拉德芳斯（La Défense）

地點和空間軌跡

　　都市的轉型相當複雜。我因此使用一個簡單的方法來檢視過去五十年城市動態的轉變，那就是「城市1.0」、「城市2.0」、「城市3.0」的概念。這有助於描繪自1960、1970年代至今，都市發展的不同階段。隨著這條軌跡，我們開始了解不安分遊牧世界是如何崛起、它帶來的緊張和機會，還有我們共同生活的公民思想如何隨時間推移而產生變化。一旦有人開始了一個數字序列，當然就有人會跟著增添，如「城市4.0」[7]，再過不久就會有「5.0」。「數位城市」部分會說明數位介入、虛實交融和人工智慧崛起對世界的全面影響，主要在治理、管理和金融方面。

　　我們所繼承的歷史城市和它所有的版本是「城市0.0」。這樣的歷史城市有大陸與大陸之間、文化與文化之間的差異，以及不同的存在目的、起源和理想。每個城市有不同的空間形式和主導重點，這可能鼓勵或阻擋了不同形式的共處（togetherness）。每當我們有組織或財富創造的變革時，就會形成新的社會秩序、一種新的城市型態、新的政治、新的學習方式、對生活的新想法和新的藝術或文化機構。每種都需要不同的能力。

城市1.0、2.0、3.0⋯⋯

城市1.0

　　典型的城市1.0是：大工廠和大量生產是其主要標誌。從心理層面來說，城市是一個大機器；其管理和組織風格是階層分明且由上而下；其結構各自獨立，每個部門都很強大，卻鮮少有合作關係；學習通常是重複背誦的死記硬背；不容許失敗；工作、生活與休閒是分開的；美學不受重視。1.0的城市規畫，主打土地使用和廣泛開發，市民的參與度

非常低。交通1.0讓城市適宜開車，不怎麼在乎行人，道路的基礎設施往往很醜陋。

文化1.0受教化指令的影響，其主要受眾是那些自認有權決定品質和架構的菁英。它是由上而下、以機構裡的傳統形式為主，強調卓越。其建築形式也呼應了這種傲慢的態度。你可以想想德國的劇院、歐洲的歌劇院或愛丁堡藝術節（不是藝穗節）。它能取得政府資源並仰賴贊助。能把人們帶到一起的流行元素，有時會出現或並存。想想愛丁堡的藝穗節，甚至是1981年法國文化部長賈克・朗（Jack Lang）所興辦的世界音樂節（Fête de la Musique），現在每年的6月22日在歐洲遍地開花。各地圖書館一直就是最受歡迎的文化空間，並且開始重新審視它們的使命。不過「官方」的文化被認為和商業是不相干的。

總結來說，這是個理性、有秩序、重視技術和分工清楚的城市，它是一個以硬體為導向的城市規畫範本，這反映了它對生活的精神態度與作為。它在1960到1980年代極為盛行，至今仍能看到其影響，像是人們思考和工作的方式及看待都市紋理的角度。

城市2.0

相比之下，城市2.0改變了重心，並從1990年代開始發展。其工業象徵是科學園區和高科技產業；它的管理精神是較扁平的結構；合夥工作和合作關係開始盛行；學習系統是開放的。思想模式發現問題之間有許多關聯性，開始意識到學科整合的需求。城市型態也更注意到城市中軟硬體的相互作用。城市設計提升至更高的位階，大家開始重視城市傳達的情感和氛圍。

遊牧的明星建築師（starchitect）出現了，城市因為加入了一些奇特的建築造型，變得更加有看頭。閃閃發光的玻璃帷幕大樓到處林立，大膽的造型打破傳統思維的框架；摩天高樓從景觀中拔地而起，有些具良好的公共空間。大面積的零售、娛樂或文化中心試圖迷幻、誘惑，讓你著迷；市民變得更像客戶和消費主。

它也開始反映人的需求及以人為本的規模。人們互動的方式被列入議程。城市成為一個大帳篷和活動的舞台。規畫2.0更有磋商的空間，以更全面的方式看待城市。它結合硬體、社會和經濟，而運輸2.0的概念，更在乎行動力和連通性。城市不再那麼以汽車為主，步行性和友善行人的街道設計成為首要考量；綠樹成蔭的街道或林蔭大道也是。這個2.0城市，企圖把混合使用和多樣性重新注入商店、辦公室、公寓和

住家。

　　對生態和自然環境系統的尊重崛起，也開始使用對環境友善的科技，並重視能源效率。很明顯有越來越多的在地產品，也更重視獨特性、美學、人體工學及地方感的創造。

　　文化2.0轉移了焦點，多樣性的議程——關於人種、年齡、收入水平和文化——脫穎而出。它向外連結，更多的聲音因此被聽見，對社區的關注度也更高。創造性的議題逐漸擴散，也開始意識到創意經濟領域的能量，並連結到藝術及其在廣泛經濟體系可以扮演的角色。不同藝術類別間的交互融合開始盛行，科學、科技和藝術之間的互動亦然。文化成為一種競爭工具，被用來鼓勵城市再生、讓城市更為亮麗，並被納入經濟發展的議程。歐洲文化之都的獎項，便是手段之一。藝術本身的吸引力，對建築意象創造和觀光的外溢效益（spillover effect）受到重視，也因此促進了博物館、藝廊和藝術在公共場所的普及。刺激街道生活和推動節慶成為文化操作的必要選項。同樣的，以社區為導向的藝術計畫，配合參與和包容的政策也大量出現，迫使機構對外開放。關於藝術影響的論述和理論激增，譬如藝術的參與如何促進健康。在這方面，藝術和文化可以做什麼的工具觀點，超越了對藝術內在價值的探索。

城市3.0

　　城市3.0更進一步，它承繼城市1.0的需求及城市2.0的優點，並試圖運用市民的集體想像力和智慧，來共同建構、打造、創造自己的城市。其目標是軟都市主義（soft urbanism），因為它能回應城市完整的感官體驗，以及硬體紋理所帶來的情感衝擊。公共領域、人本規模和美學成為首要考量，因為大家已感受到平淡與醜陋會削弱城市。從心理典型上來說，是把城市視為一個有機體。組織上它更靈活，橫向與跨部門的工作及跨學科的連結屢見不鮮。創意和實驗的文化植入人心，因此對於風險（也就是失敗）的容忍也更能被接受。

　　對於城市3.0來說，學習和自我發展至為重要。在城市1.0裡，傳遞知識的機構更像是鑽探知識的工廠，而非挖掘、探索和善用人才不可或缺的探究社區。

　　城市3.0視創業為讓城市運轉的重要資源。經濟3.0能激發想像力、創新和創業文化。開放的創新系統往往能帶動商機，也能促進更多競合關係。微型和中小企業在這個科技橫行的世界，扮演更吃重的角色。城市的型態企圖創造提供人們能展現創

造力、可交流與共享之公共空間的文化氛圍與物質環境，可以是一個房間、一棟建築物、一條街道、一個街廓。這通常會圍繞著一棟回春的老建築開始，因為它們散發記憶，而且空間寬敞、能靈活運用與新時代融合。城市3.0的識別標誌是它的創意特區（creative zone / quarter）。「第三地點」──不是家，也不是辦公室──越來越重要。「這裡那裡」（here and there）與「任何地點及任何時間」（anywhere and anytime）現象，是這個時代的特徵。這個世界在靈活度方面茁壯成長，並開始有快閃文化。我們正處於一個遊牧時代。

城市規畫3.0從嚴格的土地使用轉向，它更加綜合性，交織對經濟、文化、建設和社會問題的關照。混合使用是其規畫精神的重心，它深知**規畫必須更著重在調解複雜問題間的差異**，像是促進都市發展的同時，又必須遏制士紳化帶來的缺點。它以合作方式運作，並在決策上尋求市民參與，它用整體評估的策略來辨識機會與解決問題。對生態環境的覺察，已成為跨文化的新常識。這個城市3.0認為吸引人才、留住人才至關重要，所以調整移民法規好吸引世界各方的菁英。它是外向超過內向的。

城市3.0受經驗驅動，透過智慧科技及沉浸式、自我調節與互動的設備，有時表現相當亮眼。智慧電網和感應器、開放資料平台與城市服務的應用程式（APPS）實現了這一切。它企圖建立完整且全面的城市系統，透過如能源、交通、健康和就業等方面的分析、搜集市民回饋，並利用城市所有機構與部門的信息，做出更好的決策。無縫連結（seamless connectivity）為其口號，異花授粉已為常態。其目的是預測和即時回應問題。

在邁向城市3.0的過程中，我們看到越來越多文化、創造力和城市間的相互連結。文化3.0中有越來越多的人創造他們自己的文化。做為不那麼被動的消費者，他們勇於挑戰自己的表達能力，儘管許多人仍在觀望，並沒有參與。主流和另類文化的關聯性被重新檢視，其中的資金分配亦然。傳統的機構依舊強大，但面臨挑戰，必須開放以面對更廣大的群眾。文化以更不尋常的形式呈現，城市被視為畫布和舞台──可能是街道、當地咖啡館或臨時性場所。在這樣受活動驅使的文化中，策略性的都市計畫（從游擊式園藝到快閃族或藝術性的街頭改造）如雨後春筍。藝術家更像是策展人、設計師或創客（maker）。最好的連結者與中介者相形重要，把各種東西編織在一起，豐富的文化生活漸漸地成為標的，而文化與健康和幸福也相當地契合。

城市1.0、2.0和3.0的整體趨勢僅是扼要描述，它們也會彼此重疊。我們需要城市1.0提供良好的硬體，但世界越來越需要以城市3.0這樣的高度去運轉。這勢必是一

場奮戰，因為自掃門前雪的工作方式是讓人比較安心的。

　　城市主要的問題在於，發展中的3.0世界和其經濟、文化與社會動態的不一致（misalignment），因為許多由來已久的機構仍保有1.0的特質。**許多來自1.0世界的機構與以3.0型態生活的人共存。**這可能會造成緊張和誤解，我們必須克服這樣的鴻溝，而這就是一種創造力的行為。

數位化城市：影響和衝擊

　　凌駕所有事物的，是一個數位化的世界[8]，它讓如渦輪增壓般的遊牧生活成為可能，也許有些人想稱呼它為城市4.0。它是遊牧世界的基礎設施，數位和遊牧相互交織。我們的文化是數位，而數位形塑了我們的文化，它無所不在，就像我們呼吸的空氣及流動的電流一樣，改變了我們對時間、空間與地點的理解。沒有它，新的遊牧世界就無法運作，既是催化劑也是推進器。數位化的城市已在我們左右，正在進行一場既劇烈又驚人的全球改造，不論已開發或待開發的世界都深受影響。然而它需要文化和政治攜手共創的願景，來擘畫下一步，包括赫爾辛基、阿姆斯特丹、舊金山和波士頓等城市，很早就開始運用其可能性，但智慧城市如奈洛比（肯亞）、阿克拉（迦納）和印度抓住這個機會，中國和南美洲的許多城市也開始追隨這些開拓者的道路。

面對問題和潛力

　　數位技術可以做的，不僅僅是讓懂技術的人開創更適宜的遊牧生活型態，它也可以和全球都市的每一個議程有所關聯。一般來說，它能賦予人民權力、讓決策過程透明，或是抑止資源的揮霍使用（如聯合國2030年永續發展目標議程〔Agenda for Sustainable Development〕[9]，或是聯合國人居署提出「我們需要的城市」[10]）。設備可以幫助監控健康狀況，感應器可以測量並協助減少資源的使用，例如水、能源或消費模式。數位工具可以幫助我們了解自然環境，並讓硬體的基礎建設更安全、更可靠且更有效率。網際網路則提供龐大知識庫，讓人們獲得力量。

　　不論在已開發或開發中國家，應用發明都以倍數成長。在後者，便宜的智慧型手機成為許多健康狀況的診斷工具；Luci Solar Lantern可摺疊的太陽能提燈，提供夜間的照明；Lifestraw（淨水吸管）的精密過濾器，可殺死99%的細菌；BRCK電池供電的數據機可連上網路；Hello Tractor低價的智慧牽引機配有GPS天線，能夠追蹤土壤的狀態；Power Pot可攜式發電機，則可一鍋兩用，在烹飪的同時產生電力。

本段文字摘錄自我的作品《數位城市：影響與衝擊》（*The Digitized City: Influence & Impact*）一書。

結構的轉變

　　數位化代表了結構的轉變。顛覆性的潛力正在改變城市、社會和社交生活、連結性、經濟、文化機構、文化生活，它的衝擊與影響將如同兩百年前工業革命席捲世界帶來的氣候變異一樣強大，卻更加無形，隱身在小螢幕後的演算規則中。這導致人們憂心世界會不受控制地發展，但也同時為其所開展的機會感到無比興奮。那些做決定的數位開拓者已經移居到這個（數位）世界，但對於那些年輕的「數位原住民」（digital natives），這個世界就是他們所知道的全部。這凸顯了一種錯位，因為**這是歷史上第一次年輕的教導老一輩**，完全顛倒過來。

　　每一種新的生產方式，都改變了物理和心理的環境及系統運作的方法。當世界上最大的計程車公司Uber，並不擁有任何一輛車時；當Facebook，全世界最受歡迎的媒體所有者，並沒有創造任何內容；當最有價值的零售商阿里巴巴，是零庫存；當Airbnb，全世界最大的連鎖飯店，不擁有一個房間時，其戲劇性可見一般。

數據浸潤世界

　　數位化，憑藉其連結、溝通和操控數據的能量，正在主導規模性的轉變，改變商業與公共服務的基礎，影響我們生活的方方面面。這個資料探勘（data mining）革命是創新的加速器，一種古騰堡（Gutenberg）3.0，它改變我們工作、管理、組織的方式，以及我們從事的工作、我們如何創造與思考。**數位驅動的工具和技術，使得我們得以不受地點限制（placelessness）**，形塑我們生產、消費文化，以及我們體驗這個世界，特別是城市的方式。

　　數位正在往它的第三平台前進：雲端運算、行動裝備、社群媒體和大數據技術的整合。在這裡，行動裝備和應用軟體擴展了可行性，雲端扮演外包的機制，大數據的超快速分析能解釋數據以增加洞察力，而社交技術把互動的人性面帶入數位、自動化的過程中。結合這些迥然不同的科技，得以簡化我們的工作環境，並渦輪加速推動數位商務、資訊分析和智能基礎設施的發展。人工智慧（AI）一旦全面展開，第四平台就會出現。這些發展中的科技，其範圍、規模、普及性、無所不在和速度是相當驚人的。截至2015年，全世界有三十二億網際網路的使用者，其中，有二十億來自較低開發的國家。這意謂著**世界是一個緊密組成的電子網絡，如果沒有連線，就等於失去行為能力了（disabling）**。從最簡單的簡訊互動，到複雜一點，遠端管理家用電子設備或在遙遠的偏鄉地區咖啡廳處理業務。

在這裡，科技就如同氧氣，且越來越容易上手。不可諱言，我們已被它流暢、可塑、混合的內容所奴役，掃過（graze）（曾經我們稱之為瀏覽〔browsing〕）並沉浸在它可穿越界線的世界，滑到無窮止境。它的暗語是開放、靈活、互動、共同創造（co-creative）、敏捷、連結、即時、身歷其境、無所不在、賦予能力、分享、一體化、多工、模擬、虛擬、分段和隨時在線。這些是遊牧世界的用字。數位科技互動、身歷其境的力量及能感受與全球共存的能力。

重新設計和反向工程

我們正在重新設計世界及其所有的系統——法律、道德、政治、經濟、實體經濟——以及數位時代的基礎設施，資訊與通訊科技（ICT－information and communication technologies）是其主要骨幹。這有龐大的心理與文化意涵。然而，**我們工作生活的環境都是逾五十年以上的設計**。為了適應數位驅動的遊牧時代，需要一個反向工程的過程，來創造新的智能基礎架構、傳感技術（sensing technologies）和內建在硬體工程裡的物件，這就是IoT技術（Internet of Things），它讓城市裡的物件可以相互通訊，從冰箱到狗項圈，都加入了我們的龐大數據山。這就是大數據，只有很小的一部分被拿出來演算，用以詮釋混亂的狀況。感應器幫助城市以聰明的方式來回應從簡單到複雜問題：下一班巴士或地鐵何時抵達？哪裡有免費的停車位？更強大的是，我們可以從遠端來控制城市運作的方式，或是利用應用程式幫助明眼人與視障人士找到他們身處的位置，或是透過自我調節機制來控制能源使用，監控污染程度或調整城市的照明狀態。

「共享經濟」成為可能，圍繞在人力與物質資源的分享。無數的應用程式促進了如ZipCars汽車共享科技的交換、以物易物或共同採購，它使Uber或Airbnb成為可能。開放數據讓城市決策者和市民之間，有了更簡便的意見循環，有助於重振地方民主，並且讓合作治理模式成為可能。城市也許是軟體，因為它的運作完全是由軟體驅動的。開放原始碼運動加速了數位世界的發展，促進學科間相互合作的活動，打破各自為政的狀態。這些過程是由顛覆性科技所帶來，而且一旦人工智慧全面展開，就會出現另一個階段的崩解（譬如自動駕駛汽車〔self-driving cars〕）。

以人類價值為中心

從人的觀點，應該是駕馭科技而不是顛倒過來。科技熱潮和創新的應用，讓人忘記它是幫助我們實現更大目標的僕人，像是能鼓勵公民展現能力，很重要的是這創新

動能所釋放的能量，應該要解決老問題，為經濟帶來新的可能性，例如解決貧富差異或創造高品質的就業機會。

　　決策者有一個千載難逢的機會，用不同的方式重建我們的城市，包括利用社群媒體的能力、互動式平台或開放數據來深化民主，讓城市對欲望與需求更加地敏銳。回報道路上有一個坑洞是一回事，重塑整體選舉方法是另一回事，重要的是，公眾的利益是否被放在核心位置。Facebook可能正在以負面的方式重新定義民主，它是一種選舉武器，可以用重複的訊息相當精準地鎖定眾多特定群眾，並利用心理測量分析，預測可能的偏好或偏見。英國脫歐運動和唐納‧川普都宣稱，Facebook幫助他們贏得選舉的勝利。

　　城市必須保持警覺，確保它們的重心和價值為人悉知，因為數位產業已發現城市是一個重要的新興市場。重點是，我們不應該只談論新的硬體基礎建設，更應該賦能給民眾，成為「聰明的市民」（smart citizens）。

　　不可否認，打造更以市民為中心、更在地、更方便或有效率且無縫連接的生活，等於無盡的承諾和機會來改善我們的生活品質。就像所有的新科技一樣，這些積極因素也帶有風險。它們既有解放性也有潛在的侵略性。最緊迫的威脅，包括受演算法的控制或監視器的監視，苦惱於如瀑布般不斷衝擊我們的數據，或是智能機器人造成的失業潮。

　　通訊革命已經打破公共領域的數據壟斷，每個人都能用他們的設備獲取知識。數位化解放了意見和運動的動員力，阿拉伯之春、華爾街占領運動、義大利的五星運動（Five Star Movement）及西班牙的我們能運動（Podemos）都是案例。策略性的都市計畫，譬如「停車日」（parking day）、「餐廳日」（restaurant day）、「更好的街區」（better block）或「游擊園藝」（guerrilla gardening），都源於同樣的精神。社群媒體達人通曉如何能不用實體集會來團結市民。他們改變了城市和市民溝通與決策的方式──這些都是公民積極行動的基礎。這善用了社群智慧，把歷史和社區責任交付給公共管理部門，由它們來生產各種服務，其意謂一種透明性滲入文化的文化轉變。

城市經驗

　　數位化城市有一種誘人的特質。它輕柔地吸引你進入它互動式的網絡，透過手指滑動或點擊，你就會心滿意足──而且立即見效。「這裡」是無所不在的Wi-Fi，我

們在這世界的「這裡與那裡」輕鬆遊走，不僅是在地與全球，也是真實與虛擬的。行動設備提供行動力，所以我們可以在飛行中工作，獲取最新訊息，而龐大的網路圖書館永遠提供無數的知識資源。每一個社會團體都在參與，而那些沒有根據地、完全在移動中運作的人，成為數量增長中的少數團體。大多數的工作可以在家或工作場所完成，即便是巴士與卡車司機、護士、商店店員、牙醫師、博物館員或建築工人，也擁有相同的數位資源。實體會議地點所扮演的角色同樣有所變化，它比較像是回報總部（touch base），而不是持續性地待在那兒。

即時可用數據的流量、速度和種類，結合**「隨時、隨地」**現象，改變了我們和空間、地點、時間的互動方式。儘管虛擬互動日益增加，但是地點卻較以往還更重要，因為人們需要實體空間，讓自己有所依附。公共領域的重要性急遽上升，而且隨著工作模式的改變，聚會的地點、尤其是第三空間，也有不同的意義。這個感應化的城市外表看起來大致相同，但其運作和表現卻相當不一樣。舉凡 Airbnb、Zipcar、Uber、Lyft 或 Bridj 這些共享經濟，都重新構想了城市的移動與接待方式。

這樣的城市是透過它的每一根存在神經進行交流。它是動態的：交通號誌會動、廣告牌能講故事、資訊看板提供訊息。它有電影般的特質；你感覺自己在飄浮，然而建築依然是相當堅固的。隨著聚會和第三地點的增長，機緣發現（serendipity）被有意地安排，穿插其中，以強化其連結性。這改變了我們的工作環境，讓「一卡皮箱」的工作方式（portfolio working）有更多優勢。

數位化的城市景觀，讓全球品牌主導我們的感官和視覺經驗。因為感官過度刺激及超過承載的危險，對城市居民帶來情感和心理上的負面影響。一些城市如聖保羅、巴黎和東京，現正試圖抑制這種擴散，以找回公眾利益。越來越多藝術家受邀，創造能引發城市體驗的裝置與活動。我們看到建築物變身，偶爾會以顛覆、臨時性的元素來吸引大眾目光。這樣的城市品牌推廣，在夜間尤其有特殊魅力。公部門為提供有用的資訊相互競爭，從交通運輸時間表、污染監測、天氣報告、活動或警告訊息等。墨西哥市已開始採用藝術品做為資訊看板，來減少紊亂的狀況。

「智慧」城市

「智慧城市」的概念有強大的修辭學在後面，它是用資訊和溝通能力來提昇和降低資源使用的績效。它最初是由大型科技公司所提出，認為城市是重要市場和產品與服務的大宗買家，好讓生活變得更方便、更效率、更安全，能自我調節且可預測。

這些公司當時飽受批評，因為它們沒有顧慮到市民的參與。這顯然是免費使用的數位環境被丹・希爾（Dan Hill）*11廣泛理解後，稱之為由IBM、思科（Cisco）、奇異（General Electric）、西門子（Siemens）、飛利浦（Philips）和Google、Yahoo等搜尋引擎所領導的「城市智能產業園區」（Urban Intelligence Industrial Complex）。

「智慧」（smart）一詞如被過度濫用會招致危險，但若沒有聰明的市民，就不可能有智慧城市的存在。

更聰明的城市是包容的場所，它利用科技和創新來增強、帶動及善用市民的參與。引導市民理解並超越科技：它能透過新的治理和透明工具（如生活實驗室〔living labs〕）延伸到共同創造的理念和解決方案，經由對創業者的支持與空間提供，把市民的想法納入都市規畫。成功的智慧城市能促進市民和當地團體的參與、共同創造和生產。（歐洲城市〔Eurocities〕，2015）。12

恩荷芬的智能照明策略，創造了感應式的街道，以創新的輔助工具幫助失智的病人。阿姆斯特丹的「請求社會感應」（social sensing on demand），讓市民能對剛出現的問題提出反饋，諸如可能的洪災到壞掉的人行道，巴西庫里奇巴（Curitiba）的防污染設備也是如此。巴塞隆納的智能垃圾桶計畫，透過感應器傳遞訊息給司機，讓垃圾車只需清理已滿的垃圾桶。

社交與分享

每一種溝通的媒介都會改變城市及我們互動的方式，每一次轉型都會增加社交或網絡連結能力。而網路與社群軟體興起提供的諸多選項，並沒有減損我們搭火車、開車或打電話的能力。重點在於互動的品質。隨時掛在線上所帶來的社交生活，是否因為豐富了我們的生活經驗，而補足我們的離線世界（offline world），或取而代之，讓我們失去什麼呢？然而面對面的溝通能提供我們必須的實體和情感聯繫。

對社區的渴望沒有改變，改變的是它表現的方式——較不受限於家族與少數外人那種傳統實體社區的概念。更加遊牧的生活，使得我們以多種方式連結與認同自己，更多時候是以我們加入的網絡，而非傳統的連結來定義。在遊牧世界是由網絡定義社區。即便在負向網絡（negative networks），不受歡迎的人也能輕易地找到彼此。

---

* 譯按：全球性企業奧雅納（Arup）數位工作室的負責人。

在這個變動的景觀中，地點至關重要——它提供依靠、歸屬、機會、連結，還有（可能的話）靈感。不管是在線或離線，網路空間和在地空間結合在一起，成為我們的身分，形塑重要性，並創造有意義的生活。這也同時體現了城市運作、被設計和引導的方式。從人行道到長椅、小型公園（pocket park）和設計良好的景觀區域，而公共領域的重要性顯著地提昇，第三地點亦是如此，如非正規的咖啡廳（瑞伊・歐登伯格〔Ray Oldenburg〕，1999）[13]。它們對於社區的建立非常重要——既公共也家常，而且總有免費的 Wi-Fi。更強的連結訊號與更快的網路，已經讓人們得以像遠距工作者一樣，在家或在行進間工作。第三地點做為接待與可親近的空間非常關鍵。**聚在一起的獨處亦有其力量**。在未來，城市的共同經驗將會變得更重要。由於溝通管道的多元已成常態，集體共享經驗的重要性正在增長。因此，節慶文化和藝術操作的展覽活動，成為城市文化越來越重要的一塊。第三地點透過線上社群，也同樣存在於虛擬領域，它的特質和實體社區相同，但相對地遠離社會地位的成見，是一大利多。從基因上來說，我們有社交傾向且越來越受視覺性社群媒體所吸引。世界正從文字主宰和書信溝通的方式轉向視覺，科學家們尤其強調「圖優效果」（picture superiority effect）。進步的圖像識別軟體連結到人工智慧，而自學系統讓視覺處理變得更加容易，這解釋了以影像為基礎的社群媒體的崛起及結合視覺與文字的訊息圖表（infographics）的能量。網路把我們連結到無限的世界，但卻可能超越和侵擾，造成認知超載和影響集中力、分散注意力，使我們與生活脫節。說故事成為有力的工具，它帶動大腦運轉，刺激連結思緒和敘述因果的慾望。

數位生態系統

數位科技是一種革命性的力量，這力量需要被引導至我們市民和城市希望發展的方向。這需要一種道德的定位來引導政治、政策和投資，這樣就應該能解決全球和地方真正重大的問題。為了保有這股創新力量的最佳動態，需要提昇它在治理政策中的位階，並提出兼顧公平、透明、公開與隱私權的獎勵架構。這樣的平衡行為必須小心地遊走於鼓勵、賦權、支持和抑止、削減與控制之間。它包括：保護隱私並允許民眾管理自己的數據內容；有意識地持續平衡公共與私人利益；培養共同創造的新市民文化；為有互動介面與沉浸式數位環境的傳感城市（sensorized city）建立規範[14]；透過一個敏捷組織型態創造混合夥伴關係的「思考大腦」（thinking brain），學習解讀遠端的微弱訊息；最重要的是，發起一個龐大的數位能力計畫。90% 的工作需要資訊與通信科技（ICT）技術，但我們需要的不只是功能性的 IT 技術，而是更豐富的文化學習，以適應數位驅動的遊牧世界，並且理解它背後隱藏的危險。[15]

▲ 等待重新開發／里斯本

城市的回歸

　　把這些元素交織在一起，你就擁有一個可稱之為遊牧的城市。城市一直都是交易、權力和人才資源的中心。然而在遊牧時代的前提下，我們很難想像在上世紀七〇年代時，生意和商業以極快的速度遷往郊區，人們擔憂城市可能遭遇無法回復的衰敗。導致城市荒蕪及產業衰退，並開始往遠東遷移。請謹記，紐約在 1975 年幾乎瀕臨破產。

　　從八〇年代開始的轉型，出現了知識經濟帶頭的重大現象。這預示了數位化的世界。**城市被「重新發現」**，因為它的學習資源、助於交流和進行交易的能力，它的文化機構和更豐富的藝術生活與活力，現有的建築與基礎設施及交通鏈結，**再度施展了它的萬有引力**。城市被視為可能性的加速器。城市是一個密集的通訊系統，不易在其他環境中複製，這些是開創者想要的東西，也是不管在地人或遊牧者都在追求的。在這樣的背景下，出現了「創意城市」的概念，它描述在劇烈變動的世界中，如何創造讓人們以想像力思考、計畫和行動的條件，以便為棘手的問題找出解決方案或發現機會。它最初側重在創意、文化、歷史遺產、藝術或設計對於城市發展的價值。城市一旦被重新聚焦，就會啟動龐大的都市再生進程，拆除過去讓城市為專業服務相關的產業、辦公室和住宅開發做準備，但這往往導致價格飆升，而排擠掉原住戶——其實就士紳化*的過程。因為老社區被撕裂或取代，所以結果經常是負面的。

　　在士紳化過程中取得好的平衡，是都市發展中最艱難的困境之一。

　　都市規畫者和地產開發商，因此自覺地在都市發展**中嘗試模仿運作良好的城市，重建混合用途和高度互動的都市風格與品質**。工業時期促成了很多分割的土地使用規畫，好把骯髒和不那麼健康用途的與住居和休閒分開。在更乾淨的知識經濟中，這樣的區分顯得沒那麼必要，並且開始出現居家、辦公混合使用的新配置。

---

* 譯按：亦可翻為「都市更新」。

▲ 高雄駁二

　　同步進行的，還有廣泛的改建工程。**世界各地，數百個舊倉庫**、啤酒廠、火車、巴士或消防站。水泥、煤炭、紡織、菸草或鋼鐵廠房、舊市場、軍營或比較老舊的工人階級區，都被改造為文化或實驗基地、育成中心和公司繁殖場，並做為更大區域都市更新的樞紐。

　　追求時尚的人稱它們為工業風（industrial chic）。想想鹿特丹的創意工廠（Creative Factory）、里斯本的慢讀書店（Ler Devagar）及其隔壁的文創特區，或是底特律的羅素工業中心（Russell Industrial Centre）、赫爾辛基的電纜工廠（Cable Factory）、萊比錫的紡織廠（Spinnerei）及多倫多的玩具工廠（Toy Factory）。世界各地的創意專業者和遊牧者，平面設計師、軟體工程師、應用程式開發人員、藝術家或演員都被吸引到這些地方。他們的短暫存在，成為城市活化的先鋒，過程被完好記錄，但最終引領至士紳化的結果，因為價格不斷上升，而迫使這些創意工作者遷離。的確有一些地產開發商會特別誘導或鼓勵，藝術家及其他創意工作者遷入沒落的區域，並利用他們來觸發再生的進程。接下來通常會有咖啡廳和餐廳受到波西米亞氣氛與低租金的吸引跟著進駐，然後是年輕的專業者，隨著時間推移改變了整體的氛圍。

這個過程最早由莎朗・祖金（Sharon Zukin）記錄下1970年代紐約的變化。

奇怪的是，那些**曾經是惡劣工作條件的同樣地點，現在卻以「新」和「潮」被大力頌揚**。這些結構為什麼能產生共鳴？它們在一個新穎事物逐漸吞噬記憶的年代，散發記憶和歲月的光輝，而實體上它們的空間夠大，允許靈活與有趣的架構存在。如同知名的珍・雅各布斯所說，「新想法需要老建築」。

問題是，全世界的這些老建築大多已翻新或遭到毀壞。城市規畫者正面臨新的挑戰，得在沒有實質空間的狀況下去創造這些氛圍。

轉型與改變

四個我個人的經歷，把全球巨大的士紳化問題帶到我（住在倫敦、工作與生活在柏林、也同時在里斯本和檳城的喬治市工作）面前。士紳化到某種程度是好的，它可以帶動持續發展的活力，並改善環境，但到達臨界點後，它就可能擺盪到負面的那一方。就某方面來說，城市能因此吸引外國人，並成為遊牧者的樞紐。

2017年7月14日，《金融時報》（Financial Times）一篇關於倫敦布里克斯頓（Brixton）的文章，極具象徵意義。它解釋了我們在柏林、里斯本和即將在卡薩布蘭卡，甚至是孟買的嘎拉庫達（Kala Ghoda）、墨爾本的菲茨羅伊（Fitzroy）、台北的松山所見證的士紳化過程。或是如某代表性部落格所描述：

> 在舊金山是教會區（Mission）、紐約是東村（East Village）、柏林是十字山（Kreuzberg），而在南韓蓬勃發展的首都首爾則是弘大區（Hongdae）——它們是必訪的社區，也是趕時髦者之所趨。

是的，這太真切了，無疑也是為什麼我在柏林看到寫著「趕時髦的人都是王八蛋」的T-shirt時，不禁莞爾。

倫敦和布里克斯頓

1980年代初期，我住在倫敦布里克斯頓區的瑞爾頓路（Railton Road），靠近大衛・鮑伊（David Bowie）的出生地。它被稱為前線陣地，一個你從來不會去的地方。布里克斯頓有豐富的歷史，它自1948年以來就是黑人文化的大本營，當時遊輪

疾風號（Windrush）帶來了移民（大多是退役軍人），到英國從事英國人不想要的工作，譬如地鐵和鐵道。這個疾風世代（Windrush Generation）建構了一個強大的社區，他們在疾風廣場聚會。該世代看到艱困的環境，他們的小孩也經常被歧視，機會受限，更受到毒品的殘害。不久後，因為失業及警察對黑人青年的歧視，在邊界時有突發狀況。之後更受到社會與經濟不穩定的影響，1981年爆發首波衝突，1995和2011年再度引爆。

轉角處有一個地方叫做詩人角（Poet's Corner），因為相交的街道名稱是以詩人彌爾頓（Milton）、史賓賽（Spenser）和喬叟（Chaucer）命名，它現在是一個熱點（hotspot）。附近還有共同工作空間（coworking space）和像Impact Hub（社會影響力製造所）＊這樣的育成中心，以及大量的數位遊牧者。

Impact Hub2005年在倫敦開始推動，現在全世界已有將近一百個中心和一萬五千名成員。現在的布里克斯頓，兩房公寓要價五十五萬英鎊，房子則要一百五十萬。在過去五年間，房地產價格已上漲了76%，而且還在持續上揚。隨著都市更新的迅速拓展，當地人抱怨無力負擔房價，認為這個地方已經不再屬於他們了。對手頭較寬裕的專業者或成功的演員來說，這裡比倫敦其他地方便宜，而且前往金融中心很方便。為了要開始置產，許多人需要父母親的幫忙。他們帶來優雅咖啡廳、特色酒吧和時髦餐廳的浪潮，昔日的炸魚薯條悄然消失。十五年前來這裡的人，也許沒這麼多或感到幸福，儘管附近優雅的克拉珀姆（Clapham）是不錯的區域。

當布里克斯頓的高街（High Street）被均值化，地方獨特性逐漸喪失，但也有像湯姆‧沙赫利（Tom Shakhli）這樣的人，創立了大西洋路咖啡館（Atlantic Road Cafe），並發行了布里克斯頓鎊（Brixton Pound），那是一種類似布里斯托（Bristol）和我現在住的斯特勞德（Stroud）發行的本地貨幣。布里克斯頓鎊現被當地兩百家商店接受。

根據《金融時報》的報導，在顯眼如星巴克的連鎖店外，也有一些不那麼引人注意的店家悄悄進駐。它們看似獨立，其實不然，譬如佛朗哥曼恰（Franco Manca）就擁有三十八家分店。它從一間傳統市場起家，然後被披薩快遞（Pizza Express）的執行長收購。艾芙拉聯誼會（Effra Social）看似很獨特，但它其實是安逖卡（Antic）餐飲集團經營的四十四家連鎖酒吧其中之一。「我喜歡它藝術、獨立、文化的氛圍。」

＊ 譯按：在台也有分支，這是唯一找得到的中文名稱，但其官網還是以英文名稱為主。

◀ 倫敦尼爾氏香芬庭園（Neal's Yard）

其中一家餐廳老闆說道。然而這又是無法避免的兩難困境。你需要一點士紳化，好讓區域有所發展，只是一旦達到某個端點，價格就會攀升，然後就會破壞原本想去體驗的感覺。

以柏林為例

1989年柏林圍牆的倒塌，是這個城市在行銷上最有利的賣點。同樣重要的，還有數百棟無人使用的廉價大樓，尤其是靠近過去邊境的無人地帶，其中大概有一百二十棟在尚未合法化前就被擅自占領了。一位富有創造力的官員佑泰・懷茲（Jutta Weitz），是它的幕後女英雄。她當時代表柏林住房協會（WBM Wohnungsbaugesellschaft Berlin-Mitte）處理工業地產，並熱中於協助藝術界。「暫時性使用」（Zwischennutzing）是其關鍵策略，因此許多有趣的廠房最終成為溫室，其中最有名的就是結合了工作室、工作坊、夜店和電影院的塔荷勒斯特區（Tacheles complex），外面的花園還有金屬雕塑的露天展覽。它和其他類似的嘗試，創造了充滿活力的另類場景，讓柏林成為藝術家在歐洲必訪的熱點。想當然耳，歷經二十五年的發展後，有新的地點出現了。萊比錫附近一個被稱為嬉皮城（Hypezig）的地方，房租相對便宜，舊紡織廠（Spinnerei）是它的觀光地標之一。

一個經常被遺忘的重要因素，是早在1949年6月20日，美國軍事總督法蘭克・豪力（Frank Howley）將軍同意西柏林旅館業發言人漢斯・齊勒馬耶（Obermeister Heinz Zellermayer）的提案，啟動二十四／七許可令。豪力也說服他法國和英國同僚接受這個想法，柏林因此成為歐洲唯一可以四十八小時不間斷飲酒作樂的大城市。這吸引俱樂部文化如雨後春筍般蓬勃發展，尤其在狄米堤・黑格曼（Dimitri Hegemann）把電子舞曲從底特律帶到柏林後。他創立了重要的「金庫」（Tresor）俱樂部，其他有伯格罕（Berghain）緊隨其後。即便在今日，我們仍可看到許多人搭乘如易捷（Easyjet）或瑞安（Ryanair）等廉價航空，從西班牙、義大利、北歐國家或更遠的地方來此「解放」。

把時間往後推二十年*，柏林再度成為德國首都，並扮演它的新角色；再往後推十年，它基本上已成為歐洲的首都了。這個城市已從當年克勞斯・沃維雷特（Klaus Wowereit）市長所說「柏林很窮，但很性感」（Berlin ist arm, aber sexy）的口號走出

---

*　譯按：應指1989年後。

來了。雖然它沒有像慕尼黑、漢堡或法蘭克福的經濟能量，但世界正在關注它。柏林的歷史、古蹟及其對文化設施的廣泛投資是其中一個原因，而它做為政治首都和新創（start-up）中心的吸引力更是關鍵。更重要的是，全球有相當於二十兆美金的熱錢正在四處流動、尋找適當的標的，哪裡會比時髦的柏林更好呢。這當中也包括逃離俄羅斯、中國和中東，尋求避險的資金，這對當地的影響非常強大：截至2016年的十年間，房租已經上漲了70%。[16]越來越多人購買公寓，把低收入的租戶趕了出去，而且還有投資集團進行大規模的組合式收購。[17]房地產價格在過去十年，平均翻了一倍以上，在一些特定的區域，如普倫茨勞堡貝格（Prenzlauer Berg）、夏洛特堡（Charlottenburg）或克羅伊茨貝格（Kreuzberg）尤有甚者。[18]有人說柏林是房地產投資客的黃金國（Eldorado），很多人是購買股份，連房子在哪兒都不知道。

然後是共享能量撼動了房地產市場的根基，譬如Airbnb，已經降低了城市裡可負擔住房（affordable housing）的取得性，一些專業主人更握有城市裡十幾件地產。政府的一項研究指出，在米特區（Mitte）威廉大街（Wilhelmstrasse）的一棟建築內，三百間公寓就有兩百八十間是租給短期造訪的旅客，因為短期租金的獲利較為可觀。這就降低了可提供給當地居民的住房，並帶動整體租金的上漲。柏林當局估計已有一

▼ 底特律都市更新工作坊

萬五千間公寓脫離市場，專門服務觀光客，因此，2014年他們制訂了稱為「禁止挪用」（Zweckentfremdungsverbot）的法律，禁止濫用所有權，進行短期租賃。

人們仍舊可以把家裡的房間出租，只要不超過一半以上的樓地板面積。屋主也可以申請正式許可來短期出租整間公寓，但必須提出這麼做的必要理由。最關鍵的是，核定的租金不能高過該區域每平方米的平均租金價格。柏林用這項設計來抑制Airbnb出租家用住房失控成長的法律，在法庭上受到挑戰，但柏林的行政法院最後維持了這項法律，說出對某些人相當具革命性、對某些人卻深感寬慰的話，「所有權的保證，並不表示自用房產可被用來期待獲利。」**世界的其他地方將關注該判決帶來的長期影響**，以及哪類型的法令可適用於共享經濟的邏輯，又能同時鼓勵其發展。在歐洲層面，歐盟委員會希望能解除影響共享經濟發展的法律障礙，但這也可能同時摧毀社區樣貌，正處在進退兩難的複雜狀態。但如同史蒂文‧希爾（Steven Hill）在《全球主義者》（*The Globalist*）一書裡所述，Airbnb非常難以監管，因為它會試圖鑽法律漏洞。[19] Airbnbvsberlin.com[20]提供了豐富的證據和圖表，詳細說明Airbnb如何在該城市裡運作。

柏林仍有法律來抑制像是在倫敦、紐約、雪梨或上海那樣的瘋狂房地產炒作。除了租金上限外，地產開發商不能買了房地產就擅自變更其用途，更不能把房地產閒置在那兒，再伺機買賣。

里斯本＆誰是下一個

類似的動態是一種全球現象。以里斯本為例，它被許多人視為「下一個脫胎換骨」的新潮首都。其資產很清楚：悠久的歷史、過去帝國和全球的聯繫、相對安全的地方、天氣晴朗和被「低估的」地產價值，還有蓬勃的新創文化，一些育成組織如「Second Home」就在那設了基地。瑪丹娜（Madonna）在那買了一棟房子，並到處宣傳，然後是菲爾‧柯林斯（Phil Collins）也上了新聞。對比一下西亞多（Chiado）或自由大道（Avenida de Liberdade）周遭區域的現況與過去，手套店消失了，取而代之的是漢堡王（Burger King），老咖啡館變成星巴克，然後各大品牌尾隨而至。下一個消失街區的會是誰呢？雅典？因為它有歷史，便宜嗎？因為它氣候溫暖嗎？除非房產炒作受到抑制，不然未來二十年陰鬱的場景，會是世界上二十五個樞紐城市和成功的二線城市分裂為兩邊，或是倒退為三線城市：有錢人住在良好管理的環境；中階的人努力保有自己的財產；另外還有一大群混雜背景、更不富裕的族群，其中包括無力置產、父母親又無法幫忙的年輕人。

北京

上述的三個案例都是歐洲的大城市，但這也發生在全球和一些較小的地方。北京的南鑼鼓巷是它最知名的胡同（住宅區裡的狹窄巷道）。十年來，它已經從一個僻靜的生活小巷變成觀光熱點，完全無法避開自拍的人潮。如同其他地方，它一開始只是有藝術家遷入，然後是畫廊，再來是一些特色商店，而且很可能是外國人投資的，接下來因為 2008 年的奧林匹克運動會，人們在尋找當地特色時，意外發現了它的時尚，2013 年星巴克也搬進來了。人們開始尋找新鮮標的，突然間，五道營——「北京的新潮胡同」——就被追捧為下一個南鑼鼓巷。胡同具有親近、稠密的特性，因此很容易和志同道合的人產生連結。不幸的是，在北京揭竿起義式的開發中，已有數千條胡同被拆除。如果當初可以留下更多，僅存的那些區域就不會看起來像是觀光陷阱（tourist traps），被人潮擠在胡同有限的空間裡，動彈不得。*

---

* 譯按：原文對應到捕鼠器 mouse trap，意指觀光客被卡在胡同裡動彈不得。

檳城

不一定非得要如此。以較小的城市，檳城的喬治城（George Town）為例，就有超過一千間相對落伍的商店。馬來西亞很多元的一部分，在於它歷史上的貿易路線，因此成為一個知識中心和中階的精密技術製造據點。然而它的菁英都去了像新加坡這樣的地方，如何吸引這些僑民回來，因此成為挑戰。[21]

這裡因為被聯合國教科文組織（UNESCO）指定為世界遺產，啟動城市再生，同時也帶來一定程度的保護作用，勞倫斯‧羅（Laurence Loh）居中扮演極關鍵的角色。另一個關鍵則是由國家投資機構「國庫控股」（Khazanah）漢姆丹‧馬菲德（Hamdan Majeed）所發起的喬治城轉型計畫（GTTP－George Town Transformation Programme），我亦參與其中。這兩個方向都在2008年啟動，為2009年推出的Think City*計畫奠定基礎。它企圖以幾項協議的角度，進行為城市重拾生機。如同其獎助章程所說：

> 你被賦予改造你城市的權力，我們這樣做是因為我們相信，透過小規模的正面擾動行為，可以創造重視文化遺產、把永續性視為其核心價值的城市，造福所有人。

該計畫旨在透過公民社會活動動能的建立和私部門發起的計畫，增進社區能力，推動城市再生。這個計畫已經成功地再創喬治城的興盛，促進商店的翻新與保留，把人潮帶回來。[21][22]

然而，危機總緊隨而來。如此的發展，吸引了觀光客和外國人及其資金，許多的開發讓喬治城變得更好，儘管小型精品酒店對當地人還是遙不可及。其中表現最積極的當屬「世界級地產」（World Class Land），它是新加坡利華控股（Aspial Corporation）旗下的地產開發公司。它試圖在世界遺產指定區周邊、法規較寬鬆的緩衝區，收購兩百間店舖來蓋兩棟毗鄰的六十五樓層高摩天大樓，當地人因此會被趕了出去。而這正是Think City的下一個挑戰：從被補助者變為另一種開發模式的倡導者。

土地與投機

每個受歡迎的地方都必須回應士紳化的活力，以及如何保留它最佳的面向，如提昇公共空間的品質。價格最終只能透過土地的控制，或增加它的公共利益。原則上，

---

* 譯按：馬來西亞推動的這項計畫無中文名稱，我傾向以原文出現，如需中譯，可作「異想城市」。

▲ 金邊的都市更新工程

任何地方價值上揚的比例，應該要低於該地的利率，並鼓勵投資房地產之外的事物，甚至包括已經建成區域的空地和待開發的土地。德國的建築法規一六五至一七一條，便鼓勵快速地取得空地使用。這是為了要活用土地和鼓勵對城市開發的投資，尤其當對住房、工作空間或公共建設的需求增加時。土地價值的相對提昇，則有助於評估後續的發展。市政府在價格低時購買現有土地，使用其價值，然後在它帶動其他未開發部分的價格、並有新的規畫後，出售土地。其中獲利則用來資助社會的基礎建設，例如學校、停車場和綠地。地主可以反對公共徵收，如果他們願意按照規畫進行開發，如此一來，市政府則會獲得一些補償。

　　基金會和慈善機構也會購買土地，使其脫離房地產市場。伊斯蘭世界的瓦克夫（waqf）就是常見的例子，是伊斯蘭法律下不可被侵犯的慈善捐贈。一般來說，是以

慈善為目的所捐贈的一棟建築、一小塊地或其他財產，並且沒有打算要取回。這可能有宗教的前提或像檳城的喬治城那樣，提供平價的住所。有各式各樣的基金會已在其他地方做過一樣的事，例如瑞士的伊迪絲・瑪麗安基金會（Edith Maryon Foundation）就在柏林購買了很多，其中最有名的當屬金斗啤酒廠（Kindl brewery）及眾所熟悉的另類聚所「巧克力」（Schokoladen）。另一個瑞士基金會阿本德羅斯（Abendroth）則貸款給都市村落「木材市場」（Holzmarkt），那是一個沿著施普雷河（Spree river）發展的社會企業。[23]柏林市的克羅伊茨貝格區正試圖買回之前被私有化的地產，以便保障未來的社會用途。其實所有的大城市都正在經歷類似的困境，並任命一位土地顧問來搜尋全球的最佳範例——他是尼古拉斯・福克（Nicholas Falk），URBED城市設計與研究諮詢公司的創辦人。[24]

◀ 波哥大（Bogota）黃金博物館

遊牧迷因與創造力

　　遊牧時代其實更像是迷因而非意識型態。迷因，如同其發明人理查・道金斯（Richard Dawkins）所說，是一個想法、行為或風格，從一個人影響到另一個人，逐而形成一種文化。**迷因就像一個活的有機體，它嵌入和體現的思想，已滲透成一種文化**，並透過傳播、談話或共同儀式，從一個人的思維傳到另一個人。

　　被遊牧文化吸引的人和那些對創意或智慧城市思想有興趣的人很類似，而且許多特質都是相同的。他們需要能讓他們保有好奇心的環境，而且好奇心是受到鼓勵的。他們深信這能激發想像力，是更有趣生活的土壤。他們想要富有創意力的文化，或是一個創意的氛圍和街區，甚至是創意生態，因為如果城市不能到處都有趣，起碼要有些象徵性的地方是。

創意街區

　　吸引行動族群的成功地點，通常包括「遊牧規畫」（Nomad Planning）從最佳和傳統實踐者所歸納出的一些特質：在地熱潮和全球路線之間的良好平衡；有多元建築風格的老舊紋理，街道的規畫易於親近、多樣，並且未受知名品牌或連鎖店所支配，建築也有不同歷史年代、甚至是當代的樣貌；整體氛圍在視覺與活動方面，創造出多層次的體驗，包括結合親密與代表性，一點破舊但又有翻新的潛力；一個開放、多元和混雜的環境，有不同的文化和從餐館到文化中心的各種生活體現；它在某種程度沒有太自覺性地精心安排與規畫，所以能讓未矯飾的真實性（authenticity）發展與顯露；有各種不同的工作結構及不同價格範圍的生活選擇，確保創業者和年輕的創新工作者有工作和居住的地方，已經穩定的老手亦有安身之處。便宜是關鍵。

　　它的實體環境總的來說，結合了高品質的日常和時有突出表現的小地方；結合古蹟的老舊紋理混合新的挑戰；如果街區裡有地標，很可能是一棟再利用的工業建築；為了提供工作、研究、生活、消遣和放鬆，良好的使用組合是必要的，也有一些建築具有靈活的結構，以調整其用途。**以人為本的發展非常重要，它鼓勵互動**與交融，各式各樣的第三空間則可供交談、飲食和休憩。另一種平衡則在生產設施和消費之間，街區因此有了從構想、學習到生產及至消費的完整價值鏈。

　　最好的街區結合了商業與非商業的活動與用途，譬如研究中心、公家單位、非營

利組織、文化機構及獲補助的低價空間。這裡有熱鬧的主流和另類場景，涵蓋商業與非商業、豐富的文化設施，例如畫廊或成功融合傳統與創新的博物館。整體來說，臨時性的裝置與特殊的活動，有助於營造趣味性和幽默感。

如果我們正在審視一個明確的區域，它很可能會需要一個公共的管理架構，如當地政府或公私立部門合作的夥伴關係或發展機構，用以提醒並確保在士紳化過程中，價格與文化方面能有良好的平衡，且易於取得。

這也同時滿足行銷與推廣的架構需求，以確保適當的活動內容。然而隨著時間演進，可能會越來越沒必要，因為自發性的活動會取而代之。確保街區動向，能透過城市設計或活動清楚傳達，是非常重要的。

我的同事強納森・海姆（Jonathan Hyam）和我試圖探索如何去評量這些有趣的地點，最後和畢爾包都會三十（Bilbao Metropoli 30）合作，發展出「創意城市指數」（The Creative City Index）。[25]我們相信這是一個能讓城市去探究的有用工具。已經有二十五個城市進行了詳細的評量，該方法著眼於四個方面和特定領域，說明城市如何：

培養並確認它整體的創意潛力，並加強它的文化獨特性，以生產更多創新，讓城市因此變得更與時俱進。這部分評估了：
　　　　開放性、互信、可親近性和參與度
　　　　各級人才發展和學習環境

鼓勵並支持如此的創造力，讓機會與前景能因而最大化。其評量著眼於：
　　　　政治與公部門架構及其法規和獎勵機制
　　　　策略領導力、靈活度和遠見
　　　　專業度和確實性

開拓和善用其專家、人才和志向。這一部分的評量關乎：
　　　　企業家精神、冒險精神和創新能力
　　　　溝通、連結和網絡能力

城市實體的生活體驗及鼓勵創意潛能的活動，它評量：
　　　　特色、多樣性、活力和表現性
　　　　地點和空間品質營造
　　　　宜居度和舒適性

　　該指數既是主觀也是客觀的評量，而且和其他城市評估的方式有極大差異。這很有價值，因為它會帶出其他評量不會出現的問題。舉例來說，如果結論發現信心或合作是癥結所在，卻沒有一個部門能對此負責。整合性的方式也同時確保我們把城市做為一個整體來看待（不僅透過一個角度）。它結合經濟、社會和文化，並檢視法規和獎勵機制，如何能提供讓城市用想像力思考、規畫和行動的環境。

　　這個評量著眼於創新活動，其調查光譜包括個人、公司、產業部門與群聚、城市網絡、城市做為不同組織文化的混合物，以及做為區域的一部分。它檢視民間、社區、公部門的創造力，以及教育、不同的商業領域、藝術與文化環境、特定產業部門，還有能幫助城市變得更繁榮與幸福的機構和科學。它凸顯跨領域的工作是非常重要的，因為機構自成孤島是無法有所發展。不同程度的跨部門創意工作與組織間的網絡連結，能產生巨大的影響，這點從大學與當地社區的創新夥伴關係，和連結所創造的附加價值，可見端倪。檢驗影響創造力生產的障礙是非常重要的，這關乎思維方式和行為的改變。人們越來越理解到，要凸顯障礙本身，就需要創意的行動，這和找出最佳實踐同等重要。這也指出當今最大的悖論之一：創造力議程的崛起及厭惡風險文化的日益興盛。

　　鑑於現在更多的遊牧者，對於他們想去的地方有更多的選擇和行動力，實體的環境、氛圍和氣氛變得非常重要。它是活動發生和發展的舞台、容器或平台。它產生了場域（milieu）與環境。場域融合了硬體和軟體的基礎設施。一個創意的場域顯然可以是一個房間、一間辦公室、一棟房子、一群建築物、一間翻新的倉庫、一個校園、一條街道、一個區域、一個社區，甚至是一座城市。這些地點也可以完全不具創造力。因為一個場域吸引遊牧族群的原因，是因為它給使用者可塑造、發揮創意並改造成適合他們的感受，他們是積極的參與者，而非被動的消費者；他們是改變的媒介，而非受害者。這些環境雖然都是開放的，但有參與的潛規則。它們不會因瘋狂行為而變得狂野，所有的事物最終都會消逝在混亂中，但它們接受被延展的需求。不過有一個警示的但書：這樣的環境也會吸引只來消費卻毫無付出的外來者。他們借用當地景觀，咀嚼、消化再吐出來。只是當他們的數量超過在地人時，可能反客為主，模糊了在地認同。

▲ 北京街頭攤販

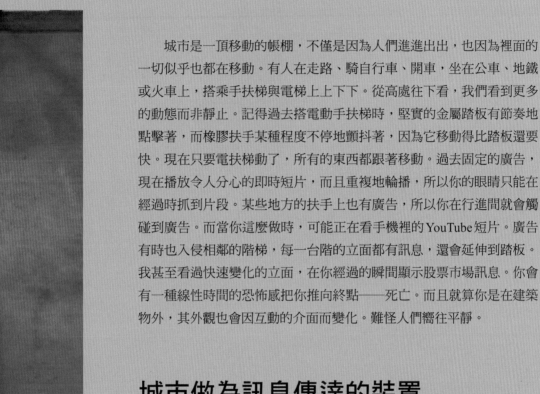

城市的感官景觀

　　城市是一頂移動的帳棚，不僅是因為人們進進出出，也因為裡面的一切似乎也都在移動。有人在走路、騎自行車、開車，坐在公車、地鐵或火車上，搭乘手扶梯與電梯上上下下。從高處往下看，我們看到更多的動態而非靜止。記得過去搭電動手扶梯時，堅實的金屬踏板有節奏地點擊著，而橡膠扶手某種程度不停地顫抖著，因為它移動得比踏板還要快。現在只要電扶梯動了，所有的東西都跟著移動。過去固定的廣告，現在播放令人分心的即時短片，而且重複地輪播，所以你的眼睛只能在經過時抓到片段。某些地方的扶手上也有廣告，所以你在行進間就會觸碰到廣告。而當你這麼做時，可能正在看手機裡的 YouTube 短片。廣告有時也入侵相鄰的階梯，每一台階的立面都有訊息，還會延伸到踏板。我甚至看過快速變化的立面，在你經過的瞬間顯示股票市場訊息。你會有一種線性時間的恐怖感把你推向終點──死亡。而且就算你是在建築物外，其外觀也會因互動的介面而變化。難怪人們嚮往平靜。

城市做為訊息傳達的裝置

　　城市是個三百六十度、全方位、沉浸式的體驗，正是如此高度多樣性和可能性，讓我們的遊牧性四處尋找，並試圖吸收。有時這是一件非常愉悅的事，你吸收事物──被打動，驚嘆創造力的表現、受到吸引，它誘惑你進入另一個世界。隨著越來越多表面改為互動性裝置時，原本硬梆梆的都市硬體紋理就跟著產生變化與動態，這些螢幕越來越大，有時也可以從自己的行動裝置來控制它的內容。你有部分的自主能力，然而，大多數的狀況下，是活躍的資本主義正試圖向你推銷東西。

反向遊牧

一百年前，不論在任何地方，如果你是工人或中產階級，買的大部分東西都是你需要的。但現在，撇開底層的那二十五億人，買的大多數東西都不是你需要的。

為了要持續下去，資本主義必須創造需求，它一定得提升欲望。它以勢不可擋的活力來讓你花錢，不然系統就會崩解了。它有其樂趣，但事實上比外表看來更加空洞。如果它不是非常誘人的話，系統就無法生存，時尚是它的名字，而且其週期變得越來越短，不斷推移與變化。它是享樂主義的跑步機，消耗你的氣力。因此，我們在城市的主要感受，越來越被訊息單向衝擊，並且無法逃脫，這就是「反向遊牧」（inverse nomadic）。不論你在哪裡，商業世界不停歇地追逐，並侵入你的私人空間。自願的遊牧生活型態給予你對生活的掌控權，卻也給你過度負擔及失控的感受，這就是為什麼我們現在是透過越來越狹窄的渠道來感知、感受和理解。那會是如何呢？是九十度或只有四十五度的差異？**遊牧世界或許意謂我們能看到更多，但在感受的深度上卻變得淺短。**

當我們需要投身到更大的世界去大展身手時，事物變得閃爍不定，個人的感官地景正在萎縮。與此同時，打著體驗旗號的商業世界，企圖以更刺耳的聲調來吸引我們的感官注意。這是透過不停的動態、音樂節拍和韻律，讓你接受到聲音或輪播的微秒廣告或影片，進入無盡的迴旋。我們通常用自我封閉的方式做為保護機制，但感知能力因此受限。在那樣的狀況下，無法充分地認識或運用大部分的感官，從而錯過了些微的差異。我們分辨噪音程度、節奏和音調，被持續的低頻喧囂所掩蓋——通常是交通。我們沒給自己時間去欣賞材料的微妙之處與品質，它們是柔軟、溫暖、滑順或粗糙、冰冷無情，或透露了歲月的神韻讓建築靜靜地說話？當我們站在市場的蔬果區前，渴望複雜與新鮮的氣味，因為它們既真實且未受污染。然而我們更常遇到彌漫在百貨公司各角落，令人興奮到爆炸的強烈香水和化妝品，它們溫暖、了無新意的氣味，飄蕩在較冷的空調中或成為暖氣房裡的一股涼空氣。

一座城市透過它擁有的每個紋理去傳達，就從它的地形、氣候和物理結構開始，然後是其氛圍與外在名聲。每件事都有其訊息。一座有筆直街道和平坦道路、棋盤式規畫的城市，如墨爾本帶給人的感受，就與有蜿蜒道路和丘陵的城市如雪梨或舊金山大相逕庭。老城市和新城市給人的感覺也不一樣，工業城市和以服務業為主的不同，內陸城市和海港城市更有差異。城市的建築物也能傳遞訊息。如果它們井然有序地坐落在街道，還有各式商店，其感受就和每幢在景觀上自成一格的建築有極大對比，不

過多數城市都是如此，比較像沒有靈魂的大型企業。規模也大有學問。這些建築是很龐大或小而親密，公共空間寬廣開闊或較為收斂能鼓勵社交。這些建築對你來說，感覺開放容易親近或總有警衛守在大門。商店是多元有特色或在全世界都可以看到的品牌名稱。文化設施是否聚集在同一個區域或散落各處。市區只有一個中心，還是分有很多區域，每一個都有自己的生活型態。郊區是索然無趣或也有在地活力。城市的感受與它的外觀都發出無數訊息，把其精神價值投射到物理性的紋理及規畫內容上。比較獨裁的地方往往令人覺得有距離且望而生畏；而思想比較開放的地方，在其硬體規畫上也會展現同樣的精神。想要朝環保路線發展的城市，也會讓對外展現它的意圖。

動態中的隱藏感受

　　城市的感官地景完全是你在城市探索、生活時感知的所有經驗。不僅僅是視覺、嗅覺、聽覺或想像你所感受到的紋理，更有看不見卻很明確的存在。城市是一片遼闊、密集的電能海域，其電波比一百年前強一億倍以上，它們以極高速的方式四處竄流。這些在城市環境裡縱橫交錯的大量電流，是看不到、感覺不到、聽不到、嘗不到也聞不到的。由傳輸線、電塔和電線桿、手機、電腦、電視、收音機、電燈、線路和家用電器所產生累積，令人頭痛的電磁場會嚴重影響身體裡每個細胞微妙的自然平衡。感知的總和是以情感來體驗的。我們如何以感官體驗的方式，決定了城市的情緒、性情、氣質和最終的個性。在反覆的過程中，這些有形和無法察覺的影響，形塑與強化我們看待這座城市的方式、我們在城市的行為及它變成的樣子。

　　透過近距離的觀看、感知和感覺，我們可以分辨一個地方的整體氛圍和特殊訊息。這些感受通常可被簡單分類為「yes」或「no」的兩種反應。留白的牆壁、無法順暢行走、毫無表情的柏油路或反射玻璃會投射出「no」的反應，傳達「走開」或「請遠離」的訊息。相反的，一條有多元在地商店的次要購物街，若再加上一個口袋公園，則會讓你給「yes」的回應，因為你的目光已經受到吸引並感到滿足。這條街說你可以加入它。透過五感的觀察、冷靜戒備，可以判斷你遇到的人是否親近、懂得尊重、開放或疑神疑鬼、緊張或匆忙。有時在沒有任何交談的狀況下，就可從人們生活的方式，來評斷城市的活潑性。同理，我們可以評判城市的興衰，一個地方是否受到關愛、它的污染狀態、它的強大性，這就是我們所說的城市知識（urban literacy）──對地方如何運作的理解。

　　然而，我們需要語言來讓這個經驗變得有意識，但語言之於感官或遊牧世界，

都不足以來描述今日的城市。除了文學人物和藝術家外,我們的語言空洞又枯燥,被專業術語制約,受到規畫和建築領域的影響尤甚。用來描述城市的語言依然受科學主導,沒有足夠的語彙能說明行進(movement)、節奏或味道與聲音——簡而言之,就是遊牧世界。我們的視覺語言主要來自於建築和城市設計,它們仍是主導城市基調的學科。其語言儘管正在擴增,但某種程度上依然著重在靜態的元素,而非整體的動能。二者相較來說,城市設計較能把城市視為一個總體動態來說明:地點、連結、行進、混合使用、街區、社區、區域、密度、中心、外圍、景觀、遠觀的景色、焦點和領地。但二者都經常把城市氛圍、外表觀感排除在外。它會讓你感覺自我渺小、讓你冷靜地反思或充滿激情嗎?它讓你封閉自我或敞開心胸呢?

超載和注意力分散

不斷刺激的圖像、聲音和文字接手我們的生活,城市本身似乎漸行漸遠。這些訊息使我們分心、打斷並可能粉碎專注力。以廣告為例,它們出現在航空公司的嘔吐袋、欄杆、階梯、電扶梯、廁所、桌子、椅子、地板、人行道,甚至透過互動式介面呈現在整棟建築物上。城市景觀有時看起來像是鑲嵌式的廣告,有越來越多廣告改為電子看板,增強動態、興奮和熱鬧感。你無法逃過任何一則廣告,而且越來越大。這促使全球禁止廣告板運動(global billboard banning movement)的興起,巴西的聖保羅為其先鋒。其市長吉爾伯托·卡薩比(Gilberto Kassab)稱廣告是一種「視覺污染」,在2007年推出了「清潔城市法」(Clean City Law),而第一年拆除了一萬五千個看板和三十萬個過大的商店招牌。儘管聖保羅至今還無法成為一個無廣告城市,但其市容已有劇烈改變。

廣告的不間斷攻擊和滲透力,是受我們在其他處的經驗所鼓勵,像是吃到飽的智慧型手機、刪不完的垃圾郵件或社群媒體、電視節目與電影出現的品牌廣告。矛盾的是,**廣告所訴求的選擇自由做為解放體驗,卻如同幽閉恐懼症一樣,讓你無所遁逃。**一個不斷重複的數字,是我揚克洛維奇們每天都受到五千則訊息海嘯的轟炸,1970年代則是每日兩千則。這是根據市場研究公司揚克洛維奇(Yankelovich)在2007年所獲得的數據,其他比較近的研究推估,現在應該落在四千到一萬則之間。

把廣告的位置換成藝術裝置是一個很好的作法,有些塗鴉更是以反傳播的形式出現。它們有時很有趣、很聰明且令人愉快,只有極少時會出現憤怒或醜陋的污損,這是都市部落在標示它們的領土。

獨特性的衰退

　　諷刺的是，儘管**遊牧世界承諾你多樣性，但最後往往給你同樣的東西**。城市的外表也許不同，但不論你走到哪裡，都會看到一樣的品牌、一樣的電影看板、一樣的車子、一樣的購物中心格局、一樣的音樂類型、一樣的建築風格、一樣的服裝、一樣的流行內容、一樣的趨勢。全球化的市場和媒體確保了這一點。然而，**反撲即將開始**，其中部分將是懷舊的、在自信出現之前先回溯過往、找回自我而非複製別人的東西。

　　在地的獨特性當然還在，例如專注於寶萊塢的大規模印度電影產業，就有與好萊塢不同的美學特質，也有不同的明星和偶像。

　　印度有我們在亞洲其他地區或歐洲與非洲都不知道的連鎖店，如Big Bazaar（大商場）或Reliance Retail（信心零售）。韓國的K-Pop和美國的hip-pop（流行音樂）也不相同。美洲的西班牙裔（Hispanic）世界有其文化傳說，而世界音樂類型，尤其是非洲，像是馬利、布吉納法索和剛果地區，在內容上都很豐富。很多國家是當地的樂團或歌手位列排行榜第一，像是發行《Life after Death》的波蘭歌手O.S.T.R.，或是在韓國，沒有幾個全球品牌可以擠入它的銷售排行。Twice的歌曲〈Cheer Up〉是第一名，但有評論者指出，「它開頭的曲調聽起來就像電台司令（Radiohead）的〈No Surprises〉。」然而，在文化的領域裡，許多潛在的模式是相似的，例如音樂的核心類型，通常是流行音樂。這些類型、風格和潮流流傳到全世界。

　　讓我們用建築、地名和零售這三個例子來描述，這個無窮想像的主題。當我們看到中國人、日本人、俄羅斯人、奈及利亞人、埃及人、巴西人對應氣候、文化和在地美學發展出的高層建築風格，就知道這超越人類智慧的表現，並非一味的浮誇與模仿。可見世界建築有相類似的調色盤，但還是有例外存在，像愛沙尼亞及其首都塔林（Tallinn）就有它們趣味的古怪設計，在阿拉伯世界也有一些現代的在地口味。而非洲的人才，如大衛・阿德傑耶（David Adayje）、弗朗西斯・凱雷（Francis Kere）、昆萊・亞德耶米（Kunle Adeyemi）、梅菲帝・馬洛傑利（Mphethi Morojele）和摩基諾・馬克卡（Mokena Makeka）則揉合了強烈非洲風味的建築美學。我們因此期待看到更多來自這個大陸的設計成果。

　　當世界以新的力量進行全球化時，我們已經見證很多遊牧的超級建築師，他們正超越自己以製作最壯觀的造型、繁殖閃閃發亮的玻璃高塔、大膽的形狀突破傳統的方

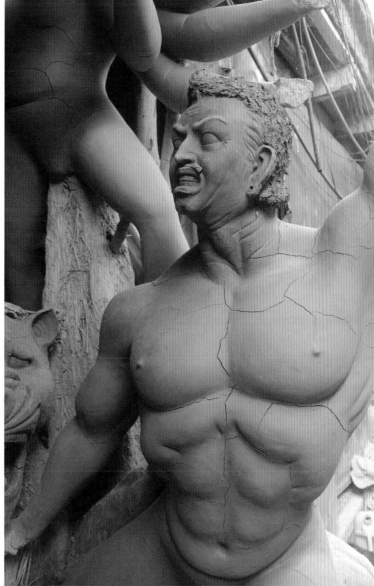

盒子格局；城市景觀裡摩天大樓爭奇鬥豔，有些有相當不錯的公共空間。他們蓋了大量的零售、娛樂或文化中心來魅惑、催眠和引誘你。**看看哪些可以禁得起時間考驗，將是有趣的**，至少它們看起來和那些侵入與主宰都市景觀單調又低質量的建築很不一樣。

這些被認為是野心的展現，但要實質上表現出野心更是複雜。看看西班牙的馬拉加（Malaga）或法國波爾多（Bordeaux），它們沒有一個「全球性」的地標，取而代之的卻是一百個良好混合與協調的創新舉措，這比一個一次性建築更加有意義。馬拉加對英國人而言，曾經是一個便宜的度假勝地，現在透過昂貴的停車場地下化工程、房舍更新，並透過像是在街道設置遮陽帆布等創意方案，把安達盧西亞的特色凸顯出來，讓它的古城風貌重拾生氣。

中國現在已正式禁止太怪誕的建築──不論是真正有趣或只是一窩蜂的流行。但這反而推動中國登上建築的大舞台。然而根據2016年中國國務院關於都市規畫的指導方針，聲明「這適用於缺乏特色或文化內容的『奇特』與『怪異造型』建設，並希望有更多『經濟、環保和美麗』的建築」。美麗是什麼意思值得爭論，也許是像北京單調結構的七環道路──希望不是。該言論針對的是北京的日出東方凱賓斯基酒店（Sunrise Kempinski Hotel）；受玉璧造形啟發、同時也是塑膠原料交易中心的廣州圓大廈（Circle）；蘇州的東方之門（Gate of the Orient）；甚至是由大都會建築事務所（OMA）和雷姆·庫哈斯（Rem Koolhaas）所設計的中國中央電視台（CCTV）總部。這也許就是世界上最高的一公里摩天大樓提案──武漢的千米鳳凰塔在2017年叫停的原因。是否也包括了北京由札哈·哈蒂（Zaha Hadid）所設計的銀河SOHO（Galaxy Soho）呢？後來重慶也複製了一個，它叫做美全，其背後的開發商美全二十二世紀否認抄襲的指控，並在部落格宣稱「從沒想過要抄襲，只想超越」。

全世界有很多Soho（蘇荷區），**如果你想變潮，就叫自己Soho吧──不過還是不要好了**。倫敦第一個且是正牌的Soho，位於現在Soho裡沃德街（Wardour Street）以西的位置，其名稱顯然來自一種古老的狩獵吶喊聲（hunting call）。紐約「SoHo」則是指豪斯頓街（Houston Street）以南。這兩個地方都以其充滿活力的文化生活與前衛感著稱，但過去則是骯髒汙穢的紅燈區或傳統市場。我不應該太嗤之以鼻，因為1980和1990年代，我的辦公室就在倫敦Soho長達十五年之久，更在這裡成立了我的機構傳通媒體（Comedia），並為約瑟夫·羅旺翠改革信託（Joseph Rowntree Reform Trust）經營一個社會創新中心。我很喜歡這個地區及它的親近感和藝術氣息，甚至是

破敗景象的組合。

　　但從那時起，世界上任何一個更新的地區都有被稱為Soho的危險。布宜諾斯艾利斯有巴勒摩Soho（Palermo Soho）、香港的Soho則位於荷李活道（Hollywood Road）以南。其他則是間接得名，如托拉斯特（Trastevere）被稱為羅馬的Soho，布雷拉（Brera）則是米蘭的Soho，而且兩個城市都有叫做Soho的餐廳。馬德里也有Soho餐廳，還有Vincci Soho酒店、Soho House及Cambridge Soho俱樂部，後者還彙集了Cambridge（劍橋）和Soho兩個品牌。在邁阿密、芝加哥與多倫多也都有Soho酒店。

　　可想而知，Soho House是個連鎖企業，它的總部位於倫敦蘇荷區的希臘街（Greek Street）。現在它有十八家分店，正向世界各地的流行中心擴展——從巴塞隆納到柏林與伊斯坦堡，再到聖保羅、里約熱內盧，並將進軍香港。

　　另外，還有1999年成立於切爾滕納姆（Cheltenham）的Soho咖啡有限公司（Soho Coffee Co.），離我現在住的地方不遠，目標是2018年擁有五十家分店。它有堅實的道德基礎，始終支持公平貿易（fairtrade）咖啡。Soho這個名字無所不在，我最近的發現是在義大利里雅斯特省（Trieste）的Soho旅行社（Soho Travel Agency）。最大的Soho之一是Soho中國，中國最大的黃金地段辦公室開發商之一，擁有十幾個以Soho為名的品牌開發案。他們說他們的soho原來是代表「small office, home office」（小辦公室、家庭辦公室）。他們就像SoMa——舊金山市場南（South of Market）那樣的模仿者，但Soho聽起來比較響亮。很顯然，So、Mo、No、Bo和Ho都押韻。Boho指的是波希米亞人（bohemian）的簡稱，從化妝品到服飾都有許多以boho為名的品牌，譬如「來探索波士頓最好的波希米亞風」。Noho現在指的是倫敦和紐約蘇荷區以北的區域，而洛杉磯的Noho則是好萊塢以北（North of Hollywood）的地方。但我相信紐約克羅斯比街（Crosby Street）的Nomosoho酒店，為這個時髦地點傳遞了不同的訊息，因為他們可能沒注意到「nomo」指的是非同性戀。也請記得，如果你對Soho這個發音特別鍾愛，北韓就有一個名為Soho的小鎮，平壤也有一個地區叫做

▲ 非常典型的杜林雨日

Soho 里。

獨特性的嚴重衰退可以從 Soho House 為例一窺究竟——當下榻其柏林酒店時，竟然沒有一位員工願意在這個「柏林最夯的酒店」講一句德語。德國財政部副部長指出，「這真的快把我逼瘋了，柏林一些餐廳服務生只說英文。」他補充道，「你永遠不可能在巴黎看到這種瘋狂狀況……我們只有在說彼此語言時才可能理解彼此。」[25]

下一個例子是食物零售。我們一直以為只有食物可以在地生產與銷售，其實不然。美國的 CVS 和沃爾格林藥局加起來，掌握了全國前十四大都會區 50% 到 75% 的市場，如芝加哥、灣區、洛杉磯和紐約，而且兩者加起來掌握了美國每一個主要城市至少 50% 的市場。沃爾瑪目前占美國食品雜貨市場的 20%，比 2002 年的 7% 高出許多。由沃爾瑪領軍的美國四大食物零售業者，控制了 40% 龐大且複雜的美國市場。英國的食品雜貨銷售是由特易購（Tesco）、阿斯達（Asda）、森寶利（Sainsbury's）和莫里遜（Morrisons）所主導，被封為「四大」，它們在 2016 年共占市場的 73.2%。荷蘭的前三大食物零售商共占有 83.5% 的市場，其中阿爾貝特・海恩（Albert Heijn）以 35.4% 居首，超級聯合（SuperUnie）29.6%，以及巨大（Jumbo）18.5% 緊追在後。在澳洲，沃爾沃斯（Woolworth）占有 36.3%，而高士（Coles）則為 33.2%。兩家合起來有 69.5% 的市占率，它們銷售的東西來自世界各地，有來自肯亞的青豆、加納利群島（Canaries）的番茄、塞浦路斯（Cyprus）的馬鈴薯、以色列的酪梨、西班牙的蘆筍、紐西蘭的蘋果、中國的小白菜、印度的芒果、中東地區的椰棗和厄瓜多的玫瑰。這些玫瑰和黑手黨讓移民在澳洲、美國和歐洲餐廳裡兜售給用餐者的是一樣的。

對此，我們再一次看到平衡的反作用力。一些有趣的新麵包店冒出頭來，專業的乳酪店或老派的魚販和肉商也出現了。吸引所有階層消費者的農夫市集正夯，這對以食物為重點的新創業者是一大利多。**他們因為就是他們自己，無需去顧慮多國食物的威脅而凸顯其重要性。**創意在眾多形式的餐館裡迸發，並且帶來新的食物經驗，這些都是受到全球不斷變化的口味、流行與趨勢所影響。有時是墨西哥玉米捲，下一秒又流行日本照燒、南美風燒烤（鐵板烤肉）、北歐的生鮮食品。然後是精釀啤酒，實驗加入紅酒，甚至是英國黑牛牛奶所釀製的伏特加。融合（fusion）的作法往往能引發想像，就像當今最受歡迎的主廚尤坦・奧圖蘭吉（Yotam Ottolengh）融合中東文化的餐點那樣。交融快速地持續著。

如此的「**恆常**」（**constant same**）優勢在服飾上也有類似案例。世界上多數的衣服不僅是相同的西方風格，你也可以在它們數千間的門市裡發現相同的衣服，如

ZARA 或 H&M，不過這兩個品牌的衣服其實都是精心設計的。

　　值得注意的特例包括阿拉伯人經常穿著的索布（thawb），一般來說是長衫，女性的部分比較有變化，如希賈布（hiqab）是覆蓋頭和頸部的頭巾，只看得到臉部，尼卡布（niqāb）則是只露出眼睛的頭套和圍巾，或是從頭到腳、罩住整個身體的波卡（burqa）。當然，不要忘記，印度女性是穿著紗麗（sari）的。

　　全球和在地關係互動的一個好案例，是全球最受歡迎且極為成功的印度超級板球聯賽（Indian Premier League cricket competition）電視轉播。參與的八支隊伍，每隊至少十六名球員。每一支隊伍必須有兩名來自印度球隊二十二歲以下的球員，並有至少一半以上的本地球員。每支隊伍可以有至多十位洋將，但上場的十一位裡，最多只能到四位。

　　這對印度年輕板球人才的培養有相當驚人的成效，而且若不是有資深的著名球員指導，他們也不會有這樣的知名度。

　　受現代通訊之賜，而為人熟知的加爾各答（Kolkata）故摩儲里區（Kumortuli）的神像製作和焦特布爾（Jodhpur）的藍城意象，讓我們想到過去型態的獨特性。除了華麗的高樓和咖啡廳之外，城市的獨特性未來會是什麼樣子呢？

本節內容參照我 2006 年出版的作品《城市的創造之道》（*The Art of City Making*）一書中首度欲探究的問題。

第三部

不期而遇的
地帶

▲ 紐約布魯克林高地（Brooklyn Heights）

◀ 羅馬

會面與交融

市民（civic）是由大量小又微不足道——甚至是隨機——的偶然相遇或交易所組成，但那之後又會發展出更為實在的東西。這可能是一個友善的動作、和商店老闆的簡短寒暄、或是某人為你指引方向。它包含無數難以察覺的小事物，譬如看向天空、或微笑、或是看著對方的眼睛，表現你的專注。然後交流變得更深入，也許是針對公園裡的小孩有更長的閒聊，也許是揭露一些個人的狀況，也許是幫路人或鄰居一個小忙。各種類型與程度的社交活動會產生不同的影響。大眾運輸是讓不同族群的人聚在一起最常見的方式之一；從這角度來看具有民主的意義，因為你被迫分享空間。除非那是一段比較長的旅程，不然你可能不會開口聊天。在都市農園（urban gardening）裡比較容易有互動，因為在一個公共空間裡一起從事某事，而你會需要一些意見，這可能導致你推薦你的夥伴去看一本書或參與一個健行團體。節慶的跳舞是比較親密的互動，當感官受到刺激時，可能會有調情或後續的接送情事。當然這不一定是以性為訴求的。簡訊、推特和媒體分享也可以是市民結構的一部分，不過是虛擬的方式。

連結：深與淺

市民互動的例子大多令人愉快，「不，我不想要任何小費，我只是來幫忙而已。」芝加哥建築基金會（Chicago Architectural Foundation）導覽員在九十分鐘的解說行程後說道。或是一群芝加哥警察，「你享受這個城市嗎？你打哪兒來？知道路嗎？」

也可能有些自發性的市民迸發行為，像是快閃族（flash mobs），它是城市戰略的曲目之一，試圖用挑釁來改變城市的挑釁。這些是正面版本的騷亂。我曾經見證根特一場抗議對婦女暴力的快閃活動，以及畢爾

包反對鬥牛的血腥行動。另外有一場我個人無法參與的，是在烏克蘭敖得薩（Odessa）魚市場裡自發演奏〈歡樂頌〉（Ode to Joy），它是以和平與歐洲團結為訴求。[1]

　　其他的市民案例就比較生硬，甚至可能是在一個被迫的情境內，像是醫師或牙醫的候診室。關於後者，你知道那是怎樣，就是牙齒或牙齦的問題，你和其他人有共同的疼痛，如果有孩子在時，就更容易破冰。不論那個和你一起候診的，是黑人、中國人、印度人或白人，至少你們有一個共同的目標：「擺脫那種痛楚」。在獸醫那因動物問題而產生的連結也是絕佳方式──「那是什麼品種」、「牠們叫什麼名字」、「蛇是好照顧的寵物嗎」、「青蛙帶給你很多樂趣嗎」。還有無數的愛情都是在公園裡帶狗散步而開展的。

　　永遠不要低估你見到的人、不要預設立場或因此懷有成見。儘管你認為他們「只是」計程車司機，但當司機也沒有錯啊。2017年1月的某天，我在紐約以計程車代

步，隨機地發展三段閒聊。第一位正在念化學，來自匈牙利，他的兩個兄弟都是醫生。他說：「我只根據需求來工作，因為生活中有太多比掙錢更重要的東西。」另一位，阿富汗人，會講德語，而且可以進行良好的德文對話。第三位，來自海地（Haiti），會講多國語言，而且很有生意頭腦。稍後令人驚訝的是，當我在拉瓜地亞（La Guardia）機場書報攤結帳時，櫃檯的義大利女士看我買的是哈佛商業評論（Harvard Business Review）（我很少這麼做），說：「你知道嗎，我姪女就在哈佛教書。」接下來，華盛頓機場的衣索比亞老司機告訴我，美國電視台不間斷的廣告如何讓人的思想變得遲鈍，更多的人應該學習批判思維。

正是由這些市民一起編織或深或淺的無數連接線，交織出參與的潛在規則型態。這些互動創造的情感，可能會進一步發展出親密關係或個人連結，超越基本的必要，因為你看見另一個人的私人生活，最終可能會陷入愛河或婚姻。當然，也有家庭的聯繫，有些更是以小團體的型態存在，像是你的鄰居或在附近擁有一家商店，還有因工作帶來的社交網絡，也有因為熱情、宗教或運動團體所形成的聯絡網。這些多重關係和友誼，是最終建構社區、鄰里感與責任的基礎，也可能從中衍生出義務。它是偶然的連結、弱連結，然後是較強及更強連結的總和。這個市民行為是經驗私有化的解藥，更有公眾性。

做為市民不僅僅是投票、或擔任義工、或社團生活、或正式的公民參與計畫或社區發展推動等等。它也是尊重他人的一種態度，它是願意親近但又能在不太遙遠處保持適當距離。一個社區如何看待自己是非常重要的。積極正面的自覺及外在的形象，會影響人們的行為，他們感覺有多自在，他們變得更加開放。相對於過去的成見，窮人也表現出強烈的參與意願，當然，他們同樣也有國際視野，並準備好進行各種嘗試與創新。

目標是透過市民文化創造來打造更好的城市。客套（Civility）不僅僅是禮貌，是尊重、肯定、包容及自我約束。市民是成功的都市生活紋理。在其背後，市民城市建立在集體生活的大量脆弱協議之上：接受教堂的鐘聲或伊斯蘭的宣禮，由清真寺召喚民眾一起禮拜；或是從無神論者的角度，正式的宗教活動並非他們生活的重心。這類型的城市中，所有的生活型態兼容並蓄，並且反映在它的實體環境中。看看芝加哥，它有一種寬大的姿態，也是我見過最好的公共空間管理制度之一。溫哥華、墨爾本、波特蘭、畢爾包、馬拉加和尼斯都有類似案例。

我們太長套用「社區」這樣冠冕堂皇的字眼，好像這是可以一蹴即成的，然而社

◀ 波蘭克拉科夫（Krakow）共產時
期的老旅店，現是一個創意中心

區是個辛苦的工作，建構在地方的過去、它存在的原因、它的交易和吸引力、它今日的目標或構成你需求的商店網絡。因此，一個退休的社區和新創街區的氛圍極不相同，每一個都需要不同的資源，並透過建立信任（或不信任）的偶遇來形塑其樣貌。社區是這段歷史的結果，並可能以隨機的善意開始發展，最終達到分享的共生關係。做為市民這件事有助於其發展。

當然，市民也屬於廣泛決策領域的一部分，曾被稱為城邦（polis），至今仍沿用它的政治參與機制。我們因此一起做決定（我們想要蓋捷運系統、還是劇院）或做出必要的抉擇（是否該蓋水壩）。媒體曾經是其中相當重要的一環，但它很大程度已經放棄其第四權*的角色給視聽娛樂。「新聞」曾經是茶餘飯後的話題，但現已不再是了。我們已經瓦解了這個政治場域。我們在Twitter上高談闊論，卻不打算去投票。英國廣播公司（BBC－British Broadcasting Corporation）芮斯法則（Reithian）所設定的資訊傳播、教育和娛樂理念，也都轉向以娛樂為主。其主要頻道必須和其他媒體競爭而忽視教育領域——這會花太長時間：**就像國民義務教育所需求的一樣長**。再者，當真相和假新聞或直接操弄的新聞一樣有其可塑性，就會讓市民文化的推動變得更加困難。它具有腐蝕性，會降低信任，並引起質疑。

社區的概念也為城市裡一大部分短期停留的遊牧人口做了調整。在一個極端的狀況下，某些以行政運作為主的地方，如華盛頓特區（Washington DC）或坎培拉，有一大群政府工作人員配合政府任期或合約工作，暫時地住在那裡，也有些人是屬於飛進飛出的工作型態。另一個極端的狀況則是短期定居的族群，通常是遊牧者，他們填飽了房屋的短租市場。對這兩者來說，融入當地社會是困難的，因此他們往往把自己局限在原來的小團體中，不去與當地的原生住民交誼。

我因為曾在華盛頓特區的世界銀行工作一年，而體驗了這種破裂的歸屬感。我和那些與我類似處境的人往來，總是追求適當的社交活動，而且我承認我只透過以前認識的一位在地人，短暫地見過幾位華盛頓人。數位遊牧經驗的不同之處在於，因為不附屬於一個大機構，所以他們的觸角是透過社群網絡來延伸，因此可能包括當地自己志趣相同的人，或是透過育成中心、共同工作空間、扮演類似功能的咖啡廳，或是參與設計師交流活動（Pecha Kucha，利用精簡的簡報介紹你的想法）與黑客松（hackathons）。我們現有的數位世界，可以讓你自如地連結不同階層的人。

---

* 譯按：指在行政權、立法權、司法權之外的第四種制衡的力量。

因此，定居和流動人口交會的集體城市經驗，有其更大的重要性。隨著溝通管道的分散及社群連結的增長，飲水機旁就少了很多可閒聊的共同事件。這也是為什麼節慶、文化、體育和引人注目的活動，成了城市文化裡越來越重要的一部分，也因此，在地人和遊牧者有共同的經驗可以分享。

城市越來越具有穿透性——它是有各種功能或市政劃分的建築肌理；貿易、文化或政治關係的網絡。除此外，城市還能透過其高度連結的個人網絡，向全球伸出它的觸角。城市因此是一個連接節點，是居民全天候或部分時間的家，這讓社區固定地理位置與可預測連結型態的意義發生了變化。它現在更像是由淺至深、不同程度鏈結的光譜。

凝聚力和關係建立是很奧妙的人類特徵，具有重要的生存意義，更是我們社會行為的核心，其本質仍然是部落思維。我們天生有連結的需求，好能理解別人的感受。如果這個連結過於薄弱，就難以理解自己是誰，或是如何能與其他人良好互動。透過理解如何產生更強烈的同理心，可以建立更健全與更和諧的公民社會及更強大的社區。[2]當我們感覺自在時，便能與他人建立更好的關係，如果無法如此，就會回歸部落的生活型態。許多「I Heart My City」（我珍愛我的城市）即是例證。2018年9月舉辦的「一起做吧——世界清潔日」（Let's Do It – World Clean Up Day）[3]也是一樣，有一百五十個國家和六百萬人參與。這個由民間主導的活動，是在2008年於愛沙尼亞開始，當時有五萬人參與。還有個由「一個簡單的澳洲男子」與帆船運動員伊恩·基南（Ian Kiernan）所發起的「世界清潔日」（Clean Up the World）運動[4]，他因為看到雪梨港的汙染而決定要做點什麼。另一個則是「我們愛赫爾辛基」計畫，鼓勵人們一起跳舞。透過這些方式，城市成為同理心的推動器，並能從和諧的城市寬容感與行動來展現城市領導力。

Airbnb、Uber和自由循環（Freecycle）等新興共享經濟，根本上重新建構了我們對物質所有權的認知，這也許有助於消弭我們的部落傾向，從而更能幫助我們與他人接觸——從共享經濟到真實的共享社會。城市因此可以開始解決人類面臨的一些重大心理問題

城市，是陌生與不同背景的人和部落本能與人類連結欲望的交織，營造有機會交融和溝通的偶遇區域，可以緩解緊張。強調做為人類，我們可以分享的遠比分化我們的多更多，從而擴大社會資本（social capital）。

平行的生活

　　城市整體廣泛的社會需求，和那些相形孤立、看得見與看不見的弱勢族群聚居區之間的緊張狀況，是建立在利益、緊密關係、偏見和文化的差異上。人們會因為方便而尋找志同道合的人，避免互相理解的複雜性或覺得比較安全，以營造群體內思維，從而把異己直覺地排除在外。

　　有兩種類型的平行生活，特別嚴重地威脅城市的凝聚力：貧窮和種族。我們以為城市是一個可任意行走的地方。然而實際的情形是，窮人往往被困在他們的街區，從未踏足市中心，而且大多和一樣貧窮的人往來──以強化未完整的網絡連結。市中心可能令人生畏，因為消費主義提供的夢想，使他們更加沮喪。奢侈的品牌想當然耳是想都不敢想的。有錢人也是一樣，他們常躲在豪宅區裡，這些地方經常是圍牆高築、

門禁森嚴。兩者在城市裡幾乎沒有互動，僅在極少數的狀況下，城市才會聚在一起。

很多時候，對這些處境艱難的貧困地方所做措施，是把他們視為毒瘤。其態度嚴峻，但如果犯罪和毒品在該區域橫行的話實有必要。但這樣有效嗎？也許結合樂趣、慶典與歡樂的俏皮方法，更能創造引導的作用。英格蘭藝術委員會（Arts Council England）旗下的「創意人與地點」（Creative People and Places）計畫[5]，已證實在較窮困的地點如斯托克（Stoke）或聖海倫斯（St. Helens）發揮功效，而且赫爾（Hull）被指定為「2017英國文化之都」，更是大大提昇其市民的自我意識及城市脈絡的再建構。體育等競技也可能有觸發轉型的功用。邁克‧布瑞利（Michael Brearley），英格蘭板球隊的前任隊長，在「體育的意義」（what's the point of sport）談到有洞察力球隊的能量。基本上能直達市民的心，因為它圍繞著自我主義和集體努力間的平衡，建立一個共同目標與實踐的方法。[6]

如果有個必須共同完成的事項且無太多疑問時，團隊精神是非常好的；但若處理的是複雜而多樣的事務，如城市生活的日常現實時，就不是那麼適當了。這就是為何農村居民相較起都市人對生活的想法更為保守的原因之一。他們並不像其城市表兄弟一樣，經常受到各種差異事物的挑戰。

種族和社會分歧在世界各地仍普遍存在。如果你是澳洲的原住民，那日子一定不好過；就像是中國的維吾爾人、土耳其的庫德人或以色列的巴基斯坦人，更別說印度為數兩億「穢不可觸」的賤民（Dalits）。即便印度憲法明文禁止歧視，大多數仍被屏除在種姓制度之外。他們通常被排除在社交與公共場所之外，無法從公共設施取水，並且在學校受到隔離，幾乎沒有機會出人頭地。再者，美國的人權運動至今已五十年了，然而城市裡多數窮困的非裔美國人狀況依然不佳，擺脫惡性循環的機會也很困難，毒品和犯罪因此易於擴散，導致更多人——特別是年輕人——入獄。「黑人的命也是命」（Black Lives Matter）運動是其中的一個火花，印度的賤民（達利特人）正試圖向他們學習。

過去，人們認為移居到一個地方後就會融入該地。其實我們該理解的是，他們先是和自己的族人互動，然後向上或往外部擴散，最終才是被主流文化同化。在此，他們最初抵達的城市被視為門戶，但這個觀點在現代已不具有說服力了。尤其是黑人族群，他們不僅世世代代停滯不前，還更加集中，困在毫無發展且無路可逃的貧民窟。這同樣也發生在西班牙裔的身上，特別是美國。令人憂心的是，空間的集中與貧窮及剝奪指數密切相關[7]，造成低下階層與負面街區的效應，進而把問題放大，讓這些居

民更難以脫離。住房政策及金融機構的態度，也讓種族隔離的狀態雪上加霜。多種貧困的集中積累，產生了態度、行為和價值的惡性循環，阻礙人們抓住機會。

同理心和部落行為也有麻煩的一面。一份美國研究[8]顯示，1970年後新增了不少關心特殊需求與弱勢的團體，但隨著時間它們卻變得日益封閉，成員們越來越不易碰到持相異觀點的人。正如威廉・黑特梅耶（Wilhelm Heitmeyer）在1994年提出的回聲室效應（echo chamber），將導致「平行社會」（parallel society）的出現，這代表的是移民融合的失敗，並宣告多元文化社會理念的終結。這種憂慮、甚或恐懼，尤其和穆斯林有關，因為有些人斷然拒絕社會主流文化及法令。在英國，它導致了「平行生活」，這是泰德・坎托爾（Ted Cantle）於2004年所提出的概念[9]，然後在2016年英國的《凱西評論》（Casey Review）調查中被加強申論。[10]當人們只被認同他們的人所圍繞時，想法會變得更加極端、僵化且充滿偏見。這樣的動態是因為我們的大腦只能製造有限的緊密連結，一旦達到上限，固定樣板、過度簡化與團體迷思（group thinking）就會大行其道。

根據定義，不論是平行社會或平行生活都存在於城市裡。從最嚴格的角度來說，這是人們自願地封閉自我、撤離並尋找能替代主流社會裡幾乎所有機構的方案。關於德國城市的研究，特別是湯瑪斯・邁耶爾（Thomas Meyer）[11]及後來翰姆與紹爾（Halm and Sauer）[12]對魯爾區（Ruhr area）的觀察，大量地關注當地的土耳其社區，認為確實有平行社會存在，但並非根據最嚴謹的定義。如為後者，極端父權結構普遍盛行，女性沒有什麼權力，自由民主結構被排拒在外，強迫婚姻是常態，甚至有自己的醫院或學校，而當其他人相信宗教自由時，他們卻對其他信仰的平權抱持懷疑。如果他們只看自己語言的媒體、只去自己人開的商店、志工組織、餐廳或文化活動，更鞏固了這個封閉的生活型態。在如此背景成長的孩童，面對其他極端組織，相對地容易受到誘惑。

較關注巴基斯坦與孟加拉人的英國坎托爾報告（Cantle report）指出：

儘管住宅與城中區域的實體分隔並不令人驚訝，但研究團隊確被兩極化的深度所震撼……加上我們生活中其他許多方方面面……這代表許多社區是以平行生活的基礎在運作。

另一個例子是位於倫敦史丹佛山（Stamford Hill）與世隔絕的極端正統猶太教哈雷迪社區（Haredi community），他們不與任何非我族類的人進行有意義的連結，甚至

說服市政府豎起線牆（eruvim），那是用木樁和電線圍起來的六英哩半象徵性圍籬，涵蓋了公共空間和私有空間，好讓他們能在安息日（Sabbath）四處走動。哈雷迪真的是住在一個平行的時空，像是被凝結在肉凍（aspic）裡的社區[13]，過著十九世紀的東歐生活。在這裡，媒妁之言是常態（有人會問：是被強迫的嗎？），遵循「開枝散葉、子孫滿堂」（be fruitful and multiply）的戒律，因此家庭裡有七個以上孩子的相當普遍。他們有自己的學校，幾乎不給予任何的世俗教育，因而無法應對現代生活。手機裡的訊息功能往往被取消，電視更是被禁止。我也曾在耶路撒冷當地一位規畫師的陪伴下，探訪哈雷迪最著名的「百倍之地」（Mea Shearim）特區，那裡整晚都有狂熱的祝禱。沒有人和我有眼神接觸，因為他們的信念是與世界保持距離。

坎托爾報告指出，這些分化的問題是因為缺乏誠信和健全的論辯，因為**人們在面對種族、宗教和文化這些敏感議題時總是小心繞過**。然而，政治正確也可能阻礙論

▲ 耶路撒冷的阿拉伯人和猶太人

辯。因此當過去十年中，北方城市出現幾起年輕女性受虐與被剝削的事件時，直指是「有女性問題」的英裔巴基斯坦男性所為時，就被認定為種族歧視，如同多數英國家庭裡的性虐待案，被認為是白人男性的專利。但從頭到尾卻無人澄清，不是全部巴基斯坦男人或全部白人男性都有女性對待的問題。

城市顯然有平行宇宙的存在，有些是可以滲透的，但有些卻無法；有些帶來影響，有些則不會，只要人們試圖去理解對方。人們根據熱情、種族、背景、階級等等工作安排，分開或聚在一起，所有類似的模式在城市裡交錯縱橫。當你腦袋裡有城市流動動態、群聚和節點位置的概念時，就能預測連結的類型與程度，再套疊上財富或健康的分布，就能區分更多的差異性。以足球、舞蹈、烹飪、散步俱樂部或藝術愛好者的熱情為例，他們就是根據這個來探索城市，並決定與哪些人碰面。或是以政治活動、為老人送餐及幫助與社會脫節青年的志工來說，這就是他們理解城市地理的方式。以工作為例，垃圾收集者所看到的城市，和在市中心工作的保險經紀人一定不同。以年輕的家長為例，他們的城市地理是由學校及休閒活動來定義。密契爾‧瑞斯尼克（Mitchel Resnick）很恰當地描述了這樣的組合：

> 一群鳥兒飛過天空，像是一個精心編排的舞團，鳥兒齊聲向左轉，突然間又像右衝去……每個動作都看似完美的協調……這群鳥非常的優雅……然而牠們在沒有領導者的狀況下很好地組織著、沒有協調員也照樣和諧。鳥群並不是唯一以如此方式運作的事物，舉凡蟻群、公路交通、市場經濟、免疫系統──在所有這些系統中，模式都是由分散的元件在當地交互作用而形成的。[14]

這對城市來說同樣如此，然而卻不像想像的那樣優雅。

這些社會與空間的動態，在城市有強烈的對照組。有大量來自不同背景的人融入的很好，並享受差異的樂趣、釋放他們的探索本能。然後再讓我們關注穆斯林，因為他們是最受爭論的話題。重要的跨國貝塔斯曼基金會2017年歐洲宗教監測報告（Bertelsmann Stiftung European Religion Monitor），針對穆斯林移民融入的研究顯示，這在西歐已有明顯的進展[15]。最遲到第二代，從語言能力、教育、工作生活與跨宗教接觸等方面來看，多數都已融入當地。其結論是，這一成功「值得重視，因為沒有任何一個參與調查的國家（法國、英國、奧地利、德國和瑞士）持續地提供良好的參與機會，而穆斯林平均會遭遇五分之一人口的公然拒絕」。穆斯林把握任何迎面而來的機會，而且持續地實踐他們的宗教信仰，即便它不容易為主流社會接納。宗教本身並不阻礙融合，再者，「他們和其他移民一樣努力爭取更高的教育水平」。2017宗教監

測報告也指出，有三種能促進融合與凝聚力的策略：首先，改善參與的機會，特別是就業與教育方面；其次，讓伊斯蘭教和其他的宗教機構有同等的法律地位，從而承認宗教多樣性；第三，提倡跨文化與跨宗教的接觸與討論。

正當我在寫這段文字時，讀到《我的穆斯林家庭與我們的寄養孩童》[16]這篇報導。艾斯瑪‧傑羅（Esmat Jeraj）的家庭在二十五年間陸續收養了六十名寄養孩童，有些是穆斯林，但也有許多基督徒、印度教徒和錫克教徒。

「我從來沒發現種族淵源、人種或宗教是問題……如果有小孩想吃培根三明治，我們會告訴他，你無法在這個房子裡吃到，但我們可以帶你去，然後在餐館裡享用……我們為印度教小孩騰出空間，讓他們在臥房裡放置他們的偶像或女神……而且我們總是和基督徒一起慶祝耶誕與復活節。」

菲爾‧伍德和我協助發起的「跨文化城市網絡」（Intercultural Cities network）[17]有很多類似的例子。而這一切都被濃縮在這個地方給你的是「yes」或「no」的感受。「Yes」城市富有慷慨、開放、歡迎態度的正面力量。

▲ 杜哈（Doha）的外籍勞工

▲ 坎培拉的澳洲國立美術館

公民與市民

　　重要的概念大多有複雜且多樣的意涵，其重要性亦引發爭論。以「value」這個詞為例，我們要說的是關乎道德倫理的價值（value），還是可以用金錢衡量、可以數計的價值（values）？再看「worth」（值得）這個詞，它指的是區別與尊嚴，還是價格與資產？再說civil（人民的）和civic（市民的）。在日常用語中，其差異逐漸消弭，但**做為市民（civic），表示和你的城市發生關係**，而且這些互動是建立在從正式到非正式的各類活動之上。

　　Civil（人民的）、civic（市民的）、citizen（市民）或civilization（文明）這組字彙來自同一字根。其語言的由來對今日非常重要。大約在西元前4500到2500年間，居住在亞洲和歐洲這大片土地上的人，所使用原始印歐語（Proto-Indo-European language）的核心字根是「*key-」。這個字根跨越所有文化。它的意思是「躺下」、「安頓」、「扎根」、「一張床」，但同時也連結到「愛」與「受鍾愛」（beloved）。不過，它也指涉了做為現任者或同一家庭、地方及同一屋簷下成員的概念。在古義大利語中，它則變形為「*keiwis」，是「civis」（市民）這個字及後來相關衍生字詞的源頭。跨越時空，我們發現了「受鍾愛」和市民驕傲感之間的關聯。

　　Civitas是市民的社會承載體，在羅馬時期是透過法律來約束或團結人民，賦予他們市民的權利與義務。當然，只有少數人能夠擁有這個身分。該合約同時也創造了「res publica」，字面上的意思是他們所參與的「公共事務」。市民這個字因此和一個地方是相關聯的，而遊牧則連結到臨時性地點或沒有任何地方（no-place）。他們之間有辦法互相配合嗎？

複雜的概念

　　「Civil」（人民的）和「civic」（市民的）這兩個字可能會引起混

淆。只要能為這些術語解密，其個別意義就會顯現，讓你用新媒體的方式同步參與。讓我們先探索它們的緣起，以便澄清並發現其指涉範圍與重要性。隨後我們會大量地以「civic」（市民的）做為涵蓋性的用語。

「Civil」（人民的、民間的）部分，意指個體之間的互動，像是以文明舉止展現尊重和親切以進行對話，避免引起爭執。對市民城市來說，辯論的能力是很重要的元素，其議定的辯論規則在許多國家的公共討論中已然敗壞。反對的意見是如此強烈，兩方幾乎沒有共識，刻薄、羞辱或侵略性的言語已不再是禁區。辯論已經粗俗化了。

「Civil」可以用來描述社區或社會中的個體如何獨立於所屬之官方組織或政府相互連結。「公民權」（Civil rights）則是我們做為人應享有的權利。這種自由讓我們做想要的多數事情，只要能遵行已融入當地文化的議定行為規範。它還能讓我們參與所選擇的政治活動，或是在沒有制度、法律及社會的限制下進行遊行示威，甚至是設立一個自願的參選組織。因此，公民不服從（civil disobedience）是合法的，而「民法」（civil law）關乎的是個體與個體間、而非個體與國家間的關係。「公民社會」（civil society）一詞也在強調，在政府或商業服務之外仍有其他替代選項。這些包括志願性組織、合作社、公會或信仰實體，以及鄰居或家庭等非正式的支持團體。

這些不同的元素一起構成了公民社會，它並不是在任何國家權力威權的指導下存在。2015年，有一百零九個國家的這些自由受到威脅，高於前一年的九十六個。[18]

譬如在民主制度中我們可以投票或參選以求改變。最廣泛的權利——「人權」，是地球上每個人都應享有的基本權利或自由，包括言論自由或自由集會的權利。

「Civic」（市民的），從最直接的字面意義則是和城市或其治理相關，抑或是關乎城市運作的機會及可能的責任。所以，「市民中心」（civic centre）就是容納當地政府的建築，有時候也延伸至如圖書館、公園或購物中心等文化性設施。圖書館的市民功能是，它可以幫助人民做好準備，以成為能力更好的市民，有更高的意願投入公眾事務。有了市民參與（civic engagement）的基礎，市民可能會參與某些幫助城市運行的機制，像是臨時的街頭運動、一起努力清洗街道、遊說或更正式地擔任當地的健康、學校及社區委員。更廣義地，它可以代表市民對整個社會應負的責任，像是遵守法律或國家要求的「公民義務」（civic duties），例如在澳洲，公民的義務就是去投票（投票不只是選項，不去投票是犯法的）。

Civil和civic之間的灰色地帶，要看我們的城市想變成如何。**一個好城市同時需**

▲ 羅馬

要強大的人民和市民表現。這是一個相當有趣的難題。有時,循規蹈矩的人被認為文明(civil),但有些人太過嘈雜或亂丟垃圾而逾越了界線,他們因此被強制糾正,這是一種是市民行為(civic action)。

　　國家的公民領域和市民的民間領域間之創造性緊張關係非常重要。**偉大的市民城市,保留了讓民間事務發展的空間**。地方需要城市的敘事文本,好把人民和他們的居住地連結起來,其功能是為了證明這個特定的地方值得效忠,這中間有許多助力讓其成為可能。但隨著公民社會推動者和商業團體,對城市運作尋求更大的發言權時,轉變,正在進行中。

silence
télévision
démocratie
écritures
a
morale
jeu
femmes
égalité
amour
8½
vérité
americain
acteurs
mensonges
sexe
cinema
de
sons
ceremonie
regards
comédie
avenir
revolte
innocent
fraternité

賦能的軌跡

在今日的背景條件，如果每個個體不能等同於市民的話，就很難探討 civic 的意義。個人表達有四個歷史悠久的浪潮，人民權利的擴張與提升（empowerment）相對的經常與之牴觸。目前，我們正在見證「改革主義者」和「傳統主義人士」之間的「文化戰爭」，其最明顯的例子當數美國川普和俄羅斯普丁（Putin）所提出的政見，二者的思想都受到「必然圈」（circle of certainty）所禁錮——都認為自己一定是對的。他們一旦離開，就會有其他相同思考模式的人接續，帶來相同的隱憂。

在「船難思維」（Shipwrecked Mind）中，馬克·里拉（Mark Lilla）鮮明地點出問題：

> 反動派絕非守舊。他和革命者一樣有激進和現代的態度，在瞬息萬變的現狀中遭遇船難，對理想化的過去懷抱幽思，並擔憂歷史正在走向世界末日的災難。

這正是我們所面對的文化戰爭——一場思想的戰役，對生活和城市的看法具有文化的領導權。

雅克·巴爾贊（Jacques Barzun）在《從開始到衰敗：1500年至今——西方文化生活五百年》（*From Dawn to Decadence*）一書中，描述了前三大長期運動，其軌跡反映了個人權力逐漸強化的過程。其中每一段都改變了市民生活的自我展現方式、城市的外觀和感受，以及建築結構與日常生活。第一段從1500至1660年，是新教徒挑戰天主教，聲稱人可以直接接觸上帝。他們因此可以重新定義自我及他們與更高存在的關係。第二段從1660到1789年，是對政治自由與個人權利的緩慢追求，並以法國大革命為最終高潮，其「自由、平等、博愛」的口號證實了從臣民到市民的轉變。第三段則是從1790到1920年，以馬克思（Marx）為代表，他試圖把政治的平權帶到經濟和社會的平等。該運動隨著俄國革命引爆，並在整個二十世紀持續以其他形式呈現。

我們可以加上第四段，它對城市生活、其呈現方式和城市帶給人的感受有巨大影響。起始於1960年代早期，由「個人即政治」（personal is political）為口號的「文化革命」（cultural revolution）開始，專注於性別、性和身分的探討。它持續發展至今，形成包容（inclusion）和文化多樣性（cultural diversity）的議題，尋求對女性更多方面的認可，重新檢視兩性及同性戀、跨性別者與其他種種關係，最終透過憲法保障他們權利，並鼓勵對各種膚色和種族的接納。

　　與這個革命齊頭並進的，還有眾所周知的經濟、政治和社會變革。我們因此看到1980年代後，市場做為價值和品味仲裁者的優勢；知識經濟的興起；國家角色的縮減及超脫左右黨派政治組織的出現；許多民眾起身要參與，以界定社會的價值觀和目的──社會包容的議題；挑戰從科學到藝術多種領域裡學問單一的準則，知識界線逐漸模糊；多元文化民族社區的成長；在一統的政體中，出現普遍的斷裂感。

　　不斷的嘗試，目的在擴大公民權利，但這些歷史的過程並非無縫接軌。它顛簸向前，時而倒退，失敗，再往前進。以法國大革命為例，確保超脫階級與教育背景的平等，同時也代表對既有利益的威脅。1815年，維也納國會因此恢復了君主制度與寡頭政治，以削減革命帶來的宏大期待。然而，解放的力量仍然持續，例如巴黎公社（Paris Commune）的創建，隨後於1871年垮台。巴黎蒙馬特的聖心堂（Sacré-Cœur basilica），根據富尼耶主教（Bishop Fournier）的說法，就是全國接受「神聖懲罰」的苦修象徵紀念碑，當時的法國正經歷1870年普法戰爭的失敗和社會主義者巴黎公社的內亂，是從法國大革命後「整整一世紀的道德淪喪」，也是天主教高於世俗秩序的重申。該戰役同時對照到普魯士王國首相俾斯麥（Bismarck）在1871至1879年提出的文化鬥爭（Kulturkampf），試圖遏止教會的權力，以確保政教分離。

　　改革的動態和漸進的過度，在十九世紀持續，譬如工人運動的興起、人權範圍的擴大、更多的學校教育、改善健康條件好讓工人階級受益。隨著第一次世界大戰後，婦女取得投票權，我們才能在兩次大戰間思索何謂全面的公民生活，不過後來崛起的法西斯主義又走了回頭路。1945年後有了重大突破，譬如社會學家馬歇爾（T.H. Marshall）所提出「稱職市民」（competent citizen）的概念，認為民眾需受教育，才有辦法充分地參與社會。

▲ 什麼性向都歡迎的廁所／柏林

這整體的軌跡逐漸地促進全球人民的自由流動，讓他們能大規模地融入其他文化的生活。

許多西方人鄙視這第四波平等主義的浪潮，認為自由主義的菁英為社會強加如女性主義、同性戀權利運動、身分認同政治、移民湧入等議題，或是對既存的文化秩序提出質疑。這些確實都是革新的生活方向，而這些想法也正是伊斯蘭基本教義派所譴責的西方墮落，ISIS或派蓋達組織（Al-Qaeda）是其中最極端的代表。再者，在這複雜的帝國主義傳承之上，還有中東長久以來的屈辱感受，這些情緒的混合，讓許多狀況變得無可預測。

他們也可能說，介紹不同身分的包容性說法，如LGBT+，也就是LGBTQQIAAP，是過度的政治正確。這其實意指女同性戀（lesbian）、男同性戀（gay）、雙性戀（bisexual）、跨性別（transgender）、酷兒（queer）——超脫性別二分法、疑性戀（questioning）、雙性人（intersex）、無性戀（asexual）、直同志（allies）和泛性戀（pansexual）。

許多人因為質疑這個過度定義的潮流或反對它對傳統價值的侵害，被視為偏執與心胸狹窄而感到受辱——通常是白人。

對於「我們所知文明」崩解的恐懼，削弱了人們對民主的信心，並同時渴望一個強大且直率的人可以拯救我們，道出真相。我們把自己暴露在用世界和魔鬼交易（Faustian bargain）的危險中——甚至願意放棄公民生活的價值。

焦慮的時代思潮

我們生活在尷尬的時代，世界正轉向它的陰暗面，時代思潮（Zeitgeist）是其中興起的焦慮之一，灰色地帶消失了。對我而言，這世界最棒的事在於思辨與對話，它提供了一個讓差異者可以一起生活、分享與相互尊重的框架。但我對這樣的說法已然失去把握，它像是老調重談且不斷地被誤會為空洞、沒有顯見的觀點。

我們需要恢復對公民的信心。公民價值與參與的規範是重要關鍵，它們包括：為跨差異、文化與衝突者提供一個不斷更新的對話環境；在核心的共識下，允許堅貞信仰者表達的需求；承認衝突的「自然狀態」，並建立處理差異的手段與調解機制。公民接受生活的不同方式，理解哪些是我們必須在一起生活的領域，而哪些能夠分開自主。它產生結構化的機會，讓我們探索和發現相似性與差異，並學習理解「他者」

（The Other），而在城市中，我們總是得和其他人打交道。它希望推動更貼近民眾的輔助決策，這也意謂更多的地方自治與權利下放。中央政府退居輔助角色，相對地提升了地方層級的參與和連結，這有助於創造興趣、關注和責任。

城市生活的給予和接受也關乎 civic，因為這裡是陌生人可能相遇之處，而公民互動的規則不斷地被協商，這正是民主文化。請記住，民主是一個心理的空間、一個智慧空間、一種氛圍，但它也可以是一個實體空間，特別是當其物質條件能產生共鳴時，進而鼓勵交叉對話。在這裡，情感可以相互認同，斷裂的也能重新交融在一起。在這裡，我們要處理的是，對更大整體承諾及對自主需求之間的持續拉鋸。

遊牧所珍視的是開放性和跨界的開拓，糟糕的是，要在這樣的背景下建構公民生活，顯然我們遇到新的難題。

衰落的標誌

衰敗和道德墮落的幽靈再次顯現。事實上，它從西方崛起的那一刻就如影隨形。最近的一次化身，包括幾個右翼組織和政客，其中某些人還獲得了權力。富蘭克林・福爾（Franklin Foer）在《大西洋月刊》（Atlantic monthly）[19] 裡寫道：

> 上世紀世界末日即將來臨的緊張思想重新浮現——對文化失落的恐懼、文明怯懦發展的焦慮，覺得自由民主並未能保護文明免於侵害。

或是如史蒂芬・巴農（Steve Bannon），川普的前策略顧問所說：

> 「我們正處於非常粗暴與血腥衝突時代的開端……我們必須為我們的信仰奮戰，以對抗正在興起的新野蠻行徑，它將會把我們過去兩千或兩千五百年所流傳下來的事物連根拔起。」[20] 這危險的作法把我們的公民社會生活吞噬、大傷元氣，因為任何逼近的野蠻威脅，總是馬上以謾罵、偏見和極端的處理方式來辯護。危險的信號不斷以「正港美國人」、「正港俄羅斯人」、「正港法國人」或「正港英國人」等口號來傳達。或是像布萊巴特新聞網（Breitbart）所說：「這是戰爭。每一天我們都呼籲：美國處於戰爭狀態，美國處於戰爭狀態。我們正處於戰爭之中。」[21] 這個說法似乎是要把文化戰變成真的戰爭，因為對美國地位受到威脅及其權力正逐漸流失的恐懼。巴農說：「我們要一場內戰以建立新的世界秩序，大規模的清算是必要的。」

　　　　　　　　　　　　　▶ 波哥大貧民窟的嘻哈社群

俄羅斯的普丁是這場文化戰役的盟友，以下文字解釋了西方和他的複雜關係。福爾說普丁是：

……反對歐洲——大西洋區域文化的墮落與失去生氣……反對對包容與多元化的盲從……當西方變得不育與無性別，以至於拋棄其根源，包括基督教價值觀——西方文明的基礎。……他們否定道德原則及所有的傳統認同：民族、文化、宗教，甚至性別。……他們正在施行新政策，讓大家庭與同性成家、信上帝和信撒旦有相同地位。我們正轉進「混沌的黑暗」與「回歸原始狀態」。

在這些過程中，全球主義者（用以區隔愛國主義者）、左派分子、伊斯蘭主義者、自由派菁英都被歸併為一種威脅，好比他們是一個控制我們文化故事的綜合實體、一個「整合的同步互動敘事」。

對民主的失望已經以不同的形式表達，包括我們在土耳其、匈牙利、波蘭、俄羅斯或英國脫歐公投與川普的當選，以及科技人成立的新政治組織，如西班牙的我們能（Podemos）、義大利的五星運動（Five Star Movement），或一些政黨如法國馬里·勒朋（Marie Le Pen）領導的民族陣線（National Front）及荷蘭由海爾特·懷爾德斯（Geert Wilders）創立的自由黨（Party for Freedom）。它們反映出人民對事物的疲憊與不滿。有時你無法確定自己，究竟是在和宗教狂熱者或毫無準則的恐怖主義者打交道。

在這個兩極的世界，你不是和我們一國就是敵人的二分法，引發許多暴動。不滿的情緒高漲，以致各大洲騷動不斷，可能是對應貧困、種族、犯罪或不公義的警察執法。回想2017年在漢堡二十國高峰會（G20 summit）期間，反對全球化的三天暴動。想想東倫敦因為年輕父親艾迪·費德里科·達·寇斯塔（Edir Frederico Da Costa）死於警察看守所而引起的騷亂。法國的巴士底日抗議活動，適逢川普訪問巴黎。然後是夏洛蒂鎮（Charlottesville）事件，當時右翼聯盟正在舉辦由極右派要角與白人至上主義者主導的集會，它造成數人死亡與數十人受傷，隨後在美國各地引發數起反法西斯抗議活動。同樣的，在墨爾本舉辦的澳洲驕傲遊行（Pride March）引發肢體衝突、開普敦有針對警務缺乏的騷亂、奈洛比則是因為選舉黑箱，而新疆則是穆斯林被禁行齋戒月（Ramadan）。

越來越多社會、個人與政治的分歧在街頭被披露，而這可能僅是冰山一角，因為有極端相反觀點的人就住在同一個城市、同一個街廓、同一條街、同一棟公寓裡。

城市做為一個文明

　　儘管有很強大的不同力量，企圖分化其共同生活的準則，遊牧世界裡的市民城市仍抱有崇高的目標。它試圖引發關於不同城市文明如何被建構的討論——一個涵蓋整個民間、城市、市民項目，又同時兼顧遊牧活力的概念。但這真的是新的概念嗎？這是否和以往一樣，只是渦輪加速了遷徙和移動的模式？抑或是激流與變動中的行動力開創了一個新的局勢？我相信這有兩個主要因素。

　　首先，數位化世界及「無所不在」（here and there）現象創造了與地點、空間和時間的新關係，更混合了真實與虛擬，也帶來人工智慧、自我調節傳感系統與設備的大量使用。

　　其次，是多孔性（porousness）的存在和身分變化。人們需要融入新的影響，也必須保有他們現有的自我。我們需要兩者才能連結在地與國際，以便在當今的世界中生存。我們需要界線和邊界做為根基與綁定身分，但也需要橋梁讓我們與外部連結。身分則是由各種因素所塑造，從成長背景到交友網絡到工作圈，然而這同樣是根植於地方與實體環境。

　　儘管流動性增加，地方感依然是核心價值，在人的行為中扮演關鍵角色。某種程度上是需要封閉、受約束與定點，以控制影響力的聚集，進行反思與自我激勵，但又必須保持開放，以連結可能性、產生工作、讓別人來影響我們，並有效運作。這些都是潛在的矛盾力量。

　　在城市層面，多孔性意謂允許全球連鎖或建築風格的展現，儘管它們能帶給我們現代感，卻會淹沒並摧毀當地的特有語彙或商店。在受歡迎的地方，士紳化的壓力可能讓當地菁華因此消失。我們的附近（Bizim Kiez）運動為著名代表，它在柏林一家土耳其便利商店受關閉威脅之後出現，體現其中緊張情勢。[22]一位居民指出：

> 我住在士紳化的熱鍋當中。它其中的一些影響令人憂心，但有些，我承認，是很不錯的。但最近的動作感覺很有針對性。菲爐（Filou），我們公寓對門的小麵包店被迫關門。根據屋主的說法，那間麵包店已經不再符合「該鄰里的理念」。顯然，那個住在倫敦的屋主比我更知道社區的「理念」，而我在這裡已經住了八年了。……如果這個世界的小角落不適合那些喜愛每天享受優質新鮮麵包的人，那到底適合誰呢？誰來決定？

諷刺的是，以為我們有更多選擇的改變也許會局限可能性——**如果這些選擇不過是同樣事物的變化**。我們可能被迫要保守、阻擋與拒絕，看似很沒創意地設定一些先決條件，以保有立場。

當然，這緊張的局勢來自於吸收與試圖掌控複雜的全球資金流動、身分認同的擴大概念、身分政治的需求，以及許多人想創造更富參與性政治的欲求。

斷層線與戰場

在整體場景的動態中，我們發現斷層、戰場、矛盾、更深層的改變驅動力與策略困境。斷層線（faultlines）是一種根深柢固、棘手與有爭議的改變過程，塑造了整個世界觀。它們跨越好幾個向度，決定我們思考和決策的脈絡，而從全球的範圍來影響我們最廣泛的目的和目標，但也可能會產生無法解決的問題與永久的意識型態戰場。即便它們最後自行解決了自己的問題，這些問題還需要非常久的時間才能解決：五十年，一百年，甚至更長。因此這是一個關乎調解和管理衝突的問題。現下最重要的三個問題，是世俗世界觀中民主樂觀主義和末日悲觀主義之間的戰爭；道德經濟和原油經濟之間的辯證；以及創造力和風險之間的拉鋸。

人道與希望

極端化正以無可抑制的速度發展，然而，希望對人類潛能反映了積極的看法，其中憐憫等特質脫穎而出，而善意已被視為憲法中理所當然的存在。對此，世俗的人道主義者和一些崇高的、通常是宗教人士合作，譬如蘇非主義穆斯林（Sufi Muslims）。他們是嗜異性的（heterophilic），希臘詞彙裡有點愚頓的意思，意指「做外人的朋友」。這個觀點，相信慷慨的姿態能引發回饋與參與公共事務的意願。因此，對於公共領域和公共空間的投資，使其做為意願的表徵和實體展現是非常重要的，而這主要是由公權力來執行的。可惜的是，有些人擔憂憐憫帶有的軟弱面。

希望派則認為有一種解決不滿和蒙羞的方式，不必讓人們對世界表達他們的偏見而訴諸極端。它認知受過教育和受教程度較低的人之間的分歧，因而從底層來激勵改變。它承認所有種族和膚色的被遺忘民眾。它對抗某些人，指稱「當他們自己不想這麼過時，愚蠢的老人強加他們對生活的看法給年輕人」——英國老人投票要離開歐盟，但多數年輕人想要留下來。對人性信仰所產生的樂觀，和由懷舊、想重返榮耀與單純過去的樂觀是不相同的。

道德經濟學

　　新自由主義（neo-liberalism）是唯一出路的必然性光環已被打破。[23][24]對現實來說，涓滴效應（trickle-down effects）＊僅是理想，這已不再是製造夠多的獲利者好取得政治主導的概念。現在的理念是放鬆管制的全球化市場更富競爭力，因此公營事業被出售，公共服務也被外包出去，這在全球已是一套普遍的準則。它的論點在自由市場的核心優勢，並和1970年代末期的柴契爾（Margaret Thatcher）、雷根（Ronald Reagan）有關。過去有一套理論讓柴契爾說「沒有社會這種東西」，這讓那些從事公眾服務的人喪失信心。它把對市民的觀點轉換為消費者和客戶。隨著經濟開始成長，這成為一個繁盛的開端，越來越多的人成為中產階級，特別是在中國和印度。其中部分由新科技推動的成長，造成更多的暴發戶，享受金錢和更便宜的商品。然而現實是，它主要是由債務所推動的。

　　新自由主義者及其建構城市的方式產生了極大漏洞，在2007、2008年的金融危機遭遇第一次的重大潰敗，然後在2016、2017年陷入政治危機。

　　過去的三十年中，人們一直在檢討，構思和提倡替代方案，但資本主義是相當機敏的，擁有強大的支持者，尤其是主流媒體，因此它融入了我們的思維模式，並征服了所有能想到的領域。然而，現在突然間我們可以使用資本主義這個字眼，而不被視為強硬的社會主義者。也就是說，把它視為一個系統、一個意識型態、一個計畫——而非我們生活本質的東西。它的想法已經造成我們思考與行為模式的偏差，影響我們所使用的語言及對於公共事務的談論。它擄獲我們，然後沉澱自己。

　　當文化僅將其信念投資於市場原則，並信任資本驅動去生產理性的抉擇、邏輯和利益時，那些控制市場者的觀點，就會比那些相信以市場基礎做決策是無聊理論的人更為重要。[25]相反的，如果相信公共、共同或集體利益的概念有其價值，並超乎變幻莫測的市場發展時，我們就有機會嘗試點不同的事，而且往往更激勵人心。

　　甚至連保守派也看到這個問題，並對這樣的覺醒做出回應。以英國保守派2017年的宣言為例，「我們拒絕自私的個人主義崇拜」、「我們不相信不受約束的市場」、「市場的利益尚未平均且跨越世代的分配」、「倫敦市被錯誤地引導」。特別是在城市，不

＊ 譯按：涓滴效應是指在經濟發展過程中並不給予貧困階層、弱勢群體或貧困地區特別的優待，而是由優先發展起來的群體或地區，通過消費、就業等方面惠及貧困階層或地區，帶動其發展和富裕。

景氣的高漲正引發反思，它反映了創業文化的陰暗面，正如馬克‧費雪（Mark Fisher）指出，當「神奇的自願主義」（你可以自己做所有的事）面對的是有限的機會。[26]

這是一場全世界都可見證的反叛，另一個篇章還是突破？它能否引發系統性的改變，並發展出替代性法規和獎勵機制、消除不平等或把新的道德秩序納入經濟？

創造力和風險

第三個斷層線也是個悖論。悖論是一種看似矛盾的不協調，最重要的當數風險和創造力之間。從風險的角度評估所有事情，是當代的明確特徵。風險是管理方面的範例與預設機制，並已融入公司、社區組織和公部門的運作方式。風險是一種可用來檢視所有活動的菱鏡，它巧妙地鼓動我們限制自己的熱情。創造力也是時代流行的東西，它創造能夠轉換為產品與服務的想法和解決方案，反映了遊牧者的各種生活方式。由IBM主導針對私人與公部門主要機構進行的企業領袖調查報告（CEO surveys）[27]，已經一再地強調把創造力放在首要項目的必要性。

風險和創造力的討論，也附屬於另一個關於開放或保守的更大議題。我們文化的預設立場比較是「Yes如果」或更偏向「No因為」？如果是前者，你是迎向各種可能

性與建議，而非立即查看阻礙。

戰場

　　關於斷層線的討論和政策辯論經常成為戰場，因為辯論的本質是強烈和競爭。其中四個最主要的，首先是如何處置城市人口的多樣性，他們可能對生活的方式及多孔身分的議題持完全對立的看法。其次，當許多利益被鎖定在舊系統時，我們是否能持續朝精益、乾淨、環保的第四經濟邁進。是否能建構法規和獎勵機制，以鼓勵環境永續的生活方式，包括回收、再生能源、能源效率和行為改變。第三，社會平等議題及因全球資本大幅加劇的貧富差異，能否強有力地解決。最後，就城市發展而言，世界上較熱門的城市如里斯本、溫哥華或布宜諾斯艾利斯，該如何避免士紳化的壓力。由於租金上漲，這些高漲的價格把原來的人口趕出去，並導致本地商店關門大吉，因為搬進來的跨國連鎖企業可以負擔更高的房租。然而與此同時，有些士紳化是正面的，它創造經濟環境好讓區域更新，它能提昇生活水準並增添設施。

　　其他深刻的趨勢也陪伴我們很長的一段時間，它們會繼續嗎？這把我們帶回從啟蒙運動以來，一直圍繞在個人化、選擇和獨立所建構的解放關係。有些人認為這樣特殊的改變動力開始疲軟，而長久以來不斷擴張的個人主義已來到極限。

　　這些通常是全球性的新型態變革和風險正在相互結合，形成一種我們無法用常規去處理的危機。**為避免最壞的狀況，我們需要城市在國民生活中扮演更吃重的角色**，無論在實務上或政治上。它們可以比國家政府更靈活地採取行動，提供所需創新且整合的回應。這些解決方案很複雜，將會需要那些四處遊蕩、技巧純熟、調適力又強的遊牧者的能力，但我們會讓他們加入嗎？

　　這個公民、遊牧的城市是新的城市文明，抑或僅是加強型的版本？文明是一種高級秩序的謀略，以及一個社會或地方的複雜文化。它是一個人最廣泛的文化認同，並形塑其心理結構。它體現一整套特定的思想、道德、信仰和存在方式，還有經濟結構、建築紋理、文化活動和自我運作方式。

▲ 名為《失序》的戲劇演出在洪堡大學（Humboldt University）外的廣告／柏林

下一步：公民的創造力

我們需要大幅度地轉移焦點。1990年代末期我提出的「公民創造力」（civic creativity）概念，應該是引導城市進步的核心題目。[28]創造力不該僅限於科學或創意經濟的領域——例如網頁設計或藝術，都是很重要的。

我引述：

「公民創造力」被定義為應用於公益目的，富創造力的問題解決方式。其目的是對影響公共領域的問題持續產出創新的解決方案。「公民創造力」是公職人員、大小企業或民間社團組織共同有效運用他們才能的能力……這個議題旨在成為實現這個目標的手段和指導原則。

「公民」、「公共利害」或「公共利益」的概念，在過去的十幾年連續遭受抨擊。一連串與它們相關的負面字眼：值得的、阻礙事物、官樣文章、政治正確、效能低下、社會福利主義者……脫口而出。「私人」（private）相對的被視為警覺、捷足先登、反應靈敏、管理良好，不同於自私或漠不關心。「公民創造力」企圖帶動最佳的公共服務、私人發起和市民行動主義，因為根據不同的狀況，每個人都有能付出的部分，試圖去除阻礙機會的守門人（gatekeepers）。但這只有當城市具更大議定目標去達成時才可能發生。

仔細檢視城市的願景宣言、策略和計畫，就會發現類似的想法一再出現，例如永續性、受良好教育和競爭力。但要如何達成？舊的模式還能運作嗎？二十年來，我們對社會、公民和以公眾為名的創造力需求較以往更為迫切。環境已然變遷，我們的用語可能不同，但大部分問題仍然維持不變，例如城市生活如何在個人與群體層面上變得更加充實，這就密切關聯到公平、機會、參與能力及市民慷慨程度等問題。

城市生活的緊迫問題也影響到公共領域：如何以文明、寬容的方式對待彼此以感到安全；或是既有的環境如何能激勵或打擊我們。人們可以清楚地看到一個城市是否不公義與冷漠。許多解決方案需要從新的獎勵型態來創造，好讓大眾運輸變得更永續，以回應士紳化的壓力及其他種種。因此，社會創新運動脫穎而出。英國經濟學者周若剛（Geoff Mulgan）清晰地描述，「以社會為他們目的與手段的創新」或「同時滿足社會需求的新想法、產品、服務或模式，並創造了新的社會關係和合作……它們是對社會有益的創新，又同時強化了社會的行動能力」（《社會創新的公開書》〔*Open*

Book of Social Innovation〕）。哥倫比亞的麥德林曾是世界的謀殺首都，在經過創新方案的施行後，已經改變了其社會生活，像是連接一連串的電扶梯把你帶到有一萬兩千人口、過去很難抵達的貧民窟：十三號公社（Comuna 13）。或是它精心設計的西班牙公園圖書館（Parque Biblioteca España），激勵民眾學習。

這就是「公民創造力」的領域。它從中交涉，試圖平衡所有都市發展會涉及的各項利益衝突，即便政府當局可能擔憂自己會失去掌控權，因此總是牽涉到某種政治型態。在公民意涵裡，創造力需要被合法化以成為有效、值得稱道的活動。它獨特的特質集中在城市如何做為整體運

作的熱情和願景，而非各自孤立的計畫——儘管這可能牽涉更大的問題，例如地方為兒童興辦遊樂區的舉動，會被視為質疑市政府不關心年輕人。釋放這種集體能量，可以激勵和賦予民眾及民間組織公共與私有資源，以提供更好的社會成果、更高的社會價值及社會資本。[29]然而好的意圖經常會受到規避風險、內觀文化所阻撓。

「公民創造力」的概念也許看起來不太一致，但這卻賦予它力量：在張力點（tension point）緊握兩個我們很少相互連結的特質，「公民」使人尊敬，而「創造力」令人振奮和進取，它應該成為城市領導的風氣。

麥德林十三號公社的電扶梯

▲ 熱那亞（Genova）舊城區

心理學與城市

　　從進化的角度，城市在轉瞬間就以都會形式崛起，主宰我們的生活，也讓我們擁有更遊牧的生活型態。如此不間斷的大規模都會改造與環境變遷，增加我們的感官使用、注意力和時間，也提昇我們應對陌生、差異及精神狀態的能力。它和我們一樣有極強的適應性，可以把這樣的能力擴展至極限。而調整到遊牧世界，又加劇了如此重大的心理挑戰，這正是我與同僚克里斯・墨菲（Chris Murray）的研究課題。[30]

　　在影響和被影響的不斷循環中，城市對我們的心靈帶來衝擊，而我們的情緒狀態又給城市帶來無可言喻的影響。令人驚訝的是，心理學，這項探索情感和感情動態的研究，竟沒被心理學自己、抑或是城市決策者，認真地當作一門都市學科，但是透過它，我們就有機會了解為何我們會如此行事。一旦認知「城市的心靈」，就能根本地改變我們對於一個地方的認知，以及它的未來潛力。然目前的情勢，我們僅能借重它的洞察力。城市並非毫無生命力的東西，徒有一大叢建築與技術，或是像一部機器那樣。這樣的觀點忽略了它的人性本質及我們對它的回應。

城市和古代思想

　　人都有個性、身分，然後集合為群體，城市亦是如此。如果以容器看待城市紋理、其活力和城市生活，卻不正視人的心理內容，是很草率的。對其重要性視而不見是愚蠢的，因為城市主要是心理影響的情感體驗。城市是人類最複雜的發明，如果沒有城市，我們所知的世界泰半不可能存在。即便是簡單的研究，也能指出心理學豐富的、幾乎未開發的想法和作法，可提供新的觀點及可行方案，而相對快速地幫助城市處理它們的裂痕與轉型。

一個大問題出現了。現代人約存在的二十萬年間，主要是以遊牧的方式存活，而定居的方式僅有六千到至多八千年的時間。這不可能歸因於我們所在的地方或心理構造的演化，因為推算曾經存在的一千零七十億人口[31]中，只有一小部分是在城市生活。因此我們是生活在古代思想的都市物種。

就像身體是人類進化的博物館一樣，**心理也是我們遠古過去的思想博物館**。我們在無意間把古早形成的心理元素帶到新的遊牧生活、都市時代，其中最為人所知的是戰鬥或逃跑反應（fight or flight response），其他還包括對未知保持警惕、保衛領土及組成部落群體。從遠古演化到今日的現代都市人有心理上的影響，而隨著我們的變化，發展得最好的城市，很可能是那些能幫助過去和現代的我們共同並存的城市。

由羅賓・鄧巴（Robin Dunbar）所發明的鄧巴數（Dunbar Number）研究指出，我們能和一百五十個人建立緊密的關係——大約是狩獵採集部落的大小和十八世紀前歐洲村莊的平均人口數。因此，我們在城市裡可能以村落的思想生活，而這又強化了街坊的重要性，它幫助我們連結，建立信任和社區。當城市有大量的人遷入或離開時，無疑的，會給我們內心帶來許多波瀾。透過心理的角度看城市，有助於創造出能處理或修補斷裂、對立或多樣性衝擊的舉措。

我們正在目睹的巨大變化需要重新調整，尤其是心靈部分，**因為與地點連結的歸屬感分散至網路**，而我們所屬的地理邊境變得不固定且環境快速流動。這個閃爍的世界創造了不耐煩的心靈，因為虛擬世界的螢幕把你吸入，並混雜了有形、可碰觸的現實。你可以同時在這裡和那裡。顛覆性的科技如人工智慧或傳感系統，讓城市宛如坐雲霄飛車，而你也是，這是很奇怪的感覺。再者，城市是一個多數人都是陌生人的地方——必須傾注全力，才能把防衛機制運用至極限。如何在這樣的條件下建立公民生活，因此是一個心理問題。生活不僅是跨越空間、地點連結我們的數位平台，隨時保持聯繫或以各種方式探索城市、熱點，讓我們和志同道合的人結合在一起。

生活在不斷變化的城市，創造一個雙向的心理過程，無休止的交易隨著我們日常的生活推進時刻變化，並對我們和所在的地點產生無法意識到的影響。這樣的公民生活和以前的很不一樣。在城市，我們是一群有強烈個人故事的人，有不同的文化與觀點，對人生的看法和興趣不管喜不喜歡，都匯集在這裡分享共同空間。就空間的層面來說，城市是混合多元族群成為一個共同體的絕佳地點，因為面對面互動仍然是把人圈綁在一起，建立共享社區感、公民意識和地方管理的重要手段。

揭露並**善用城市的複合性或心理學**，可以成為理解讓一個地方進步或停滯不前的工具。是什麼削減或有助於其公民生活？是什麼創造了一個在地的精神、又是如何融入態度及日常生活？我們在工作、居住或交通上與城市互動，並在其中有持續的情感體驗。這直接地影響我們發展和感受的方式。城市的心理健康通常比農村地區差，而且當城市變得越大，越多事物在快速變化時，情況就變得更糟。這會增加焦慮程度，並讓人自我封閉。但這不會讓城市變糟，因為它和都市貧困的集中程度有更大關聯。

一股利己主義隨著消費文化的興盛而崛起，這是我們市場導向的經濟體系所造成；但專注於「我」而不是定義我們人類特徵的「我們」，可能會阻礙成功的城市生活。最終，最成功的會是那些能夠建構心理恢復力、有調適力、可應對災禍、多樣性和複雜性，予以反擊並持繼續勝任崗位，以及為居民提供達成更大目標的環境條件。

從心理學而來，有影響力的兩大概念是「地方認同」（place identity）和「地方依戀」（place attachment）。地方認同探討的是，我們居住和成長的地方如何影響我們的自我意識。它有助於培養歸屬感、目標及一個人的生命意義（或相反）。這裡的地方也可以是社區或城市，做為更廣泛身分認同的分享感，個人的街區也同樣在列。一個地方滿足人的心理、社會和文化需求，這對個人會帶來長期的情感影響。地方依戀則更具體地看待對一個地方的情感連結，並指出在一個地方所耗費的時間長度和品質，是該關係的關鍵決定因素。當新的常態是遊牧形式時，這樣的依附關係會因此斷裂。

地方的意圖與健康

心理學和潛力學校

心理學的很多分支提供了觀點、洞察力及一些心理學知識，成為如都市設計等城市學科的養分。我在這裡簡要地介紹一下。心理動力學（Psychodynamic）理論檢視了情緒、思想、早年生活經驗和信仰，如何形塑一個人現在的生活及其應對機制[32]，譬如如何去回應一個快速移動的世界。行為心理學（Behavioural psychology）被大量地應用於商業行銷，企圖影響行為、感覺和思想。現在它也用於公共服務，例如透過告訴多數民眾按時繳交稅款來加速稅務收取。認知心理學（Cognitive psychology）則幫助人們發現問題與應對。它成功地被應用在視覺設計上，透過已經影響都市設計和

▲ 藝術家邪惡路克（Filthy Luker）在台北街頭的作品

建築的相似性、對稱性、接近性、延續性等規則[33]，來理解哪些東西在心理上能對人們發揮作用。

　　人本主義心理學（Humanistic psychology）關注的是所有人類共有的特徵，諸如愛、悲傷、關懷、自我價值及人類潛能的實現。馬斯洛的「需求層次理論」（hierarchy of needs）發展出一些關於自我實現的人本主義中心思想——一種達成人類潛能的內在動力。自尊是其中關鍵，它是透過安全感產生，幫助人們找到意義、歸屬和幸福感。然城市中不斷的移動和改變，擾亂了這個過程。正向心理學者（Positive psychologists）[3435]專注在潛能而非個人短處，強調那些讓生活更有價值的東西，如快樂、自在、稱心、滿足、樂觀、流動和感覺良好。它影響了快樂與幸福指數的研究，這些現在都是城市政策的一部分了。目前有待鑽研的，是如何在許多臨時居民和永久住民並存的狀況下，增加幸福感。原型心理學（Archetypal psychology）是由詹姆

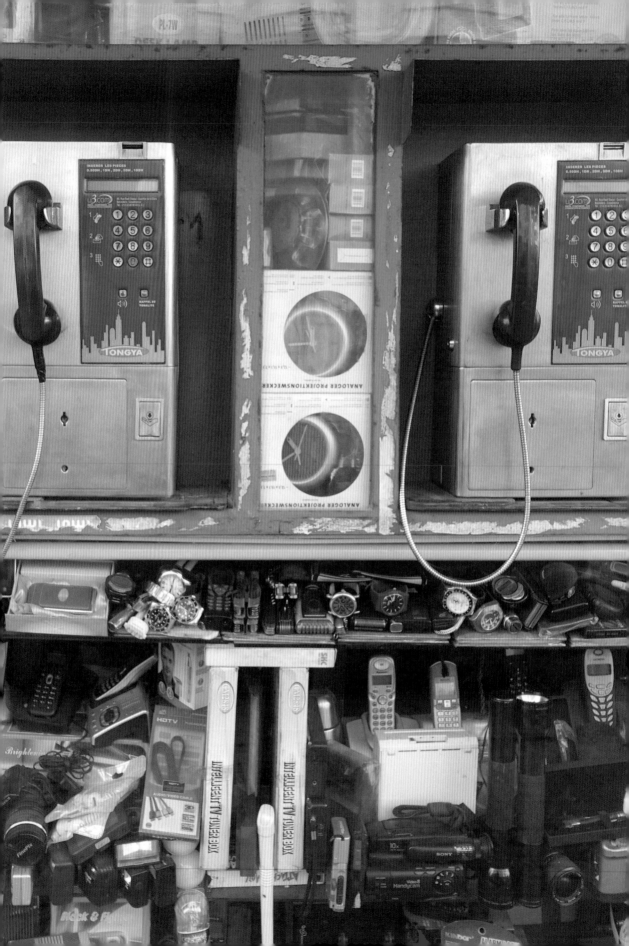

士‧希爾曼（James Hillman）所發現，他是榮格派心理學者和都市規畫師，研究想像的領域、不朽的隱喻、神話和最深層的心理運作模式。他指出，想像力，無論好壞，都比理性的信念更為強大，並且持續地滲透到我們的意識裡，這可以清楚地解釋面對渦輪增壓全球化的民粹反應。演化心理學（Evolutionary psychology）探討人們在適應變動中環境所產生的行為和因素。掌握對這些力量的更多知識，可以幫助我們理解數位化世界帶來的巨大衝擊，如何影響我們的思維，又如何能適應我們根深柢固的演化需求，特別是當虛擬和真實世界伴隨著人工智慧的發展相互交雜時。社會心理學（Social psychology）研究人們在社會環境中行為、思考和感受的方式，以及當我們和其他人互動時產生的變化。文化心理學（Cultural psychology）著眼於行為模式如何在文化中扎根和體現。它尤其探討「教化」（enculturation），即人們學習周遭文化規範，以獲得適當價值觀和行為的過程，這和解碼人們如何適應移動世界密切相關。

和平心理學者（peace psychologists）赫伯特‧凱爾曼（Herbert Kelman）和約翰‧伯頓（John Burton）承繼馬斯洛（Maslow）[36] 的研究，凸顯在把民眾聚集在一起取得進步前，**必須先滿足他們的基礎心理需求**。這些需求包括：覺得安全；歸屬感；自尊與被尊重；文化認同權；參與的能力；公平感──有時，一個簡單的道歉就足夠。有鑑於城市的緊張局勢，這項工作變得益加重要。環境心理學（Environmental psychology）則探究包括人為與自然，不同物理環境與人類行為及感知的相互作用。它質疑物質環境對公民的感受，例如無趣至極的空白牆壁、刺眼的並列建築，以及為什麼有些環境感覺陰冷、突兀或單調。最後，神經科學的進步是革命性的，因為它探索了運作中的大腦及其回應各種狀況的方式。

放眼比鄰居住、有不同觀點群體所帶來的問題，這些被應用的心理學門顯然有巨大的潛力，能幫助城市適應這個遊牧世界。理解個人和社會網絡運作的方式和我們的基本要求，將有助於環境的營造。還記得城市建造的歷史，充斥許多失敗的設計案例，包括失敗的烏托邦。天空中的城市 * 變成骯髒的監獄、一種建築的虛榮卻摧毀我們的社交網絡。確實，設計師的學問或心理可以明顯影響使用其設計的人。

城市的性格

細想城市及其在心理上如何能熟練地應對演化中的世界。有些還算冷靜，有些

---

* 譯按：應意指高樓大廈。

則綁手綁腳、受到打擊、令人發悶且怯弱，或是變得前衛、什麼都可以、開放而歡迎，更多形容詞依此類推。**這些都可以被視為人類與城市的人格特質。**我們對地理、位置、資源和氣候的回應都可以形塑其個性。對比一個來自較冷北方城市和一個住在赤道之人的舉止、態度和行為。想像海口城市和那些內陸城市、山裡或平原城市的差異。想想首都城市和衛星城市的不同。哪些地方的市民被認為傲慢、充滿活力、自視甚高或悶悶不樂。實質的環境也會帶來不同的影響。被認為醜陋和被無盡柏油路包圍、總是充斥噪音及車子氣味的地方，可能使人精神耗弱。而把人封閉起來，讓他們焦慮，變得沉默寡言。另一個極端，則是可提昇感官的美麗地方，它產生一種世界的秩序或穩定感，能強化自信並讓人開放心胸。這種對整體的渴望是強大的。城市氣氛會因為自信感而產生強烈差異，所以我們必須探究其深層由來為何。

雪梨的地方氣氛是急躁、果斷和目標取向的，以此類比，墨爾本以更謹慎的腳步尋求成就，也因此被認為更加文雅。

第里雅斯特（Trieste），感覺它總是被卡在邊緣，過去被威尼斯的海上力量阻擋在外，後來接受哈布斯堡王朝（Habsburgs）的保護，成為奧匈帝國閃閃發光的海港。第一次世界大戰後，戰勝的義大利勢力入侵第里雅斯特，斯洛維尼亞地名被改為義大利文，然後是持續的邊界紛爭，強迫義大利化。納粹占領期間，對猶太人口的殺戮，讓這裡成為義大利領土上唯一的集中營。今日的第里雅斯特感覺有點傷感，像是它正在尋找角色和一個不那麼令人不安的身分，讓它得以清晰地面對未來。

德國的曼海姆（Mannheim），它包括卡爾·賓士（Carl Benz）汽車的一連串的發明，讓它被視為工業化與醜陋——其市中心在二次大戰期間被摧毀，這些來自外部的攻擊迫使許多曼海姆人道歉頻頻。這形塑了它的自我形象，並成為凝聚城市的力量。儘管疏於建設，它卻是德國最富活力的音樂環境之一。

我們以為雅典過去的輝煌，是現在的它永遠無法追上的，北京總以為它是世界的中心，特拉維夫（Tel Aviv）是現代第一個全猶太城市並保有其開拓精神，現在是全球重點的新創中心。相對的，杜拜最近躍上世界舞台，卻是因為形塑杜拜人的自我感覺與天命。

這些城市的故事和其歷史背景可能產生深刻的心理影響，過去反應現在，決定一個城市的未來，就像對個人的影響一樣。值得發人深省。

我的同事克里斯·墨菲和我想知道，是否能把一些對人使用的心理學工具轉移

▲ 波特蘭（Portland）優閒的街景

到地方（place）上，因此我們建立了一個名為「心理彈性城市」（psychologically resilient cities）工具包，從中發展出對城市個性的測驗，結果創造了一種探討地方的完全不同方式。成果請見http://urbanpsyche.org/。

　　我們調查的成果充滿實質意義。對里斯本都市規畫者的挑戰尤其明顯，報告指出它較為內斂而非外向、更自我吸收而非給予養分，更像一個即興創作創作者而非勤墾的執行者。此外，它比較偏向理想主義的夢想家而非實踐者，難以對未來做出重要決策，或是回應薩烏達德（saudade），那是一種把過去偉大事物的懷舊變成現代的集體心理欲求。

　　同樣的，柏林在明顯的柏林圍牆外，也遭遇了斷裂。報告指出，它較為內向但仍非常主動；而當它遇到強勢、甚至暴躁的角色時，喜歡透過討論的方式解決，並且帶著責任感。所以我們開始理解為什麼它的公民論壇及競選態度是如此重要。當我們了解幾世紀以來卡斯提爾（Castile）王國對巴斯克地區（Basque country）的統治，也掌握了畢爾包強大的企業家精神及其不願意自省的緣由。最後，阿德萊德（Adelaide）是理想主義的自由移民在澳洲唯一落腳的地方，因此了解為何其他人批評該城市無法「說到做到」（walking the talk），而是無止境的討論。

▲ 倫敦蘇荷區

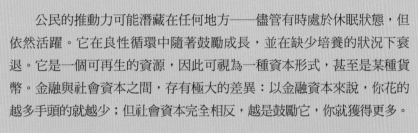

公民的信號

　　公民的推動力可能潛藏在任何地方——儘管有時處於休眠狀態，但依然活躍。它在良性循環中隨著鼓勵成長，並在缺少培養的狀況下衰退。它是一個可再生的資源，因此可視為一種資本形式，甚至是某種貨幣。金融與社會資本之間，存有極大的差異：以金融資本來說，你花的越多手頭的就越少；但社會資本完全相反，越是鼓勵它，你就獲得更多。

　　慷慨的行為引發積極的情緒[37]。以在法蘭克福機場帶著標牌、然後給我一個免費擁抱的印度女性為例，她的名字是施奈雅（Shanaya）。當我回過神來時，發現擁抱她的感覺是溫暖而非冰冷，數億個細胞似乎全打開了，而且接下來的行程都受到這個經驗的鼓舞。她選擇了最恰當的地點給予她的擁抱，這有極大的象徵意義，因為機場是屬於過客的地方，我們都飄浮在一個無法識別的世界。愛爾蘭高威（Galway）的大型系列塗鴉，激勵我做出隨機的善舉。我覺得有些疏離、有些手足無措。我知道它們的意圖，這比那些我在許多地方看過、要我「滾開」（fuck off）的塗鴉好太多了。稍後，我發現它要傳遞的訊息竟已滲透到意識中。它是怎麼（如果有的話）影響我的，我不知道。

重建公民權

　　這些例子看似微不足道，但它們提醒我們，你可以鼓勵好事，亦能助長壞事。我們的本能既是部落也是防禦的，同時亦是社會的，而且這些大都來自我們深層的靈魂。一切都關乎鼓勵彼此的文本。我親眼見證這在克羅埃西亞、塞爾維亞（Serbia）和波士尼亞（Bosnia），以及特別是塞拉耶佛（Sarajevo）——曾經是跨文化的中心，東正教、天主教教堂和清真寺可比鄰共存——的深切作用。但這都已幻滅。莫斯塔爾古橋（Mostar bridge）也以其象徵性存在回應了這點。在紛爭開始前，克羅埃

西亞人和穆斯林人在這座橋上相互交織，但現在卻有一股強烈的分隔感，因波赫戰爭試圖凸顯兩邊的差異性而非相似性。類似的故事比比皆是——尼克西亞（Nicosia）、貝爾法斯特（Belfast）、艾爾帕索（El Paso）或耶路撒冷。**我們覺得自在時對外開放，當察覺有太多無法控制的未知時選便擇閉鎖自我，彰顯部落性格**[38]。而當有許多移動中的事物時，比起穩定，顯然有更多的不穩定。

　　個人、組織與地方，每天就是在處理這些如何、要不要與他們的城市互動的兩難問題。有時它是組織化的，像是大量的志工組織、宗教團體、社會運動者或服務提供團體等人道機構。這些組織包括幫助老年人、病患、親子教養等組織，或協助溝通公平正義、居住等基本需求的遊說團體。它們可能與政府機構組織密切相關，或是能填補前者留下的空白。其中很多都是自發性組織，不論是替有需要的兒童成立支持小組，或是照顧無家可歸的人、改善一座公園等。圍繞熱情的組織，表現並清楚地反映了都市生活的活力——慢跑俱樂部、足球迷社團、花卉或藝術愛好者，那些喜愛貓、狗或囓齒類動物人士。他們的聚會可能會帶有救贖的感覺。這些觸角就像神經系統或流經城市的血管。總而言之，**這些活動都是讓事物運作的結構**。它們大都因為需求而起始，然後在不斷的協商中討論或爭論其責任位置——看來政府或民間主導機構要多擔待一些。

　　在福利國家的模式中，其平衡偏向一邊以提供安全網，有些人批評這

◀赫爾辛基一個安靜的地方。這是社福單位和路德教堂的共同合作計畫。

樣會減損公民能量，並造成一種理所當然的權力文化或依賴，或是賦予國家過多的權力。然而在另一個相反的極端，則讓民眾孤立無援、無法應對；許多國家，民眾只能依靠自己、家庭或網絡。2007、2008年金融危機後開始的緊縮政策，中央或地方政府提供的資源在各方面都減少，迫使那些沒有特權的群體開始尋求其他形式的協助，這引發了徹底的反省。但公家單位的架構、流程和思維模式，基本上都不受影響，因而往往無法回應或掌握現下的公民驅動力。

多數的事物都經過徹底改造，譬如商業模式或技術機會（technological opportunities），**但我們的政治程序和民主則不然**。民主不僅僅是偶爾的投票，它在歐洲的發展已經好幾個世紀。它仰賴其核心的開放性與複雜的軟體基礎架構，如接受根植於文化景觀中的不同觀點。現在全球有其他模式相互競爭，像是亞洲或中東，就有自己的見解或文化觀點。它們的傳統較為指導性或由上而下，此外則受根深柢固的利益影響，不希望讓外來者插手，威脅到他們的權力基礎。這提醒我們，西方模式未必一體適用，想想伊朗、伊拉克或中國。不過，來自底層的民主聲浪持續爆發——想要決定自己命運或參與的欲望，享有賦權的感受。

對於傳統民主的不滿正在升起，因為它無法履行承諾、無法像過去那樣運作。這個系統似乎已被維護自身利益的菁英所把持，而貧富差距仍勢不可擋地加劇。這是資本主義的內在趨勢，除非它被公共利益的必要性所規範或遏制，否則其後果即將爆發，而且這已經以民粹主義等反叛形式發生了。這個系統被認為是不公平的。在此同時，數位革命在傳統的政黨政治外開創了新的參與形式，而年輕人也越來越多選擇用不同的方式表達對理想的承諾。政黨則被視為機器，你在重重障礙中只能自行摸索。現在的方式是專注於特定計畫、選舉訴求或社會運動，例如跨越地域限制的「占領運動」（Occupy Movement）及一些反抗運動，以後會更多。它們通常是臨時集結，但這有缺點。這些集結的小塊面要如何成為一股強大的力量，以挑戰根深柢固的系統？當然，這也有例外狀況，例如艾曼紐‧馬克宏（Emmanuel Macron）在沒有任何政黨奧援下崛起，奪取法國總統大位。

有三個回應值得特別注意。首先，有城市或國家與超國家政權試圖改變整個系統；第二，在公共機構內部或外部建立實驗單位（experimental labs）；最後，獨立的創新計畫。

專注於公共領域創新的智庫、大學、研究員、政府混合體（government hybrid）或超國家組織（supranational organizations）已大幅增加。 越來越豐富的環境條件

促成我們重新思考傳統的官僚體系（bureaucracies）。部分人希望透過IT資訊科技讓它變得更有效率，其他人則更為激進，他們包括「OECD 經濟合作暨發展組織」（Organization for Economic Co-operation and Development）及旗下「公共部門創新觀察站」（Observatory of Public Sector Innovation）等全球性組織，後者專注於建立能促進創新與打破學科藩籬的規範與程序[39]；半官方組織如哥本哈根的「MindLab」（頭腦實驗室）[40]，是一個跨政府部門的創新組織，邀請公民和企業一起為社會創造新的解決方案。也有市政府自行成立的半獨立實驗室，如墨西哥市的「Lab para la Ciudad」（城市實驗室）[41]，企圖以大都會做為試驗場，用新穎的方式連結市民和城市。波隆那（Bologna）有「思域想像力」（Immaginazione Civica）計畫，反映了它在公民創新領域的強大傳統。有些大學如哈佛的「艾許民主治理與創新中心」（Ash Center for Democratic Governance & Innovation）[42]，其市政創新的計畫便與地方官員密切合作，協助複製成功的案例。

特別有趣的是阿德萊德的「Change@SA」（改變在南澳）[43]，它企圖在充滿活力的公共服務中創造一種合作、持續進步與創造力的文化。其由國家總理贊助的九十天計畫（90-Day Project），圍繞著具體的挑戰，並成為內閣的優先項目。九十天的時間框架，意在創造急迫感與強制性，採公務員自願性參與。他們被要求要創意思考、承擔風險並諮詢使用者。也結合來自各領域服務窗口的公務員，理解使用者或市民的背景。最終目的是改變系統本身。其計畫包括健康、技能提升、環境改善、警務運作、交通發展等等。

「生活實驗室運動」（Living Lab Movement）是一項重要的發展，全世界有數百個。在這裡，使用者能在他們真實生活環境打造創新，而在傳統的創新網絡中，使用者的看法是由專家學者推估與詮釋。許多計畫都以社會創新為主角，並從街頭觀點往回推溯問題。比利時、荷蘭及芬蘭，都是利用實驗室獲取創意的佼佼者。法蘭德斯（Flanders）與布魯塞爾建立了一個公共基金，用以開發來自實驗室的公共創新計畫。這也意謂必須拿掉或改變一些規定。[44]

一些新型態的智庫正在興起，例如阿姆斯特丹的Kennisland[45]，它與公共服務使用者一同評估哪些是真正的需求、哪些是市民可以自己做的。在政府部分他們建立了客製化學習平台例如「Slimmernetwerk」（更聰明網絡），幫忙解決官方組織與專家所遭遇的問題。與其平行的還有「Doetank」（實作箱），其目的是在實務中學習，幫助公務人員自我創新。另一個網絡是「卡夫卡旅」（Kafka Brigade）[46]，它是一個研究「繁文褥節與失能官僚體系」的國際團體。專門處理當市民和公務人員糾結在太繁複

的行政流程。卡夫卡旅會把相關人士，從第一線人員、管理部門和政策制定者聚集在一起，修改如家暴處理程序、重新思考對十八到二十四歲年輕人求職的協助，或是想辦法克服綠地增長的問題。

倫敦的NESTA（國家科技藝術基金會）[47]現是一個由國家捐贈的慈善機構，它旨在成為「一個創新的基金會……我們支持能應對我們時代挑戰的新想法」，例如怎麼運用數位工具來提升決策的適法性與品質，或是設立「另一半基金」（Second Half Fund），讓較年長的人能貢獻他們的時間與才能，以協助公共服務、幫助創新發展，例如成為學校的志工老師。

所以這些機構都有類似的目標，即合作解決問題、用新的方式吸引市民參與或打破舊的組織規範。整體而言，它們的方法與策略強調開放性及重新評估承擔的意願，**把重心放在社會創新做為變革的催化劑，培養以生活為核心的實驗文化**，重新思考如採購、風險計算，並釋放個人對推動能改造組織與體系的「創意官僚」（creative bureaucracy）能力。重要的是，它們凸顯了真實生活實驗的必要，如果成效良好，就能普遍地推行。這意謂，替代方案可以影響主流。

此外，亦有一股用更複雜競賽目標來代帶動新想法的轉變。在最好的情況下，它們能幫助城市專注於目標實踐、掌握共同想像力、探索不可能在正常狀況下提出的方案。

這包括最知名、由梅利納·梅爾庫里（Melina Mercouri）在1985年所提出的歐洲文化城市，那是為歐盟（European Union）獲獎城市所舉辦為期一整年的慶祝活動。最初有一連串的首都城市獲得提名，但最終有越來越多的小城市獲得該獎項。這個概念後來被亞洲複製，伊斯蘭文化與西班牙語系世界也如法炮製。其中許多僅是不加批判地說「我們是一個偉大的文化之都」。然而民眾也任由城市收割他們的文化資源，並創造能帶出當地特色與強化社區參與的實驗性計畫。其他如UNESCO聯合國教科文組織的創意城市網絡，有超過一百二十個城市在列，儘管做為一個有利的行銷利器，但對一些小城市來說，最終卻受制於遙遠的超國家機構，與在地的創造力表現有相當差距。UNESCO的這項方案賦予城市地位，卻沒有給資源。再者，僅用幾個藝術型態來定義創造力，也是一項弱點。我們也在這遇到國家與地方間的斷層與互別苗頭。其他的稱號專注於環保，如歐洲綠色首都（European Green Capital）已由斯德哥爾摩、漢堡、哥本哈根、布里斯托（Bristo）或奈梅亨（Nijmegen）獲得。另一個則是世界設計之都（World Design Capital），它已被首爾、杜林（Torino）、赫爾辛基、開普敦、台北與墨西哥市先後取得，其重點在社會設計。在這些獎項中，我們發現有

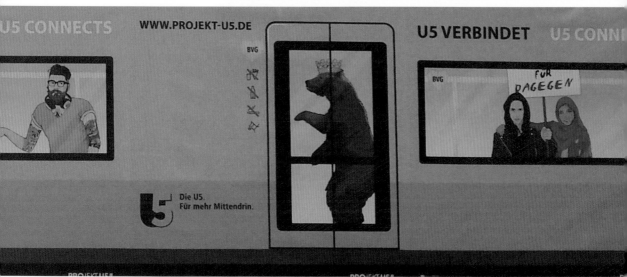
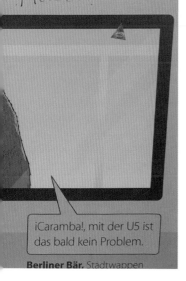

打造新的柏林地鐵

一股關於誰掌控議程的緊張局勢。通常這是由公部門代表參與競賽，但獎項的標準卻強調了公民參與。

最為人所熟知的城市慈善競賽，有側重組織變革的彭博（Bloomberg）市長挑戰（Mayors Challenge）、奈特城市挑戰（Knight Cities Challenge）及由麥康納爾家族基金會（J.W.McConnell Family Foundation）設立的社會創新（SiG－Social Innovation Generation）夥伴計畫。它們全都反映了以不同方式推動事務的需求。

從俯瞰的角度來看有組織或更自發的公民行動，就會發現有主題可循。以下將詳細說明我曾經參與的一些評審獎項與競賽，例如勞勃·博世公司（Robert Bosch）的城市變革行動者計畫（Actors for Urban Change）、歐洲創新之都（European Capital of Innovation）方案、奈特基金會（Knight Foundation）的公民創新（Civic Innovation）獎或創意經濟的新創新（Nice－New Innovations in Creative Economy）競賽，以及人類城市（Human Cities）的倡議提案。而當我檢視這數百件提案時，總會訝異於其能量強度、對現況的不滿和想像力。

其中許多專注於指認當地文化，並使其發揚光大，以對抗全球化帶來的扁平化影響；還有一些專注於藝術活動，以凸顯地方的獨特性；有些企圖擴大民眾參與的範圍；其他則專注於建立能力與自信。我們通常有一種想透過數位技術把異類社群連結在一起的自我管理欲望；一些聰明的應用程式可監控地方的情緒與氛圍；有很多計畫試圖解決數位化帶來的鴻溝；把不同文化團體聚集在一起的方案，以促進跨文化的相互理解；環境還是最令人憂心的。舊建築的翻新或再利用，也是一種流行的作法。它們通常成為共同工作空間，以創造新的社群，並更進一步地成為新經濟的創意中心，有許多社會創新中心便是由此而來的。的確，社會創新是流行的主題，到處都有無名英雄。

重新架構問題是公認的要務。各個團隊重新思考，像是「能怎麼從病患的角度思考醫療系統」、「如何透過習慣改變建立更永續的生活型態」、「該如何重新思考公共採購程序以鼓勵創新」、「除了傳統的學校教育外可以有什麼新的學習環境」或「在機器人開始流行的世界如何看待工作」。許多觸及到更大資本主義動能下所衍伸的公平正義問題。

且讓我們探索歐洲創新之都（iCapital）的規畫做為第一個案例，獲勝者將獲得一百萬歐元，其目標是鼓勵城市系統的創新，以引領新興世界。其使用語言不同於公

家部門的陳腔濫調。

這個設定為整個歐洲的公共行政體系提出有趣的挑戰。它自 2014 年開始推動，是歐盟 2020 年視野策略（Horizon 2020 strategy）的一部分。它指出：

> 我們需要更廣泛的創新方式，這不僅是把新產品推到市場，還需要流程、系統或策略，以認定歐洲在設計、創造力、服務及社會創新方面的重要性。……越來越多的城市可以被視為一個系統創新的地方，四個 P —— People（人）、Place（地方）、Public（公共）和 Private（民間）是相互連結、相互依賴的一個系統整體。創新則可被看作是一個透過商業（民間）連結市民（People）、建築環境（Place）、公家組織與政策制定者（Public）的系統——因而能創造城市的互動創新生態。

因為專注於「I」這個字母，其標準相當有趣。Integrated（整合的），因此能取得人與地方的最大化整體觀點；innovative（創新的）表現在過程與實踐影響力的方法；inclusive（包容的）用於說明其市民參與；inspiring（鼓舞人心的）以吸引人才、資金、投資與合作夥伴；interactive（互動的）因為它鼓勵主要參與者的開放式溝通。這五個「I」在 2017 年變為四個「E」。Experimenting（試驗）是以概念、流程、工具和治理模式來測試創新；engaging（參與），讓民眾參與共創過程，以確保（ensuring）理解他們的想法；或是 empowering（賦權），透過新的計畫下放權力給地方生態系統，並做為擴大城市吸引力的示範。

有良好準則的競賽，有助於城市思考如何重組和擘畫願景。超過一百二十個城市曾經報名，其規模不一，從非常大型的如巴黎、柏林、巴塞隆納與阿密斯特丹，到中型城市如杜林、格勒諾勃（Grenoble），到較小型城市如格羅寧根（Groningen）或摩德納（Modena）。為了贏得獎項，它們必須展現過去的成績。而這些參與城市指出的最大變革障礙，反映了全世界民主在重新獲取公民能量所遭遇的挑戰。也就是它們自身市政機構的僵化和克服各自為政心態的必要性，以及在各個參與者中達成真正合作與連結的能力，實際獲取網路的效益。[48]

所有的獲獎者都是開放性力量（power of openness）的見證者：開放數據（open-data）應用程式有強大的參與性元素，例如用群眾外包（crowd-sourcing）的想法，尋求和資助都市問題的解決方案，從犯罪防治到節能減碳，甚至是塞車問題。

城市經常把解決問題的挑戰丟給有經驗的私人公司、中小企業或新創單位，讓它們把城市當作創新的試驗台。這已經幫助許多公司對其發明做出原型樣本，並把城市

品牌做為行銷工具。

其中許多方案是透過富創造力的獎勵和法規來處理能源轉型問題，比起全球減碳的規定更為有效。有些則重新構思城市的整體系統，例如在健康方面，導入ICT工具幫助市民管理並維持自己的健康與安適感。這些解決方案企圖透過開放系統與合作，提供一種先進、個性化與相互連結的健康服務。有一些都市發展的方案可以做為靈感，有效地成為共同創造的「生活實驗室」（living labs）。它們往往結合獎勵機制以發展創意經濟、生態城市思維或新型態的移動方式，而這通常需要「四股螺旋」（quadruple helix' approach）作法──把公民參與、大學、公部門和私部門連結起來。

以下是幾個獲獎城市的分享。巴塞隆納在2014年因提出「用科技把城市帶近市民」（new technologies to bring the city closer the citizens）而獲獎，強調「為人存在的科技」。這個方案是「智慧城市」概念的再升級，把公共衛生和社會服務透過應用程式的人性設計發揚光大，例如教年長者使用智慧手機和醫生溝通，但其意想不到的結果是，許多人學會用新的方式與他們的孫子交流。

阿姆斯特丹指出，從十六世紀以來與洪水爭地，迫使城市進行合作，但二十一世紀的版本大不相同，擁抱開放性、實用主義和調適性。它因提出整體性創新願景，而成為2016年的獲獎者，把四個城市生活領域：治理、經濟、社會包容及生活品質連結在一起。它的數位社會創新系統，把市民和城市連結起來，促成新的對話與解決方案，從如何修補破碎的路面到有意識的安排「驚喜」，以及更多實體和虛擬的聚會場所，例如寡言倉庫（Pakhuis de Zwijger），這是一個為尋求啟發與合作解決問題的獨立平台和聚會點。阿姆斯特丹先進都會解決方案研究所（Amsterdam Institute for Advanced Metropolitan Solutions），也是一個有充足預算進行研發和測試複雜都會問題解決方式的生活實驗室──讓阿姆斯特丹市民擔任測試者、使用者及共同創造者。

巴黎是最後十強之一，主張開放市政府名下地權（街道、公園、建築、地下室、學校），做為問題解決提案的試驗場，這通常會以設定主題的方式募集創新計畫。它們的信念是「三個臭皮匠勝過一個諸葛亮」，組織外部的集體智慧一定比體制內的更為強大，而且藉由開放與交流，這個集體智慧可以被導入。

格羅寧根也是入圍者，它創造了發展以用戶為核心的智慧能源生態系統工具。名為「智慧能源公民」的計畫，旨在把大型能源供應商的權利移轉到公民所組成的群體，富有想像力的溝通被用來促進行為改變，包括能顯示全城能源位置與使用情況的熱圖（heat maps）。

位於赫爾辛基大都會區域的埃斯波（Espoo）也進入了決賽，它建立了一個策略夥伴關係，結合科學、商業與藝術創意。該地因為諾基亞（Nokia）、新崛起的流行手遊公司Ravio（憤怒鳥Angry Birds）和Supercell（部落衝突The Clash of Clans）的存在，把這些元素融合在一起顯得理所當然。阿爾托大學（Aalto University）也是，它是一間藝術與設計大學、一間以科技為主的大學及一所商學院的合體。

杜林從一個工業城市到現在是創新與文化中心，經歷了巨大的改變。試想它本來是飛雅特（FIAT）汽車城，四十年前有將近十萬名工人，但現在僅剩幾千名。它因此必須轉變，透過發展信任、橫向夥伴關係、試圖放軟身段（正如他們所說「程序不僵化，支持流動和冒險的創新過程」）。在義大利的國情背景下，這很創意。

由羅伯特‧博世基金會和MitOst e.V合作推出的城市變革行動者計畫，有不同的觀點。它旨在透過文化活動達到永續和參與性的城市發展，把文化的特有潛能當作積極變革的推進器或推動者。它企圖強化跨界合作的能力、號召公共與民間的合作夥伴，但是用文化的提案來推動整個過程。獲獎者不但獲取獎項，也將獲得培訓。得獎者也包括斯洛伐克的布拉提斯拉瓦（Bratislava），希望透過morebikekitchen（更多修車站）的計畫，發展該市的單車文化；城市廣場（Urban Agora）計畫，志在復興雅典的中央市場（Varvakeios Square）；「Dress up the city voids」（妝點城市空白）方案，則試圖用參與式空間營造改變葡萄牙的阿威羅（Aveiro）；巴塞隆納的Living Archive of Childhood（童年生活檔案），是一個搜集兒童對公共空間觀點的線上平台；另一個案例是立陶宛的考納斯（Kaunas），改造傳統的書報攤，使其成為街坊的聚會點，正如波蘭的盧布林（Lublin）試圖透過社會住宅打造城市烏托邦；或是像斯洛維尼亞的馬里博爾（Maribor）那樣，重新啟用中古世紀古城荒廢的庭院。[49]

墨西哥市的城市實驗室[50]設立於2013年，這個由前電影製片嘉布耶拉‧戈梅茲‧蒙特（Gabriella Gomez Mont）所發起的計畫，非常特殊，它是一個為政府設計的實驗思考與行動（thank-and-do）智庫。從政治的角度來說，非常勇敢地聘用了一個由二十二人組成的跨領域團隊，包括政治學者、藝術家、規畫師、人類學家、攝影師和律師。他們的觀點很新穎，並且連結全市未浮上檯面的社群，廣徵新想法或解決方案——譬如開發APPS。其中一個眾包提案，創建了一張由各式官方與半官方經營小型巴士構成的城市路線圖。在面對升溫的優步（Uber）與傳統計程車衝突時，他們也扮演調解的角色，最後達成增加新稅的協議，以幫助運輸系統的營運。另一個關注重點則是，為全市近五百萬名兒童創造公共遊戲區，這是過去長期被忽視的。此外，

他們的社區願景工作，正幫助市政府重新調整其服務。當然，以發揮想像力的方式和公部門合作（或反對它們），是相當富挑戰性的。

同樣鼓舞人心的另一個半官方計畫是 Woensel West。它是恩荷芬飛利浦舊工廠區 Strijp-S 更新計畫的延伸，由社會住宅公司 Trudo 主導，規畫住房、混合使用空間與育成中心。該街區取得特殊的「都市更新身分」，目標是特別預算翻新房屋、改善公共空間與規畫社會活動，以終結「剝奪感」。這個地方當初衰敗的原因，部分歸咎於飛利浦的不景氣，再來是因為許多離開精神病院的人被安置到此。

Trudo 確信傳統政策不管用。當地學校正因海洛因交易的盛行不得不關閉，他們需要能翻轉現況的因素。儘管威脅重重，他們在安全規畫和與警察的合作下開始計畫，後者負責處理毒品與賣淫等問題。其聰明的解決方案，是讓學生自主地去協助弱勢者，以換取廉價租約。這個計畫最後非常成功地把一個即將消失的學校，變為該省最好的學校之一。

有大量的市民活動是和公家機構或私人單位毫無關係，而是由相關的市民所發動。每個人都有物以類聚的傾向，銀行家和銀行家碰面，窮人傾向和窮人互動，而另類人士則尋找與其臭味相投的人。

大衛‧布洛奇（Davide Brocchi），一個住在德國科隆（Cologne）的義大利社會學者，希望人能跨越差異相互連結。他於 2012 年*發起 Der Tag des guten Lebens（美好生活的一天）或稱為 Buen Vivir（好生活）計畫，其目的是要創造睦鄰的友好環境。布洛奇認為這不僅是一個談話、玩耍、在一起的活動，而是一個活化民主的手段。第一次活動花了十八個月來籌備，並舉辦在比較新潮的埃倫費爾德（Ehrenfeld）區**以吸引民眾參與。要在較貧困的地方辦活動相形困難，因為得取得更多信任。它在 2017 年的活動吸引了十萬人參與，並希望這樣的友好互動不會僅停留在那一天。

它也獲得德國的社區大獎，其中入圍的還有 Witzin macht Zukunft（維欽創造未來），那是一個靠近馬德堡（Magdeburg）貧困區域的小村莊，飽受人口流失威脅。它用提供全村免費上網、建立消防義工服務及農業產銷系統，重振當地能量。這個社區獎項共有一千一百個計畫報名。一旦你開始查看，就會發現各種計畫如雨後春筍般地冒出，從最有名的游擊菜園（guerrilla gardening）運動到從舊金山開始推廣到全世

---

* 譯按：原文為 2014，經查計畫官網，為 2012 年開始。

** 譯按：原文為 Kirchfeld，但官網指出 2013、2014 年皆在 Ehrenfeld 辦理。

界的公園日（PARKing DAY）。後者占領停車位，並把它轉化為迷你公園，提醒我們城市裡可以少一點車輛。另一個是由赫爾辛基發起的「餐廳日」，允許社區每三個月可以在街道上販售食物。

在各大洲都可看到這樣的實例。以振奮人心的委內瑞拉國立青少年管弦樂團系統（El Sistema）為例，其口號是「為音樂而生的社會行動」（Social Action for Music）。它是委內瑞拉的一項志願音樂教育計畫，由教育家、音樂家和行動主義者荷西・安東尼奧・艾伯魯（Jose Antonio Abreu）在1975年倡議發起。或是玻利維亞的拉巴斯（La Paz）有趣又嚴肅的斑馬計畫（cebritas programme）。此舉是受波哥大當時的市長安塔納斯・莫茨庫斯（Antanas Mockus）的影響，他曾邀請默劇演員去嘲笑違反交通規的駕駛，使他們感到羞愧。在拉巴斯，志願者扮裝成斑馬去互動，甚至指揮交通，強調文明的舉止及人命比汽車值錢。

市民共有地

這些主題、想法和計畫，已經把我們帶向對公民或城市共有地的重視。這些關注也隨著公有土地私有化日益升高，**曾經是我們社區驕傲的公民資產，也急切地需要重獲肯定和挹注**。我們的圖書館、公園、社區中心曾經是讓有錢、沒錢及來自各個不同背景的人，可以在此相遇的中性領地。它們是都市的結締組織。今日，我們普遍花更少時間和不同群體的人聚在一起，對於那些有不同生命經歷的人理解也更少，彼此的互信因而降低。當時在奈特基金會的卡羅・科萊塔（Carol Coletta）提出「重新想像市民共有地」（Reimagining the Civic Commons），一個重點計畫因此首在費城試驗，然後是曼菲斯（Memphis）、芝加哥、底特律和阿克倫（Akron）陸續跟進。柏林的「城市變革行動者計畫」也設立了「城市共有」（urban commoning）這個主題，做為核心工作的一項，波隆那因此受到啟發。這包括了城市的公民資產，也企圖理解該如何用新的合作方式與當地社區共同治理和管理共享空間，譬如城市街道、綠地、公共廣場或社區花園及畸零地等。

波隆那把這個想法又推前一步，以城市整體做為共有地的概念，制定一套新的規則。「波隆那城市共有地公共合作條例」（Bologna Regulation on Public Collaboration for Urban Commons）於2014年開始施行，以初始一年為期，鼓勵用協作的方式管理城市空間與公私有地產。這個條例是「城市做為公有地」計畫的成果，而且開始被其他義大利城鎮仿效。該條例明言，城市希望把對物品有形無形及數位事務的啟動和維護責任分擔出去，以改善集體的生活享受。

▲ 蘇黎士（Zurich）

相關的抗爭

　　當城市的光與影逐漸清晰，其氣氛也在變化。許多人覺得他們必須對抗主流的樣板與敘事方式，相信一定有另一種城市型態能夠以不同的原則運作，但是在市場邏輯與資金流決定城市建設的同時，實在難以達成。他們問，最大的資金獲利是否能創造我們要的城市，當知道「不是」時，他們就提供替代方案。

　　大量的熱錢在全球流動，尋找投資的機會，而房地產開發有其特殊的吸引力。這往往會導向閃閃發光但缺乏個性的高樓，或是使人情緒高漲的購物中心。這些要角有強大的遊說能力，能說服政府讓他們多蓋一層、甚至是十層樓。他們成功地改變土地使用，讓利潤更加豐厚，而他們往往能取得最好的地點，例如河岸第一排，但那應該是讓大眾共同活動的空間。類似案例不勝枚舉。而公共利益與私人倡議計畫相互交織，讓周遭社區有發言權的對比案例，大都能獲得更好的觀感。

可以有另一種城市

　　土地所有權是驅動力，但土地是相當稀珍的資源。擁有者的信念，決定後續可能發生的事情。它是否能為其城市發聲或予以回饋，它是否鼓勵互動或各自為政。現在有一種趨勢，即尋求政府認同的祕密計畫。理解他們的城市並非由一連串的計畫組成，而是把城市視為一個整體的計畫。

　　綜觀評論家關注的一個主題，是該如何在出現問題時，把我們現行系統的成本與損失社會化，且把利潤私有化。歷史上最大的案例，是2007、2008年時西方世界政府，出手拯救了那些操作無法持續金融產品而導致許多人陷入貧困的銀行。以規則為基礎的制度已然消失，這種缺

乏監管的狀況持續地引發更頻繁的金融危機。有些人形容這個過程宛如政府被企業綁架，在許多國家更導致「竊盜統治」（kleptocracy）——這是一種偷竊形式，腐敗的領導者利用他們的權利去剝削人民與資源，以擴張個人的財富與政治權力。

　　反擊已經開始了，但它是否夠強大，抑或僅僅是風中的一小粒塵埃？要創造另類的都市發展型態，我們需要替代性的金融思維，這可以分成五種類別。道德銀行，其首要原則是不把利潤最大化，而是達成一個公共利益的目標：諸如歐洲的三重奏銀行（Triodos）、GLS銀行、環境銀行（Umweltbank）、道德銀行（Ethikbank），以及美國的都市夥伴銀行（Urban Partnership Bank）和春天銀行（Spring Bank）。在亞洲，為窮人而設立的銀行相當艱難，其中，孟加拉鄉村銀行（Grameen Bank）最為人所知。第二種型態是信用合作社（credit union），這在澳洲與美國相當流行，它們採會員制，所有的利潤都會回到社區。住宅合作社（Building societies）也同樣由會員組成。它源於英國，但其中許多在柴契爾政府下私有化，每位成員僅分到一點利潤，因而喪失了社區精神。相反的，在丹麥，低價銷售的利潤被保留成立了丹麥地產基金會（Realdania），其資產現在超過了三十億歐元。這些資源被用來改善丹麥的城市環境景觀，以確保後代子孫能夠受惠。還有社區的融資計畫，譬如當地人可能集資來拯救他們喜愛的酒吧、受威脅的書店或成立當地的能源公司。最後，則是網路借貸（peer-to-peer）和群眾外包。

◀ 蘇黎士西區（譯按：作者要強調的應該是都市更新運動帶來的對比，後面的新大樓名為「復興」，而前面的老房子在社區居民的擁護下，放上「抵抗」的招牌。）

對於傳統銀行的不信任非常強烈。透過比較網站uSwitch.com的一項調查，可以證明我們對替代性金融的嚮往。它發現77%的英國人寧可選擇擁有百貨公司與維特羅斯超市（Waitrose）的約翰·路易斯集團（John Lewis Partnership）做為他們的銀行，它的八萬六千名員工都是該企業的合作夥伴。其成效反映在各商店更積極的服務與氛圍中。

綜觀城市的領域，有無數的新作法能夠讓事情變得不一樣。它們是思想戰爭的一部分，儘管相互呼應，卻未能被架構成一個偉大的故事。

變遷網絡（Transition Network）是**一個讓社區聚集起來重新想像與改造世界的運動**。它是在地公民參與和世界網絡的結合。2005年第一個稱自己為變遷鄉鎮的是英國的托特尼斯（Totnes），這個網絡現已擴散至全球五十個國家的無數鄉、鎮，城市或學校。在最新的一次統計中，已經累計有超過一千五百個計畫在進行。他們的目標是「透過地方性的計畫來應對我們面臨的挑戰。聚在一起，我們就能集思廣益找到解決法案」。他們尋找能夠推廣在地食品的方案，尋求可以降低能源使用的移動方式、鼓勵搖籃到搖籃（cradle-to-cradle）的設計思考與商品製造，並且設立了讓一切都在當地範圍內循環的替代性貨幣。[51]

跨歐洲商場（Trans Europe Halles）是一個由市民和藝術家發起的文化中心類型，自1983年以來，一直是把歐洲工業建築轉型為藝術、文化與社會運動的最前線。它現在有九十個會員，且試圖「強化非政府組織文化中心的永續發展，並透過連結、支持和推廣來鼓勵新計畫的誕生……提供學習和分享的機會，從而促進藝術與文化的實踐、影響與價值」。[52]一些建物如赫爾辛基著名的電纜工廠（Cable Factory），便是該網絡的成員之一。

社會影響力製造所（Impact Hub）網絡在五大洲擁有一百多個中心與超過一萬五千名成員，它為社會創新者提供空間、社群及全球平台。它們是「創新實驗室、商業育成中心和社會企業社群中心的組合，提供你獨特的生態系統，有資源、靈感和協作的機會，以擴大你工作的積極影響」。[53]2001年成立於巴西阿雷格里港（Porto Alegre）的世界社會論壇（World Social Forum），截至2016年仍是那些想要挑戰社會現況者的全球聚會場所。由於參與人數高達十萬人以上，會議後來移到孟買（Mumbai）、奈洛比（Nairobi）、突尼斯（Tunis），甚至一度在北半球的蒙特婁（Montreal）舉辦。它的標語是「另一個世界是可能的」（Another World Is Possible），而印度作家阿蘭達蒂·羅伊（Arundhati Roy）更喜歡說「另一個世界不只是可能，它已經在路上了」。

該組織說自己是

> ……一個複數、多樣化、非政府與無黨派的開放空間，促進參與的組織與運動
> （movements）之間，去中心化的辯論、反思、建議、經驗交流和具體行動的結
> 盟，從而建立一個更團結、民主和公平的世界，建構新自由主義的替代品。

它故意在每年的1月，與其偉大的對手——在達沃斯（Davos）舉辦的世界經濟
論壇（World Economic Forum）同時召開會議，以便向世界經濟問題提出替代性的解
決方案。

這些計畫、組織和網絡非常重要。**它們為我們的世界帶來活力、能量和解決方
案，這些在經過奮戰與時間的考驗後，通常能被主流所接納**，儘管可能慢了好幾拍。
它們就像散落在世界裡的積極碎片，但是否能聚集在一個城市呢？

在我擔任柏林博世學院（Bosch Academy）院士期間，思忖柏林是否能成為這樣
的示範。我並非認為它是世界上最好的城市。哥本哈根因為其永續性的發展也是一個
很好的典範，而波隆那在利用其公民想像力部分也有極深厚的傳統。麥德林從一個謀
殺之都到現在努力改善其貧民窟現象的劇烈變化，也讓人深受啟發。巴西的庫里奇巴
（Curitiba）依然是一盞明燈，前市長海梅·勒納（Jaime Lerner）的都市針灸術非常有
效，讓這裡成為一個綠色之都。他在1972年的第一個計畫，是不顧強烈阻力，把主
要車道改為步行區，而且是在四十八小時內迅速完成。從此，該市就成為城市規畫的
創新典範。當然，還有許多案例不及備載。

事實上，許多人認為柏林在某些方面並不一定有創造性。然而，從其歷史來看，
許多人為了避免兵役搬到西柏林，促成了反抗的傳統和無政府主義的氛圍。當這個城
市再度一統後，擅自占地者大量湧入邊境建築，許多後來被就地合法，其居民成功地
突破可能的界線。柏林現在最知名的當數由電音主導的俱樂部文化，但其實還有更
多。它公民運動的傳統促使當地政府專注於自行車文化及永續生活的各種型態。它東
西方統一的狀況，意謂著有許多住房及堅固的工業建設，握在市政府的手上，而且
這裡還有合作住房的傳統。隨著柏林受歡迎的程度，士紳化也快速地進行著，威脅
城市的平衡。激進人士也進入政治體系，尋求能夠制衡這些過程的辦法，有時甚至
以買下產權的方式，來保護它們避免受到炒作。其中對於管理、誘因及如何展延既
有的法規，有激烈的討論，例如擴充土地使用分區法，好讓社區裡能有更多元的商
店組合。另一種方法是，只把市政府土地賣給那些被審定為最好的計畫，而不是給
提出最高買價的投資者。**有一個特殊的趨勢是，基金會和社區及社運人士合作，買**

下重要的地產，把它們帶出市場。總部在巴塞爾（Basel）的瑪麗安基金會（Maryon Foundation），在德國新克爾恩（Neukölln）最時髦的市中心保存了大半的金德啤酒廠（Kindl Brewery），做為非商業、主要為文化使用。它過去也是非法占用的空間。另一個案例則是由迪亞斯基金會（Trias Foundation）認養的Rotaprint印刷廠區。同樣來自巴塞爾的阿本德羅特基金會（Abendrot Foundation），其收入來自保險業，後來發展出反核運動，並資助了有指標意義的Holzmarkt合作社土地開發案，這在全球資產投資來說，是一項極度不尋常的實驗。該土地前面的兩百公尺長河岸，有柏林知名的夜店Bar 25，它非法占用土地，因此展開了一場象徵性的戰役。一旦Bar 25被迫撤離，市政府想建設一個高樓區，然後把土地出售。抗爭者以「斯普雷河是大家的」（Spree für Alle）為口號，阻止該區域變成傳媒特區。Bar 25的支持者找到阿本德羅特基金會，打敗其他避險基金，以一千萬歐元買下該片土地，然後再把它回租給Bar 25常客所創辦的合作社。這個合約非常特殊，因為不論是合作社或基金會，都無權把該地產出售牟取利潤。

Holzmarkt開發計畫的整體價值已經超過一億歐元，它是一個複合式的環境，還有火車以高架橋從高空經過。Holzmarkt的彈性讓它能夠和鐵路公司交涉，提供一些土地讓它存放物資，以換取這些有趣設施的使用。它的長期財務，將由河岸一端的酒店營運及另一端「Eckwerk」（工作角落）的複合式建築開發來支持。這是一個由五棟十層樓高木構建築所組成的聚落，是德國最高的木造房屋。其空間將出租給學生及一個以創造活力社區為目標的育成中心。Holzmarkt形容自己是一個村落與一群亂七八糟的組合，基本上不可能出現在這樣的黃金地段。它的中心是一所幼兒園與一個製作工坊，它也經營市場，有活動場地，還有一間餐廳和烘焙坊。第一階段飲食的收入將用來償付貸款。最重要的，是所有人都可以親近河岸，而在河的對岸則是柏林最大的合作住宅區之一。在開發過程中，四個區段共聚集了二十五家公司，收益較高的活動可用來支持較不賺錢的。

其他計畫的資金則來自於一系列有同理心的另類銀行，以及一個由一百五十人組成的互助會，每人都投資了兩萬五千歐元的股份。包括最高金額借貸方的每個人都只有一票，整個計畫則是由一個合作架構來管理。因為極具象徵意義，吸引了世界各地的遊客到此參訪，尤其是市長們。Holzmarkt現在已形成一個都市發展替代計畫的網絡，成員包括特拉維夫的維恩（Vemm）、阿姆斯特丹的聚集計畫（Gather）及基爾（Kiel）的老穆（Alte Mu）。目的是要把這個理念拓展至全世界。一個潛伏的危機是，Holzmarkt如果變得太受歡迎，就可能觸發它原來想要避免區域士紳化的結果。我們將持續觀察，它是否有助於系統性的改變，希望依然存在。

第四部

同理心的
所在

▲ 威尼斯丹麥展示館

◀ 芝加哥千禧公園

前進的模式

　　你喜歡蜘蛛，還是覺得它們嚇著你了？你喜歡外國人，還是他們會讓你感到不自在？我們要對外開放或採取閉關政策，都是一個絕對的抉擇。我把這種展現稱之為市民的城市風格（civic urbanity）。這是一個規範的概念，是對追求更好城市的承諾。它挖掘我們對連結和目標的更深層渴望。這不是自然形成的，它需要被培養，並在文化態度、法規修訂與獎勵計畫的鼓勵和實踐後，納為新的常識。或用另一種說法，在這一波擾動後，它成為自動自發的行為或被視為該做的正事。它透過協商的過程來辯證，為什麼市民城市風格需要被認真對待——它本身就是一個文化計畫。

　　城市規畫的核心涉及價值的爭論，以及在此基礎上做出的選擇。然後，需要導入價值觀，用政治力把這些精神轉化為政策，再用公權力達到你的目標。而這些都取決於我們的文化。因此，城市外觀的風格與精神、視野、可能性及它的社會、環境與經濟發展都取決於文化，所以文化足以影響中心舞台。比方說，某文化若只把其信仰寄望於市場原則，並相信資本驅動力能帶來合理的選擇，如此一來，操控市場者的邏輯、喜惡及觀點，便會比那些認為市場結果論讓決策理論變得毫無是處的人更為重要。[1] 相對的，如果某文化認為個人選擇至上——個人總是最了解自我需求的——這就會影響城市。同理，如果人們相信公共的想法或集體利益有超越市場動態的價值，就會發展出另一種型態的城市。任何有文化根基的辯論，都暗示或提出一種脈絡、一個行動方案，甚至是下一步該做什麼的宣言。

異國的城市，還是國際都市

世俗人文主義

最能支持市民城市風格的道德架構，是世俗人文主義的立場。這給市民價值觀一個特殊的位置，目的在培養能力、自信和品德參與。這同時也關乎人的才能、興趣和成就。但它並沒有責難科學、宗教或其他信仰提供的社會支持。在城市的環境底下，它的目標是確保各種差異的人能夠相對平和與一致地生活在一起，因為城市部分是由一群彼此不相識的人所定義。

其概念是以實用的基準提供引導共同價值觀、行為和解決衝突的原則，好讓人們能相互尊重與分享差異性。

Xenopolis意指一個充斥外國人的城市，它有負面的意涵。Cosmopolis（國際都市）聽起來就比較正面。世俗人道主義做為核心啟蒙計畫已經信心喪盡，感覺有氣無力，因而被錯誤地指責為優柔寡斷（wishy-washy），沒有顯見的觀點，它的信心需要被重建。有自信的世俗人道主義提出了一整套的公民價值觀和參與規則，包括：提供讓差異、文化與衝突能夠不斷跨域，更新對話的環境；在這個核心內，允許堅定信仰的表達；承認衝突的「當然性」（naturalness），並建立處理差異的方法與調解工具。它尋求鞏固不同的生活方式、認知哪些是我們必須共同生活的領域而哪些可以分開。它產生結構化的機會，讓我們學習認識「他者」（The Other），探索與發現相似性和差異。它希望壓低輔助原則的決策層級，意指更大規模的去中心化（decentralisation）及權力下放。中央政府扮演更為輔佐的角色，是一個推動者和協調者，這可提高地方層級的參與和橫向連結，也幫助產生興趣、關注與責任感。

世俗並不意謂情感上的荒蕪。但我也珍惜那些能喚醒靈性的高度存在*。那是一種賦予生命的力量，也可能是讓某些城市較其他地方更宜居的理由。因此，市民城市風格成為發展新國際都市的工具之一。後者不是尋求特定結果的定義計畫，而是一種我們需要持續努力的態度。

---

* 譯按：應指藝術。

◀ 路易絲・布儒瓦（Louise Bourgeois）
在古根漢美術館的雕塑作品／畢爾包

城市性：它的過去與未來

城市性和都市化綜合了經濟、社會、政治與文化歷史，有助於對照今日，追溯發展的脈絡，並重新體現它的最佳特質。城市性的傳統主要來自歐洲，反映從中世紀後期及文藝復興時期，義大利城邦與北歐漢薩城市同盟（Hanseatic League）展現的態度。它是由想擺脫封建制度枷鎖與限制的商人所領導，好讓他們能不受阻礙地進行交易，最後導致菁英政治的運動。透過這樣的動作，他們成為一個充滿活力的團體，有自己的政治、經濟和文化利益，成功地與當時的中世紀秩序分庭抗禮。他們發展出後來的中產階級生活方式，包括自己的學習與文化制度、規範及價值觀。

他們反封建，但在當時的時空背景下相對民主，他們是開放、國際化、為其城市感覺驕傲而投入其中，反映了以貿易為基礎的新興經濟、新型態的生產方式，有新的專業體制、教育和科學機構，並重視理性思考。這也反映在生活態度上，給市民一種集體認同感與團結力量。城市因此在某些時候比家庭、宗親或種族關聯更重要。這個氛圍也有助提高移動性，建立一個完全不同的世界觀。它代表了一種正在興起的市民文化。

隨著國家地位的演變，城市的角色也產生變化，它們的獨立性因為如倫敦或巴黎等首都城市占居主導地位而逐漸下降。同樣的，隨著國家的興盛，認同的意識也轉移到國家，削弱城市的力量。一些主打社會福利國家的興起，更加劇了這種情況。

將這種中產階級的城市性原型理想化是不明智的，因為它變得更為浮面與消費導向。城市性的概念甚至因而退化，成為一個觀看城市生活變化的漫遊者（flâneur），卻對集體的需求無所作為。因此，今日有時我們會把城市性解釋或當作溫文儒雅、精緻和有禮貌的同義詞。有人把它連結到咖啡文化，有點酷或一個有很多文化活動選項的處所。也有一群喜愛後現代的人認為，城市的所有事物都能代表其城市性。因此，如果那是一個可怕的水泥叢林，也只能認了。

德文「城市氣氛解放你」（Stadtluft macht frei）的說法，很能呼應這個概念。套用更現代的術語，應該著墨於「對城市的權利」（the right to the city）與「對城市的責任」（responsibility for the city）這兩方面。

◀ 兩位老人在看廣告裡的年輕女性／畢爾包

城市性的障礙

　　這裡要談的城市性，不僅僅是一個描述性的用語，更是一個行動方案。今日世界在移動上更為便利，我們可以看出許多地方與城市越來越注重對這種勞動力的吸納。這種流動的市民和城市有不同的互動關係，它不那麼長時間與密集，對地方的貢獻也比較少。相同的，城市對於決定其命運的關鍵議題的權力也相對地小，例如教育、交通、社會福利等方面，或是它創建地方法令的能力，譬如擬定更適切的辦法去規範市民的權力義務。同時，許多在過去扮演城市神經系統和調解機構的獨立志工與社區組織，現也面臨能量削減的危機，因為它們多仰賴中央政府的補助來推動。這讓我們的城市文化變得過於簡化，因為少了幫助培養市民與公眾事務的工具。傳統形式參與度的下降隨處可見，這反映在低投票率或信任度的下降，讓社區運作的隱性連結已然弱化。因此，當我們談到城市文化時，很自然地只會想到其城市氛圍、活動與藝術。不過，新的參與形式也正在開展。

▲ 在公共場所下棋是市民生活的縮影／墨西哥市

▲ 墨西哥市裡的聚會和閒話家常

我們對市民城市性的概念有崇高的寄望。然而，在這樣的前提裡，你該如何發展城市性？當環境與我們的安定感都和以往不同、當虛擬和現實世界更快速的交融、當全球化往往以負面的方式改變社交生活，讓我們感到支離破碎。

做市民

做市民，意指成為一個完整的公民，也就是一個人持續地用多種方式參與其城市，以改善自己和其他人的生活。這是一種把「你」和「城市」融合為一體的感覺，城市成為你的一部分，它的每塊磚頭或草葉也是。城市擁有你，你也擁有城市。日常中的小事，譬如社區咖啡廳裡的固定早餐，或是你多年來去看的當地牙醫，還有不定期大型活動所交織出來的網絡，讓你事後回想起來很有社區的感覺。隨著地方和人與人連結的建立，這樣的熟悉感不知不覺地浮現，創造了記憶、意義和歷史。這樣的認同需要時間。這就是為什麼人們會喜歡那些對別人來說沒有個性、醜陋或沒有靈魂的

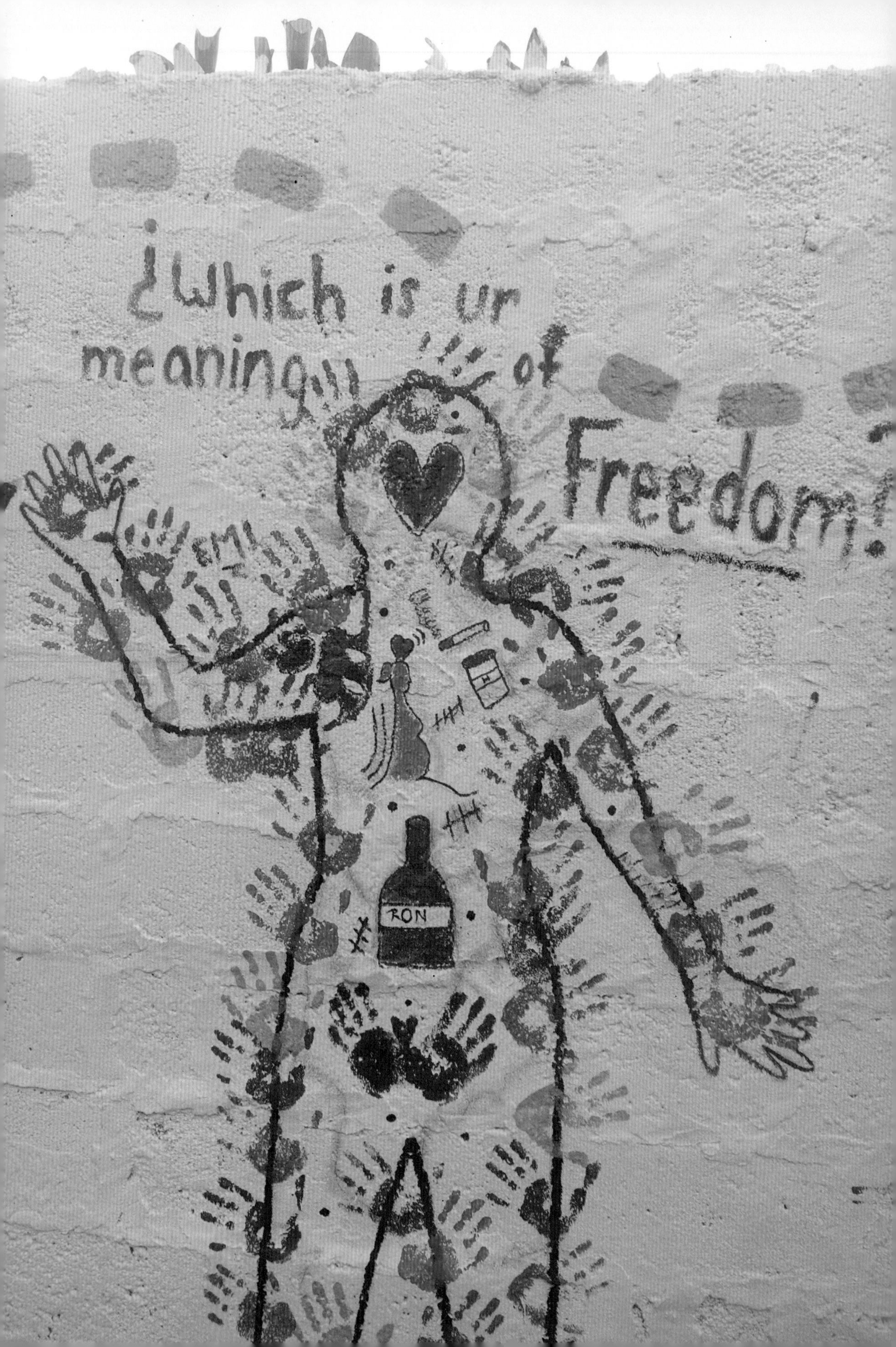
¿Which is ur meaning!! of Freedom!
RON

地方，因為他們在那吸取了很多經驗。比方說，你第一次接吻的那張長椅，就是許多人投注認同並成為自己一部分的東西。但要小心，如果該城市裹足不前、一成不變，極可能會困住你，並導致幽閉恐懼症。

年輕一輩還有野心勃勃的人寧可逃離，追求一個變動中的環境。這凸顯興奮、刺激和有行動的地方。然而，以公民的方式行事，原則上有助於在發展與改變的同時加深認同，並讓城市充滿生命與靈動力。其發展重心可以很廣，從城市綠化到扶植當地創業家，還有讓不同的族群能夠融合或歡慶。歷史上，做市民這件事與民主的推動有極大關聯，因為這意謂著積極參與，進而促進辯論和公共討論的領域。因此，最好的市民是他們不斷演進城市的製造者、塑造者與共同創造者。他們是自己地方的製作人，而非僅僅是消費者。對於那些需要吸引半永久性和流動人才的大部分城市，有一個暗藏的危險是，這些人沒有什麼時間可以建立承諾、直接的連結、參與和忠誠。相反的，城市的活力與生氣卻是為他們創造，從而強化了消費面向。

成為市民，往往涉及對現狀和公務機關的挑戰，成為行動主義者。而一群自動自發投入的個體群集起來、或是民間組織和機構攜手合作，來承擔官方不能或無法推動的事物，就建構了一個公民社會。

城市性的十大主題

有十個主題形塑了二十一世紀城市所遭遇的困境、挑戰和機會，每一個都與我們如何生活和打造我們的環境相關。它們提供一種城市敘事，企圖控制城市裡越來越多離心力與向心力的爆炸性組合，幫助重塑我們重新思考城市性的方式。

重新思考城市性的連結概念有：整體思維、計畫與行動；共享的公共用地；生態意識；健康的城市規畫；文化理解力；包容性；世代公平性；美感的必要性；創意的城市建設及充滿活力的民主。它們共同架構了市民城市性的現代意義，目的是嘗試把個人的欲望和自我利益在集體的意識裡重新對接，同時展現對「我們」或「我們共同的世界或城市」的責任，而不僅僅是對「我」及其他較為私利性的需要。

整體性思考

最開始是要以整體和連結的方式來思考。唯有如此，才能察覺那些幫助我們理解

城市更深層活力的連結和依賴關係，以及該如何利用它們的潛能。這會需要一個改變的思維模式，而且難以事先準備，它通常是一種心態的轉換。不過，有越來越多的決策者已經意識到，各自為政和不相往來的部門思維，並無助於創造需要的複雜解決方案。

共享的公共空間

我們需要重振公共與分享的場所。這是一種社會風潮，以對抗越來越封閉及以自我為中心的公眾文化。它在許多事物裡催生了空間和地點，從免費的公園到圖書館，到非商業性空間及公共空間。以這種精神為基礎的地方，可以幫助人們重拾同樂和團結的習慣，從而培養連結的能力，並建立社會資本。隨著時間的變化，如此培養的城市文明將鼓勵個人和集體的慷慨表現，而這種自我培育的過程，也能夠創造出一個良性循環。

生態意識

所有的城市都在談永續性，每一份願景宣言都提到要應對氣候變遷的影響。從直升機的角度觀看世界各地的城市，就知道已經有許多好範例。然而，僅有很少的城市能做出艱難的規畫抉擇，以抵銷各種持續影響城市不那麼永續的經濟能量、空間結構與實體型態。長久以來，城市在改變行為模式方面並無足夠的想像力，也沒有發展新的環境美學，好激勵民眾另類思考。同樣的，三百六十度思維也未能融入決策，因而成為驅動變革的新常識。儘管現下有第四次精益、乾淨、綠色工業革命帶來的巨大經濟機會，但劇烈和必要的改造過程，仍有很長遠的路要走。「搖籃到搖籃」的決策實踐依然遙遙無期。

健康的都市規畫

透過日常都市穿梭達到健康目標的都市規畫，並沒有貫穿各種領域的規畫思考。我們過去建造與持續打造的城市，對身心帶來不良影響。我們理解什麼是不健康的都市計畫。嚴格的「土地使用分區」以功能切割，排除了像是結合生活、工作、零售和娛樂的混合性土地使用；「綜合開發」忽略了在精緻度、多元性和多樣性的營造；「規模經濟思維」傾向認定大才有效益。最後是「汽車的必然性」，讓我們在規畫時把汽車奉為圭臬，人則淪為麻煩的配角。可步行的城市提供時間和空間，讓你打從內心

地去體驗這個城市。健康有一部分是感官的滿足。一個健康的地方，是人們能夠在情感、心理、精神、身體和美感等方面感到舒適；在如此條件下從事的任何事情，理當都會讓你覺得健康。一個健康的地方，會回饋給你豐富的精神面。這讓你感到開放與信任，並鼓勵我們跨越貧富、階級和種族互動。它讓我們樂於交際。

跨文化思考

所有的大城市都變得更為多樣化，多元文化主義是理解這些差異的主要方法。它強調必須滿足其多樣化的需求，跨文化主義更進一步，而且有不同的目標和處理重心。它提問「什麼是可以跨越彼此的文化差異，在城市裡共同分享的」。它承認差異，但也尋求相似之處。它強調，我們其實都是混血，莫要再提純正血統的說法，也強調有一個單一但多樣化的公共領域，在文化相遇的地方萌發。不太注重把資源分配給那些擔任守門人角色的計畫與機構，反倒鼓勵那些建立互動橋梁的人。認知衝突，並嘗試透過接受、管理和交涉的方式，議定出在我們多樣性與差異的前提下，如何共同生活的可遵循規範。簡言之，它超越機會平等的概念，並尊重既有的文化差異，以實現公共空間、機構和我們公民文化的多重轉變。

不平等和包容性

不平等的社會帶來緊張、憎恨，並導致潛力的未開發。一個富貴和貧窮兩極化的社會，是無法掌握市民的集體想像力和智慧，更無法充分地運用他們的能量和志向。越來越為人熟悉的涓滴效應是沒有效果的，有錢人和窮人間的鴻溝正在加劇。從OECD經濟合作暨發展組織到達沃斯高峰會，都對嚴重收入差距帶來的影響提出嚴重警告。這被視為是社會穩定和民生福祉的最大風險。它具有腐蝕性、分裂性、低效性和道德不健全性。某種程度的不平等也許對經濟有利，創造努力工作和冒險的動機，但收入若是高度集中在有錢人這端是有害的。「占領」抗議運動展示了公眾累積的憤怒，這種失衡已經太超過了。這可以被解決，但前提是我們把市場機制轉向以公共利益為目標。

跨世代公平性

人口統計的時間炸彈籠罩著每個城市，我們將面臨壓力，把老化人口獨立出來放到適合他們需求的退休住宅區。未來更多標榜創新的地方，將會以跨世代的觀點重新

思考城市建設，發展出可以根據生命週期改變的住房形式，讓年輕人和老人一起生活。

美學的必要

美感是必要的。城市是三百六十度的沉浸式體驗，透過其存在的每一根纖維、每一幢建築、自然環境、活動和整體氛圍進行交流。它的美學能引發一種帶有心理影響的情感反應。我們盡情爭論美醜，且再自然不過。這提昇我們對環境的覺察，並逐漸建立審美標準，不過這些標準當然都可再協商調整。整體來說，這有一個重整的過程，好知道哪些在美感上可行、哪些不被大眾接受。這提醒我們，每一個硬體建設對它所處位置的人和環境都有美學責任。請謹記那些從可怕建築物暴露的醜陋細節、錯置的都市設計或人一生中必須經歷的不合理基礎設施。這些都會帶來負面的影響，導致憂鬱及其他疾病。

CREATIVE CITY MAKING

創意城市的作法，用意在解決城市所遭遇不斷升級卻無法用常規方法處理的危機，好讓城市能好好存活和治理日益加劇的複雜性。它認為好奇心、想像力和創造力是發明與創新的前提要素，有助於發展和解決棘手的城市問題，或是創造有趣的機會。解放市民、組織和城市的創造力，是一個賦權的過程。利用潛能、搜尋地方的獨特性及特色，是一個不可缺少的資源。它是一種新型態的資本與貨幣。創造力在所有生活領域裡，都能有廣泛的影響和應用，不僅僅屬於藝術家或那些在創意經濟領域工作的人或科學家，雖然他們都很重要。它也包括社會創新者、有趣的政府官員或任何可用不尋常方式解決問題的人。城市需要**創造讓人們用想像力思考、計畫和行動的條件**。

這需要一個不一樣的概念架構。一個地方的能力取決其歷史、文化、硬體條件及整體的運作環境，這決定了它的性格和心態。城市發展的「都市工程典範」（urban engineering paradigm），把重心放在硬體工程太久了。相反的，創意城市的營造，強調為何我們需要同時理解硬體和軟體。久而久之，這催生了城市的「組織體」（orgware），也就是如何在這些新條件下管理都市的方式。

主導的「工程文化」有其正面和負面的思維模式。它合乎邏輯、理性且技術純熟，從做中不斷學習，從實驗與錯誤中逐步前進，以硬體為重心完成作業。其弱點是

可能變得過於狹隘、沒有想像力、缺乏彈性,並忽略軟體方面。然後者連結到一個地方的感受,促進互動及發展、善用其人才與技能的能力。

鼓舞人心的民主

多數的事物都已經歷再造,譬如做生意、建構城市或娛樂自己的方式,科技也以巨大的飛躍速度發展,讓我們以肉眼完全無法覺察的方式,與世界各地連結。然而,代議民主形式在數百年來卻幾乎毫無變化,每四年就投票給為我們喉舌的政治人物,卻在選舉和選舉間鮮有互動,儘管就地方計畫有徵詢市民意見,或有時就重大議題舉辦公民投票。但是低投票率顯示這還不夠。城市需要探索更多與市民溝通的方式,以重新啟動市民參與,共同制定政策。開放數據運動在這裡是很重要的。透過免費提供從古迄今的隱藏資訊,新的決策方式變得可能,例如公民陪審團或線上投票、市政廳會議等其他型態的參與式民主。總的來說,這裡強調的主題涉及照顧自己和他人,頌揚並鼓勵獨特性、自我認同及開放的態度。

創意官僚

城市生活需要好的公共官僚體制,而這些需要重新改造,以開發城市、市民與企業的潛力。這需要一種不同的思維方式,好重塑它們的組織文化。它的兩個重點是,**要把「不行、因為」文化,轉變為「可以、如果」文化**。這是半杯水(half glass full)*的手法,寧可用心傾聽,並找出機會,而不是看到問題再試圖協助,意謂著它**需要以戰略原則與靈活策略的方式來運作**。這些原則鼓勵彈性更為靈活的計畫,以應對不斷趨近與升高層級的全球危機。官僚系統面臨一個巨大且急迫的任務,要幫忙創建一個用正確法規或獎勵措施、與監管單位共同支撐的更公正更平等世界。這需要在符合二十一世紀的背景框架下,構建一個能善用它所有道德、創造力和智慧資源的官僚系統,重新獲取其獨特的領導地位。然而,數十年的改革和挑戰,已然讓許多官僚體制一蹶不振——讓它們對自己之於民選政府和其他利益團體的合法角色與威信充滿懷疑。

---

* 譯按:意指觀點轉變,同樣是半杯水,悲觀的人看到杯子是半空,樂觀的人則認為是半滿。

　　「創造力」和「官僚」很明顯是兩個有緊張關係的詞。創造力注重機智、想像力、調適性和靈活度。對自己說出「官僚」（bureaucracy）這個字，你會想到什麼？大概是我們曾反射性地屈從，以及有哪些官員和公部門等的老生常談。愚蠢的規定、懶惰又自滿、難以理解的表格、繁文褥節、低效率、錯綜複雜、薪水過高、浪費資源——一連串負面的意涵，這還不是全部。不過，官僚體制最為人詬病之處，通常也是避免權利濫用的保險。那些在公家機關服務的人，往往是極佳的制度維護者。因此，儘管我們批評許多現行的官僚制度，也同時相信可能有另一種官僚機制的存在。

　　官僚制度的標準化規則、階級和程序，原本的設計是建設性的，或至少是有效和公平的。這些制度的制定，是為了解決當時的問題，也因此反映了年代的文化。這些文化更加畢恭畢敬、更為由上而下注重階級、更為專業主導，卻不在乎情感處理上的智慧。它們認為最好的就是建構系統化程序，好讓決策變得透明和公平，曾被視為良善與現代，如果從技術治國的角度來看的話。然而隨著發展，弱點紛紛出現。解決問題的方式變得機械化，而提前規畫似乎可透過「預測和提供」（predict and provide）這樣的風氣來達成。

　　在一個棘手問題縱橫交錯和複雜風險環環相扣的世界，這樣的方法頂多是次優的，而且在最糟的狀況下還會導致功能失衡。新的官僚體制將利用最好的數位優勢、卻不會讓科技在發展中失去人性。它的「伎倆」（modus operandi）是透過與其社區更多的共同創造和平等交流，來刺激自身與環境。這需要新的思考與解決問題的方式，特別是跨公、私與民間三方建立夥伴關係的能力。

　　只是為了追求效率或**太執著於行政規範的官僚體制，是極度浪費人的努力**和才能的。那是一種無限上綱的氣力付出、一種能讓機構勉強稱之為成功的空幻資源。每個人都有一個巨大的「自由裁量」（discretionary）的努力倉庫，每天做出付出或保留。自由裁量努力指的是，每個人有能力做到的和他們實際表現的落差。制度則可以鼓勵或阻礙人們做出這種貢獻。包括我們自己進行的許多研究，都顯示當人們感到受挫時，機構會損失30%到50%的潛在付出。相反的，人們不求表現、找想法、解決問題、改善工作環境、幫助他人，可能會感到沮喪、無聊、有壓力或封閉自我。

　　啟動這種能量的基本要素，在於領導的態度，把機構視為共同的努力，每個人在組織內外的貢獻都是不可或缺的，這需要一個允許而非處處限制的系統及能提昇優勢的能量。許多研究都指出，這需要廣泛的領導力而不是管理，只有系統需要管理，人們需要被引導。

　　原則上，**在公共官僚體系裡有隱藏的潛力和束縛的人才**。如果有機會，人們是可以做更多，然而多數人覺得大材小用，並且陷入狹隘的自我表達裡。行政系統、組織和個人間無情束縛的嚴苛方法論，限制了許多可能性。在官僚系統的創造力和城市的成功之間，存在一條直接的連結。一個在經濟和社會方面成功的城市，若沒有創造力、創意和投入的官僚體制，是不可能變得敏捷、有吸引力和永續發展的。

　　事實上，**許多偉大的計畫背後，都有一位富有創造力的官僚**，想方設法制定讓他們能朝積極方向去運作的法規。局處裡的個人可以改變一個單位的文化，隨著時間演化，甚至能夠影響整個官僚系統。許多事件開始爆發，一些改變更是因為市民公然違反規定，而不得不做出的調整。儘管有些案例來自英雄式的勇氣，不幸的是，也有不少因為悲慘案例觸發的變革。做為個體，富創造力的官員可以塑造城市，但是關鍵性的群眾可以重塑官僚系統本身，具體推動由最佳代言人所示範的價值觀和品質。官僚體制形塑並影響城市的情緒，而它們的城市創造力可以幫助社區彌合分歧，找到「共同點」（the common）。

　　在許多案例中，我記得兩位有趣的官員。安靜且不張揚的林崇傑是其中一位，他是台北市都市發展局的次級主管，非常熟悉創意環境營造的微妙生態，知道如何讓市場「轉彎」，制定同時能鼓勵青年創業、又能挽救大稻埕傳統知名迪化街區的法令。他所領導的都市更新處，對實驗保持開放態度。該單位連結革新的開發者，並試圖控制關鍵據點的發展，以抑制城市裡彌漫的炒作能量。其中一個策略是，以容積轉移來換取原有建築的保留。

　　另一位則是推動公民社會（Civil Society）的雅典副市長亞美莉亞‧季波（Amalia Zepou），原是紀錄片製作人。她創建了「synAthina」（綜合雅典）平台，以帶動市民和公共領域之間積極的新關係，這遠超於志願主義，而是一個積極公民和開放行政體系的共同創造過程。它發展出一個想法，並贏得2014年彭博慈善市長獎（Bloomberg Philanthropies）的五大獎項之一。synAthina現在是社會創新部門的其中一項業務，是市政府、地方組織和市民之間的系統性機制，其目的是引入市民的創意促進地方治理現代化，改善市民生活並強化民主進程。

▶ 在鹿特丹創造一個新型態的菜市場，需要一些官僚的創造力

▲ 柏林博世基金會

如果……

所以我們來到尾聲。好地方，除了提供工作和良善設施等基本需求外，有五個重要特質，它們是：

- 可以落腳的地方和獨特性：一個像家的地方，可以產生已知、熟悉、穩定的感覺，並且可以預料；它有安全感，因此令人安心。這個地方頌揚它的過去和歷史知識、文化遺產、傳統及其身分認同的核心假設。這讓人們覺得有根，相反地，它又讓人在面對未來和改變時，有自信且游刃有餘。它勇於創新。

- 能夠連結和重新連結的地方：一個有在地感的地方，不同的社群可以相互連結，並緊密配合。這個地方能和更廣闊的世界，包括其多樣性融洽相處。它不會去區隔愛國者和全球人士，全面地與城市內外環境連結，並透過數位科技，伸展到寬廣的虛擬世界。

- 充滿可能性和潛力的地方：這個城市培養開放的態度，並鼓勵好奇的文化，為生活的各種階段帶來不同的選擇和機會。這是一個有實驗文化的地方，因此必須確保它對新出現變化的靈活性和適應能力。

- 學習的地方：這裡有從正式到非正式提昇自我的許多學習管道。這是一個終身學習的環境，討論的文化盛行，必要時會重新思索和建構。在這裡，你可以進行個人和專業方面的養成。

- 鼓舞人心的地方：這裡有一種富有遠見的感受，夢想和好的想法都能透過實體建設或文化活力與都市規畫，以有趣的方式呈現。每一項都強化另一項，創造積極正面的良性迴旋。

這是個綜合管理的地方，為它所進行的任何重大計畫，同時尋求加值與價值。因此，它的經濟和社會動力是由道德價值基礎出發的。

地拉那的建築

本書提出的議題是否有助於
創造新的前進方向？

參考網站

第一部

1 https://www.creativespirits.info/aboriginalculture/people/aboriginal-population-in-australia#axzz4mhnbEUam
2 Many think that gypsy is pejorative name given its connotation of illegality, yet some Romani organizations themselves use it.
3 http://www.thegreynomads.com.au/
4 https://beunsettled.co/medellin-colombia-coworking-retreat/
5 http://www.dnxhub.com
6 https://levels.io/future-of-digital-nomads/
7 http://www.goingmobo.com/
8 http://becomenomad.com/about/
9 http://www.hackerparadise.org/
10 https://www.remoteyear.com/remote-year-2?utm_expid=90911645-86.4PxK1NSBQ_-Sk9SGJezseg.1
11 http://www.oecd.org/edu/education-at-a-glance-19991487.htm
12 http://monitor.icef.com/2015/11/the-state-of-international-student-mobility-in-2015/
13 http://www.nafsa.org/Policy_and_Advocacy/Policy_Resources/Policy_Trends_and_Data/NAFSA_International_Student_Economic_Value_Tool/
14 http://www.universitiesuk.ac.uk/policy-and-analysis/reports/Pages/briefing-economic-impact-of-international-students.aspx
15 http://www.rferl.org/a/athletes-switching-nationalities-in-spotlight-at-london-olympics/24645792.html
16 http://www.cnbc.com/id/47599766?view=story&$DEVICE$=native-android-tablet
17 https://www.researchandmarkets.com/reports/4176844/the-2017-global-wealth-migration-review
18 https://www.theguardian.com/technology/2017/jan/29/silicon-valley-new-zealand-apocalypse-escape
19 http://ftnnews.com/other-news/31537-italy-to-offer-residency-by-investment.html
20 https://henleyglobal.com/files/download/hvri/HP_Visa_Restrictions_Index_170301.pdf
21 https://www.passportindex.org/byRank.php
22 https://nomadlist.com/
23 http://becomenomad.com/trending-digital-nomad-locations-cities-hubs/
24 https://www.amazon.co.uk/Intercultural-City-Planning-Diversity-Advantage/dp/1844074366
25 http://www.coe.int/en/web/interculturalcities/origins-of-the-intercultural-concept
26 https://www.oecd.org/migration/OECD%20Migration%20Policy%20Debates%20Numero%202.pdf
27 http://en.ccg.org.cn/
28 https://www.theguardian.com/world/2015/nov/26/japan-under-pressure-to-accept-more-immigrants-as-workforce-shrinks
29 https://jakubmarian.com/immigration-in-europe-map-of-the-percentage-and-country-of-origin-of-immigrants/
30 https://en.wikipedia.org/wiki/Immigration_to_Europe
31 http://www.unhcr.org/uk/news/latest/2016/6/5763b65a4/global-forced-displacement-hits-record-high.html
    http://www.firstpost.com/world/worlds-stateless-people-where-do-people-with-no-country-go-1787075.html
32 http://www.aljazeera.com/news/2016/05/china-uk-welcoming-refugees-russia-160519044808608.html
33 https://www.theguardian.com/world/2017/mar/30/syrian-refugee-number-passes-5m-mark-un-reveals
34 http://www.pewresearch.org/fact-tank/2016/10/05/key-facts-about-the-worlds-refugees/

35 http://www.un.org/esa/ffd/wp-content/uploads/2016/01/Promoting-safe-migration_IOM_IATF-Issue-Brief.pdf

36 http://www.gallup.com/poll/148559/one-five-first-generation-migrants-keep-moving.aspx

37 http://www.telegraph.co.uk/expat/expatfeedback/4201967/So-you-think-youre-English.html

38 http://ec.europa.eu/eurostat/statistics-explained/index.php/Tourism_statistics_-_expenditure
https://carleton.ca/fass/2016/gringo-gulchsex-tourism-and-social-mobility-in-costa-rica/
http://www.traveldailymedia.com/247813/indian-domestic-tourism-surges-in-2016/
http://www.goldmansachs.com/our-thinking/pages/macroeconomic-insights-folder/chinese-tourist-boom/report.pdf

39 https://www.wttc.org/-/media/files/reports/economic-impact-research/regions-2017/world2017.pdf

40 https://www.theguardian.com/travel/2012/dec/04/berlin-fights-anti-hipster-tourism-abuse

41 http://nypost.com/2014/08/12/is-travel-addiction-a-real-thing/

42 https://decorrespondent.nl/3138/a-love-letter-to-all-the-tourists-of-amsterdam/567685513296-340f8980

43 https://carleton.ca/fass/2016/gringo-gulchsex-tourism-and-social-mobility-in-costa-rica/

44 https://en.wikipedia.org/wiki/Prostitution_in_the_Netherlands

45 http://www.bbc.co.uk/news/magazine-40829230

46 https://www.mtqua.org/2016/09/27/pt1-size-medical-tourism-industry/

47 http://www.bbc.co.uk/news/world-latin-america-37009138

48 https://en.wikipedia.org/wiki/History_of_malaria

49 http://edition.cnn.com/2013/10/16/health/cholera-fast-facts/index.html

50 http://fortune.com/2014/09/14/biggest-organized-crime-groups-in-the-world/

51 https://en.wikipedia.org/wiki/List_of_criminal_enterprises,_gangs_and_syndicates

52 https://www.fbi.gov/investigate/violent-crime/gangs

53 https://heatst.com/culture-wars/worlds-most-feared-street-gang-sacrificed-underage-girls-in-satanic-rituals-police-found/?mod=fark_im

54 http://www.slate.com/blogs/behold/2015/09/21/adam_hinton_photographs_members_of_the_ms_13_gang.html

55 https://www.theguardian.com/world/2017/jan/12/el-salvador-homicide-rate-murder-two-years

56 http://www.bbc.co.uk/news/world-latin-america-39436568

57 http://www.bbc.co.uk/news/world-latin-america-39934676

58 https://www.unodc.org/toc/en/crimes/organized-crime.html

59 https://www.theguardian.com/global-development/2015/jul/31/people-smuggling-how-works-who-benefits-and-how-to-put-stop

60 http://www.newyorker.com/science/maria-konnikova/why-do-we-admire-mobsters

61 http://www.bbc.co.uk/news/world-15391515

62 http://www.worldatlas.com/articles/countries-with-the-highest-rates-of-contraceptive-use.html

63 https://www.theguardian.com/environment/2017/jul/12/want-to-fight-climate-change-have-fewer-children

64 https://www.theguardian.com/world/2017/jan/23/trump-abortion-gag-rule-international-ngo-funding

65 https://esa.un.org/unpd/wpp/publications/files/key_findings_wpp_2015.pdf

66 https://overpopulationisamyth.com/content/episode-5-7-billion-people-will-everyone-please-relax

67 http://news.mit.edu/2017/technological-progress-alone-stem-consumption-materials-0119

68 http://www.independent.co.uk/life-style/health-and-families/features/the-loneliness-epidemic-more-connected-than-ever-but-feeling-more-alone-10143206.html
https://www.forbes.com/sites/carolinebeaton/2017/02/09/why-millennials-are-lonely/#605864527c35

69 http://www.heraldsun.com.au/news/opinion/we-face-huge-challenges-but-melbourne-will-thrive-martine-letts/news-story/e123b466c140c9e40250369dec631af6

70 http://www.independent.co.uk/life-style/gadgets-and-tech/features/meme-theory-do-we-come-up-with-ideas-or-do-they-in-fact-control-us-7939077.html

71　https://w3techs.com/technologies/overview/content_language/all

72　http://english.fullerton.edu/publications/clnArchives/pdf/cardenas_crystal.pdf

73　https://qz.com/208457/a-cartographic-guide-to-starbucks-global-domination/

74　https://www.theguardian.com/news/datablog/2013/jul/17/mcdonalds-restaurants-where-are-they

75　http://www.huffingtonpost.com/uloop/all-about-haute-couture_b_6746770.html

76　http://www.fashiontimes.com/articles/25400/20160229/vogue-devotes-405-pages-march-2016-issue-ads-tapped-more.htm

77　http://www.businessrevieweurope.eu/marketing/856/Top-20-companies-with-the-biggest-advertising-budget

78　http://www.chinadaily.com.cn/business/2016-02/03/content_23367831.htm

79　http://www.transport-research.info/sites/default/files/brochure/20140117_205136_81493_PB05_WEB.pdf
www.clusterobservatory.eu/eco/uploaded/pdf/1381913190425.pdf
https://ec.europa.eu/transport/sites/transport/files/com20170283-europe-on-the-move.pdf
http://www.prnewswire.com/news-releases/global-logistics-market-to-reach-us155-trillion-by-2023-research-report-published-by-transparency-market-research-597595561.html
https://www.statista.com/statistics/274375/commercial-vehicles-in-use-in-the-us/

80　https://www.pwc.com/gx/en/transportation-logistics/pdf/pwc-tl-2030-volume-5.pdf

81　https://www.theguardian.com/technology/2016/jun/17/self-driving-trucks-impact-on-drivers-jobs-us

82　hhttp://www.telegraph.co.uk/news/science/science-news/8316534/Welcome-to-the-information-age-174-newspapers-a-day.html

83　International Data Corporation　https://www.idc.com/

84　https://www.ssauk.com/industry-info/history-of-the-industry/
https://www.selfstorage.org/LinkClick.aspx?fileticket=fJYAow6_AU0%3D&portalid=0

85　https://www.ssauk.com/media/1287/jll-and-fedessa-self-storage-report-2016.pdf

86　https://www.sparefoot.com/self-storage/news/1432-self-storage-industry-statistics/

87　https://fivethirtyeight.com/datalab/how-many-times-the-average-person-moves/

88　https://www.zoopla.co.uk/discover/property-news/the-average-brit-will-move-house-8-times-801377088/#4gBMFB0KSRwBG3KC.97

89　http://www.pewresearch.org/fact-tank/2017/02/13/americans-are-moving at-historically-low-rates-in-part-because-millennials-are-staying-put/

90　http://www.dailymail.co.uk/sciencetech/article-452046/Pace-life-speeds-study-reveals-walking-faster-ever.html
http://www.cbc.ca/news/canada/how-technology-is-turning-us-into-faster-talkers-1.1111667
http://jalopnik.com/5975008/information-in-america-moves-33480000-times-faster-than-it-did-200-years-ago
https://www.theguardian.com/science/2015/jan/18/modern-world-bad-for-brain-daniel-j-levitin-organized-mind-information-overload

第二部

1　See Edward Glaeser The Triumph of the City ETC or Cities are good for you

2　The two narratives text draws The Fragile City written by Charles Landry & Tom Burke http://charleslandry.com/panel/wp-content/themes/twentyeleven/books/Fragile-City.pdf

3　The Structural Transformation of the Public Sphere: An Inquiry into a Category of Bourgeois Society, Cambridge, Mass.: MIT Press, 1991

4　Nancy Fraser, Rethinking the Public Sphere: A Contribution to the Critique of Actually Existing Democracy Social Text No. 25/26 (1990)

5　https://www.nytimes.com/2016/08/26/world/middleeast/saudi-arabia-islam.html

6 http://www.worldurbancampaign.org/sites/default/files/reports/utc_25_-_urban_citizenship_-_mannheim_germany.pdf

7 http://www.cities4pointzero.com.au/the-big-idea

8 Landry, C. 2016. The Digitized City: Influence and Impact. U.K. Comedia.

9 http://www.un.org/sustainabledevelopment/sustainable-development-goals/

10 http://mirror.unhabitat.org/downloads/docs/The%20City%20We%20Need.pdf

11 http://www.cityofsound.com/blog/2013/02/on-the-smart-city-a-call-for-smart-citizens-instead.html

12 Eurocities, 2015. Ever smarter cities: Delivering sustainable urban solutions and quality of life for Europe. Eurocities statement on smart cities. Brussels, Eurocities.

13 Oldenburg, R. 1999. The Great Good Place: Cafes, Coffee Shops, Bookstores, Bars, Hair Salons, and Other Hangouts at the Heart of a Community. New York, Marlowe & Co.

14 https://eu-smartcities.eu/content/urban-platforms

15 https://www.jisc.ac.uk/guides/developing-digital-literacies

16 https://www.thelocal.de/20170124/this-graph-shows-how-much-berlin-rent-has-skyrocketed-in-past-decade

17 http://www.dw.com/en/berlin-property-market-shifts-from-renters-to-buyers/a-19449663

18 https://www.irishtimes.com/business/commercial-property/berlin-bubble-property-is-booming-and-rents-are-rising-1.3013491

19 http://www.salon.com/2017/06/30/how-the-berlin-government-could-rein-in-airbnb-and-protect-local-housing_partner/

20 http://airbnbvsberlin.com/

21 https://thinkcity.com.my/about-us/what-we-do/

22 https://www.theguardian.com/cities/2017/apr/30/berlin-clubbers-urban-village-holzmarkt-party-city

23 http://urbed.coop/team/nicholas-falk-0

24 http://charleslandry.com/panel/wp-content/themes/twentyeleven/books/The-Creative-City-Index.pdf

25 https://www.theguardian.com/world/2017/aug/14/berlin-restaurants-german-english

第三部

1 https://www.youtube.com/watch?v=rwBizawuIDw

2 Bazalgette, P; The Empathy Instinct: A Blueprint for Civil Society; 2017

3 https://www.letsdoitworld.org/

4 http://www.cleanuptheworld.org/en/

5 http://www.creativepeopleplaces.org.uk/

6 http://www.espncricinfo.com/magazine/content/story/681907.html

7 The Intercultural City: Planning for Diversity Advantage

8 Bishop, B; The Big Sort: Why the Clustering of Like Minded America is Tearing us Apart; 2008

9 http://www.tedcantle.co.uk/publications/012%20The%20end%20of%20parallel%20lives%20the%20 2nd%20Cantle%20Report%20Home%20Off.pdf

10 https://www.gov.uk/government/publications/the-casey-review-a-review-into-opportunity-and-integration

11 http://fes-online-akademie.de/fileadmin/Inhalte/01_Themen/05_Archiv/Dialog_der_Kulturen/dokumente/FES_OA_Meyer_PARALLELGESELLSCHAFT_UND_DEMOKRATIE.pdf

12 https://www.bertelsmann-stiftung.de/en/topics/aktuelle-meldungen/2017/august/clear-progress-for-integration-of-muslims-in-western-europe/

13 http://www.telegraph.co.uk/news/religion/8326339/Inside-the-private-world-of-Londons-ultra-Orthodox-Jews.html

14 Resnick, M. (1997) Turtles, Termites, and Traffic Jams. Cambridge, MA: MIT Press, pg.3

15 https://www.bertelsmann-stiftung.de/en/topics/aktuelle-meldungen/2017/august/clear-progress-for-integration-of-muslims-in-western-europe/

16 http://www.bbc.co.uk/news/uk-41085638

17 http://www.coe.int/en/web/interculturalcities/icc-newsletter

18 http://www.civicus.org/documents/reports-and-publications/annual-reports/annual-report-2016-en.pdf

19 The Atlantic monthly – How to build an autocracy March 2017 https://www.theatlantic.com/magazine/archive/2017/03/its-putins-world/513848/

20 https://www.theguardian.com/commentisfree/2016/dec/07/why-steve-bannon-wants-to-destroy-secularism

21 https://www.theguardian.com/commentisfree/2017/feb/06/some-of-trumps-advisers-want-a-new-civil-war-we-must-not-let-them-have-it

22 http://www.bizim-kiez.de/en/

23 For a longer discussion see: https://www.theguardian.com/news/2017/aug/04/how-britain-fell-out-of-love-with-the-free-market?utm_source=esp&utm_medium=Email&utm_campaign=The+Long+Read+-+Collections+2017&utm_term=238074&subid=233044&CMP=longread_collection

24 https://www.theguardian.com/books/2016/apr/15/neoliberalism-ideology-problem-george-monbiot

25 For a review of these arguments see Amin Ash: Cultural Economy and Cities, Progress in Human Geography

26 https://www.theguardian.com/commentisfree/2012/jul/16/mental-health-political-issue

27 https://www-935.ibm.com/services/us/ceo/ceostudy2010/multimedia.html

28 Landry Charles, 2000, The Creative City: A Toolkit for Urban Innovators, p.177-179, Earthscan London

29 See Charlie Leadbeater and Sue Goss in Social Entrepreneurship, Demos, 1998

30 This chapter draws on a book 'Psychology & the City' written in collaboration with Chris Murray see link: http://charleslandry.com/panel/wp-content/themes/twentyeleven/books/Psychology-and-the%20City.pdf

31 Washington Population Statistics Bureau

32 Containing Tensions: Psychoanalysis and modern policy making; Cooper, A; in Juncture; IPPR; London; Vol 22, 2015.

33 Gestalt Principles; how are your designs perceived? http://vanseodesign.com/web-design/gestalt-principles-of-perception/

34 https://positivepsychologyprogram.com/founding-fathers/

35 http://www.positivedisintegration.com/positivepsychology.htm

36 Kelman, H; Conflict Resolution and Reconciliation: A Social-Psychological Perspective on Ending Violent Conflict Between Identity Groups; 2011

37 Empathy, the Emotional Intelligence Series, 2017, Harvard Business Review, Boston,

38 See Psychology & the City – mentioned above

39 https://www.oecd.org/governance/observatory-public-sector-innovation/

40 http://mind-lab.dk/en/

41 http://labcd.mx/labforthecity/

42 http://ash.harvard.edu/

43 http://publicsector.sa.gov.au/culture/

44 http://www.openlivinglabs.eu/news/living-labs-guiding-sustainable-cities-innovations-europe

45 https://www.kl.nl/en/

46 http://www.kafkabrigade.org/

47 http://www.nesta.org.uk/

48 http://ec.europa.eu/research/prizes/icapital/index.cfm

49 https://prezi.com/fgg7n-ggulog/actors-of-urban-change-en/

50 http://citiscope.org/story/2014/mexico-city-experimental-think-tank-city-and-its-government

第四部

1   For a review of these arguments see Amin Ash: Cultural Economy and Cities, Progress in Human Geography

感謝

寫書是一項艱難的任務。它絕對不是閉門造車的工程，你需要其他人的幫助、啟發、見解及情感支援。首先，我要感謝Jab Taylor和1984泰勒信託（C.B. & H.H. Taylor 1984 Trust）；人口事務（Population Matters）的Roger Martin和Robin Maynard；以及邀請我到柏林進行研究的羅伯特‧博世基金會。

許多人透過談話及我們的合作項目給予幫助，他們包括Benjamin Barber、Margie Caust、Lynda Dorrington、Timo Cantell、Anja Pilipenko、Carol Coletta、Chris Murray、Margaret Shiu（蕭麗虹）、Hamdan Majeed、Peter Kurz、Rainer Kern、Christian Hübel、Saskia Sassen、Tom Burke、Richard Brecknock、Gabriella Gomez-Mont、Franco Bianchini、Duarte Lima de Mayer、Rodin Genoff、Agnieszka Surwillo-Hahn、Darius Polok、Martin Schwegmann、Lucy Garcia、Justyna Jochym、Geoff Mulgan、Sir Peter Hall、Peter Kageyama、Bernd Fesel、Susan Richards、Eric Corijn、Leoluca Orlando、Marc Pachter, Michele Beint，我非常幫忙的出版商Marcel Witvoet及我的平面設計師David Hills，我們一起完成了這本書。有很多作者曾經影響我，包括James Hillmann、Richard Tarnas和Arjun Appadurai。奇特的是，我可能該謝謝網際網路，還有維基百科的發明者，因為它們讓許多事情變得簡易。更不能忘記我們讀書會的夥伴Bill, Jab和Phil，我們只被允許閱讀小說。

Susie、Max、Nancy和Roxana給我情感的支持和力量。

查爾斯‧蘭德利的其他著作：

小書：

01：《創意城市的緣起和未來》（*The Origins & Futures of the Creative City*）

02：《城市的感官地景》（*The Sensory Landscape of Cities*）

03：《創意城市指標》（*The Creative City Index with Jonathan Hyams*）

04：《文化與商業》（*Culture & Commerce*）

05：《脆弱的城市和風險關係》（*The Fragile City & the Risk Nexus with Tom Burke*），
與湯姆‧伯克合著。

06：《野心的城市》（*Cities of Ambition*）

07：《數位城市：影響與衝擊》（*The Digitized City*）

08：《心理學與城市》（*Psychology & The City with Chris Murray*）

09：《創意官僚》（*The Creative Bureaucracy*）（在本書之後出版）

《城市的創造之道》（*The Art of City Making*）

《創意城市：打造城市創意生活圈的思考技術》（*The Creative City: A toolkit for urban innovators*）

《跨文化城市：為多樣性優勢做準備》（*The Intercultural City: Planning for the Diversity Advantage with Phil Wood*），與菲爾・伍德合著。

《另一隻隱形的手》（*The Other Invisible Hand with Geoff Mulgan*），與周若剛合著。

【Act】MA0045

遊牧世界的市民城市
The Civic City in a Nomadic World

作者————查爾斯‧蘭德利Charles Landry
譯者————姚孟吟
封面設計——兒　日
內頁排版——張彩梅
總編輯————郭寶秀
特約編輯——林俶萍
行銷業務——力宏勳

發行人————涂玉雲
出版————馬可孛羅文化
　　　　　10483台北市民生東路2段141號5樓
　　　　　電話：886-2-2500-7696
發行————英屬蓋曼群島商家庭傳媒股份有限公司城邦分公司
　　　　　10483台北市民生東路二段141號11樓
　　　　　客服專線：886-2-2500-7718；2500-7719
　　　　　24小時傳真專線：886-2-2500-1990；2500-1991
　　　　　服務時間：週一至週五09:30~12:00；13:30~17:00
　　　　　讀者服務信箱：service@readingclub.com.tw
　　　　　劃撥帳號：19863813　戶名：書虫股份有限公司
香港發行所—城邦（香港）出版集團有限公司
　　　　　香港灣仔駱克道193號東超商業中心1樓
　　　　　電話：+852-2508-6231　傳真：+852-2578-9337
馬新發行所—城邦（馬新）出版集團【Cite (M) Sdn. Bhd.】
　　　　　41-3, Jalan Radin Anum, Bandar Baru Sri Petaling,
　　　　　57000 Kuala Lumpur, Malaysia.
　　　　　電話：+603-9056-3833　傳真：+603-9057-6622
　　　　　讀者服務信箱：services@cite.my
輸出印刷——前進彩藝股份有限公司
初版一刷——2019年6月
定價————850元

ISBN　978-957-8759-66-4

城邦讀書花園
www.cite.com.tw

（本書協助單位：財團法人臺北市會展產業發展基金會）

國家圖書館出版品預行編目（CIP）資料

遊牧世界的市民城市／查爾斯‧蘭德利（Charles
Landry）作；姚孟吟譯. -- 初版. -- 臺北市：馬可孛
羅文化出版：家庭傳媒城邦分公司發行, 2019.06
　　面；　公分. --（Act ; MA0045）
譯自：The civic city in a nomadic world
ISBN 978-957-8759-66-4（平裝）

1. 都市計畫　2. 全球化

545.14　　　　　　　　　　　　108005617